JN411627

꿈과 이상을 간직한 채 소중히 가꾸는 하루하루

내 마음의 꽃신

남계 조종국 칼럼집

청산은 나를 보고
말없이 살라 하고
창공은 나를 보고
티없이 살라 하네
사랑도 벗어 놓고
미움도 벗어 놓고
물같이 바람같이
살다가 가라 하네

일천구백구십구년 초봄에
만수재에서 남계 조종국

짧은 일생을
영원한 조국에 ·

을해년 가을에 오류동 · 만수재에서
남계 조종국

스크린 쿼터 문화주권 사수
정부는 즉시 스크린쿼터 축소 논의를 중단하라
사수!! 결사반대!!

2017中韩当代书画名家展
2017한중 당대 서화 명가 전시회 계약식
签约仪式
협약식

맹자 고자장(告子章)에는 아래와 같은 글귀가 있다.

천장강대임어사인야(天將降大任於斯人也)
필선노기심지(必先勞其心志)
고기근골아기체부(苦其筋骨餓其體膚)
궁핍기신행불란기소위(窮乏其身行拂亂其所爲)
시고동심인성증익기소불능(是故動心忍性增益其所不能)

우리말로 하자면, 〈하늘이 장차 그 사람에게 큰일을 맡기려고 하면 반드시 그 마음과 뜻을 괴롭게 하고 근육과 뼈를 깎는 고통을 주며 몸을 굶주리게 하고 그 생활을 빈곤으로 빠트려 하는 일마다 어렵게 한다. 그 까닭은 마음을 흔들어 참을성을 길러 마침내 행하기 어려운 일들을 해낼 수 있게 하기 위함이다.〉 라고 풀이할 수 있겠다.

사람이 삶을 대하는 마음가짐과 자세를 말해주는 것 같아 늘 가슴에 새겨 왔다. 이제 나의 삶을 뒤돌아보니, 크게 내세울 만한 재주나 역량도 없는 사람이 어찌하다 보니, 여러 일을 도맡게 되어 솔직히 힘들 때가 많았었다. 그러나 그 때마다 위의 글귀를 되새기며 나 스스로를 채찍질하고 격려하면서 크고 작은 많은 일들을 이루어 왔다. 그로 인해 나의 가족 또한 힘겨운 삶을 함께 이겨내야만 했다.

서예가로서의 길에만 오로지 정진해도 일가(一家)를 이루기 어려운데, 지난 40여 년째 외면할 수 없는, 또는 해내야만 할 많은 일들이 언제나 주어졌다. 대전을 대표하는 문화예술인 2세대로서 대전의 척박했던 문화예술 환경을 개선하고, 우리 예술인의 권익을 위해 앞장서온 지난 22년 6개월 동안의 예총 업무, 뒤돌아보면 비록 아쉽고 부족한 점이 있었으나 동분서주하며 최선을 다해 그 막중한 책임을 맡았었다.

어디 그 뿐인가. 제2대~제3대 대전광역시의회 의원에 당선되어 7년간 부의장과 의장으로서 걸음마 단계인 지방자치제도 정착과 지역의 자율적이고 민주적인 시정 발전을 위해 분주한 의정활동을 수행했다. 또 1992년 한 · 중 국교정상화에 발맞춰 1994년부터 올해까지 22년 동안 한 · 중 문화교류와 우호증진에 전력을 다해왔다. 특히 한 · 중 문화교류는 지속적인 활동 지원을 위해 필자 개인적으로 재정적 측면을 포함하여 다방면에 걸쳐 많은 어려움에 직면하여 왔었다. 그러나 양국 간 교류의 중요성을 생각하여 발로 뛰며 오늘까지 꾸려왔다. 이렇게 지난 40여 년간 필자의 하루하루는 일인삼역(一人三役)을 맡아야하는 눈코 뜰 새 없는 나날이었다.

그러면서도 집에 가면 가장 노릇, 친구를 만나면 친구 노릇, 학교 선후배를 만나면 선후배 노릇. 그렇게 지나온 세월 동안 느긋하고 편한 날이 없었던 것 같다. 남의 속도 모르는 사람들은 혹은 부러워하고, 혹은 객담(客談)도 하고, 혹은 칭찬도 하고, 혹은 터무니없는 오해를 하기도 했다. 하지만 필자의 경우 솔직히 일만 많았지, 실속은 없었으니 한마디로 식소사번(食少事煩)이 아닐 수 없다. 말하자면 먹을 것도 없이 엄청나게 바쁘기만 했던 것이 현실이다.

친구가 많다는 것은 친구가 없다는 얘기도 된다. 빨간 꽃신을 신고 열정으로 많은 사람을 만나고 헤어지고 하다 보면, 아닌 게 아니라 이 각박한 세상에 진심으로 나를 이해하고 아껴주는 친구가 과연 누구인가 회의가 생기고 서글퍼질 때도 많았다. 그러나 어찌하겠는가. 벌여놓은 일이 많고 만나야할 사람도 많은 것이 내 운명이요 팔자이고 보면, 비록 식소사번(食少事煩)일지라도 그런 대로 내 운명을 사랑하면서 열정적으로 살아갈 수밖에. 그러한 소중한 사연들을 하나하나 글로 담아 모아보았다.

오늘 여기까지 올 수 있도록 많은 사랑과 용기와 격려를 보내주신 모든 분들께 감사드린다. 그리고 50년째 뒷바라지를 해준 아내와 근면성실하게 살아가는 자랑스러운 삼남매에게 변치 않는 뜨거운 사랑을 전한다.

2016년 초동(初冬)에

꿈과 이상을 간직한 채 소중히 가꾸는 하루하루

내 마음의 꽃신

남계 조종국 칼럼집

국립중앙도서관 출판시도서목록(CIP)

내 마음의 꽃신 : 꿈과 이상을 간직한 채 소중히 가꾸는 하루하루 : 남계 조종국 칼럼집 / 지은이: 조종국. -- 대전 : 오늘의문학사, 2016
p. ; cm

ISBN 978-89-5669-787-1 03810 : ₩15000

한국 현대 수필[韓國現代隨筆]

818-KDC6
895.785-DDC23 CIP2016028823

책을 펴내면서 6

1장
마음의 창

5월의 가장(家長) 19
가까운 인연(因緣) 22
계룡로(鷄龍路)의 아침 25
고향에 살어리랏다 28
관수유술(觀水有術) 33
관포지교(管鮑之交) 36
교육과 덕(德) 39
금주상락(琴酒相樂) 42
꽃샘 44
다불사상(多佛思想) 47
당대발복(當代發福) 50
덕(德)으로 바로 서자! 53
말의 허구(虛構) 56
모난 사람 58
물욕(物慾) 62
새 한밭의 토양(土壤) 64
서둘지 말자 67
수경무사(水鏡無私) 69
술자리와 농담 73
어른이 되려면 76
여행의 의미 80

오류동(五柳洞) 연가(1) 82
온당한 도리(道理)를! 84
왼손이 오른손 모르게 87
우공이산(愚公移山) 91
현충일과 우리의 자세 95
이상적(理想的)인 지도자 98
작심삼일(作心三日) 101
작은 일과 목민관(牧民官) 104
잘 산다는 것 107
재미있게 사는 세상 109
염화미소(拈華微笑) 112
조상의 정신을 배우자 115
중산층 유감 118
지나침의 잘못 121
지령인걸(地靈人傑) 124
청백가성(淸白家聲) 129
청운지지(靑雲之志) 132
청풍명월(淸風明月) 135
치허극(致虛極) 138
코드 그린 140
텃밭을 기억하십니까? 143
피서 고(避暑 苦) 146
한화이글스의 비상을 기다리며 150
형설지공(螢雪之功) 153
홍익인간 상(像)을 157

2장
예혼의 숨결

강소성(江蘇省)을 빛낸 인물상 163
국제 문화교류지원 사업 이대로는 안 된다 167
예총은 내 인생의 이정표 171
글씨 한 폭 177
글씨와 인품 179
기업과 예술이 윈윈하는 길 181
내 마음의 꽃신 185
문화공동체 의식 필요해 189
병속의 금방울을 꺼내려면 193
붓글씨의 육기(六氣) 196
서예인과 자기실현 199
서예인의 자질 202
서예저작권과 '내 아들을' 205
선진국민이 되는 길 209
식소사번(食小事煩) 212
신중히 다뤄야 할 전통문화 215
예(銳)와 둔(鈍) 218
예술 향수층의 개발 221
예술과 정열(情熱) 225
예술인 공간 되면 OK 228
예술인 복지법과 협동조합 232
예술인과 고독 236

오류동(五柳洞) 연가(2) 239
일류와 삼류 242
정치가 문화의 정을 245
지방문화 재창조 248
텃세 考 252
토끼와 거북이 256
포도가 영그는 계절에 258
한밭문화 정책의 전환 260
한 · 중 민간문화교류의 중요성(1) 264
한 · 중 민간문화교류의 중요성(2) 268
향토(鄕土)예술인을 사랑하자 272
흙의 신비 275

3장

정치의 허실

21세기 대전, 고향적 공동체를 꿈꾸며 279
광복 71년 283
국기유감(國旗有感) 286
국민정신이 병들고 있다 288
김승연 회장 다시 한 번의 기회 291
나라는 백성을 근본으로 삼고 294

대도무문(大道無門) 297
대도불기(大道不器) 301
더위 가중치 304
마음 놓고 살 수 있는 사회를 307
미묘현통(微妙玄通) 310
백년 앞을 내다보자! 312
우리 모두 통감(痛鑑)합시다 316
새 천년을 열어가자! 321
선량의 조건 325
억울한 옥살이 328
역사의 급변을 예감하자 331
왜 행정 효율만 따지나 334
우리고장 문화유산 발굴과 보존대책 338
자리 유감(遺感) 342
자성 없이 또 저무는 한 해 345
화무십일홍(花無十日紅)의 뜻 항상 마음에 새겼으면 348

내 운명을 사랑하면서 열정적으로 살아갈 소중한 사연들을 하나하나 글로 담아본다.

1장

마음의 창

5월의 가장(家長)

5월은 가정의 달이라고도 하고 청소년의 달이라고도 한다. 어린이날과 어버이날이 들어 있는데다 스승의 날도 5월에 있고 보니 어린이, 어버이, 스승을 보다 소중히 여겨 5월을 이렇게 꾸미기로 한 것 같다.

그러나 우리 사회에서 어린이와 어버이 그리고 스승을 놓고 볼 때, 그 중 누구 하나도 소홀히 할 수 없는 존재이고 보면 이런 뜻 깊은 날을 굳이 5월에만 몰아서 제정해 놓은 것은 뭔가 문제가 있는 것 같다.

가령, 5일의 〈어린이 날〉이야 기왕 오래 전부터 있어온 날이니 그대로 둔다 하더라도 8일의 〈어버이날〉이나 15일의 〈스승의 날〉은 굳이 5월에 제정하지 않아도 좋을 법한 일이 아닌가 해서다.

그렇다면 〈어버이 날〉은 언제가 좋을까.

〈어버이 날〉은 자식이 부모의 은혜를 생각하는 날이니 가령, 한 여름

더위에(양력 8월 초쯤) 혹은 한 겨울 추위에(양력 12월 중순 쯤) 이 날을 정하여 그 때 부모의 건강을 돌보게 한다면 보다 뜻 깊은 〈어버이 날〉이 될 것도 같다.

그리고 〈스승의 날〉도 대부분 학교의 졸업식이 2월말 경이니 그 때 쯤으로 정해서 학교를 졸업하던 무렵에 스승을 찾아보게 정하는 것도 좋은 방도라고 생각한다.

물론 5월은 계절의 여왕이라 하고 온갖 꽃과 녹음이 우거지는 정취가 아름다운 계절이니 이런 화사한 철에 어린이와 부모, 그리고 스승까지 보다 뜻 깊게 감싸고 보살피겠다는 정성도 모르는 바는 아니지만 좋은 일도 너무 겹치고 잦으면 오히려 그 빛이 덜 하는 법, 더구나 이런 뜻 깊은 날 선물도 사야하고 인사도 가야 할 한 가정의 가장(家長) 입장에서는 5월은 너무 벅차고 힘든 달이기도 하지 않은가. 솔직히 30대~40대의 가장들은 어린이도 있고, 부모도 계시고 당연히 스승도 계시다. 이 모든 축하 받아야 할 대상들에게 제대로 선물이라도 헤 보자면 5월의 가장은 호주머니가 텅 비게 마련이다.

게다가 해마다 5월이면 웬만한 여건에 있는 분들에겐 달갑지 못하게 날아드는 우편물도 엄청나다. 그 대표적인 것이 결혼 청첩장, 그 밖에도 무슨 친목회, 무슨 야유회, 무슨 동창회 등, 실로 정신을 차릴 수가 없을 것이다. 그때그때 싸들고 가야할 돈도 돈이지만 도무지 세 건 네 건씩 행사가 겹치다보니 본의 아니게 인사를 못하는 수가 허다하다.

아무튼 햇살이 화사하고 삼라만상 새로운 생명감으로 기지개를 펴는 5월이지만 호주머니가 가벼운 가장에게는 괴롭다 못해 고문(拷問) 같은 5월일 수도 있다.

글쎄 다른 달에 아껴 쓰고 5월을 잘 꾸려나가 보라면 더 이상 할 말은 없지만 〈어버이 날〉과 〈스승의 날〉 만이라도 당국에서 재조정하는 지혜를 보여 준다면 많은 국민이 크게 호응할 것도 같은데 아무래도 공염불이 되지 않을까 모르겠다.

(2015. 4. 28 / 목요저널)

가까운 인연(因緣)

경기도 부천에서 아버지에 의해 살해돼 신체가 훼손된 채 냉동 상태로 발견된 초등학생 C군의 끔직한 사건이 연일 신문방송을 통해 보도되고 급기야 이 사건과 관련해 정부가 긴급 사회관계 장관 회의를 열어 아동 학대 근절대책과 후속조치를 논의했다고 한다.

우리나라뿐만 아니라 우리와 가까운 미국에서는 연간 수천 건의 살인 사건이 발생하는데 이중에는 부부간에 벌어진 살인 사건이 제일 많다고 한다.

이 세상에 자식처럼 부부처럼 가깝고 소중한 인연이 없을 터인데 이들 사이에서 이렇게 많은 비극이 벌어지는 것은 무슨 까닭인가? 특히 근자에 이르러 이처럼 부부, 부자, 형제, 친척 등 아주 가까운 사이에서 불화가 잦고 상대방을 해하는 사건들이 늘어나고 있는 현상을 보면서 안타까운 마음 금할 길이 없다.

그렇다면 인연이란 과연 어떻게 보아야 할 것인가. 우리는 흔히 사람과 사람이 만나는 것을 인연이 있어 만났다고 한다. 그런데 그 인연이 가장 깊고 소중한 것이 뭐니 뭐니 해도 혈연(血緣)임을 부정할 수는 없다. 서로가 피를 섞은 인연처럼 가까울 수는 없기 때문이다. 그 밖에 같은 학교를 다닌 학연(學緣)이나 같은 고향을 지닌 지연(地緣) 등도 있겠지만 혈연(血緣)만큼 진하지는 못할 것이다. 그런데도 가까운 혈연(血緣)속에서 불화가 잦고 심지어 살인까지 범하는 것을 보면 우리가 가장 조심하고 경계해야 할 인연이 바로 가까운 인연이다. 우리는 가깝기 때문에 상대방을 너무 잘 알고 잘 알다 보니 상대방의 결함과 모순도 잘 지적할 수 있다. 그 결과가 싸움으로 변하고 싸움이 커지면 분노와 혐오의 칼이 상대방을 해치기 마련이다.

따라서 우리는 평소에 나와 가깝게 지내는 사람을 조심해야 한다. 조심한다는 것은 무조건 피하거나 본숭만숭하라는 뜻이 아니라 나와 가까운 사람부터 존중하고 이해하고 사랑해야 한다는 의미다. 그가 설사 부부나 애인이 아니라도 우리와 가까운 사람은 얼마든지 있다. 가령, 자주 만나는 단짝 친구, 한 직장의 동료, 같은 취미 생활을 하는 동호인, 사업상 자주 대하는 거래처의 사람들 등도 혈연(血緣) 못지않게 가까운 사람들일 것이다. 우리는 누구보다 이 가까운 사람을 잘 위하고 존중하는 삶의 지혜를 길러야 할 것이다.

노사관계가 원만한 회사는 사장과 종업원이 인간관계를(因緣) 서로 존중과 신의 속에서 잘 유지하기 때문일 것이다. 자칫 우리는 자기와 가까운 사람은 적당히 대하고, 오히려 어쩌다 만나는 사람, 먼 곳에 있는 사람에게 신경을 더 쓰는 어리석음을 범하기 쉬운데 이것은 가까운 인연을 놓치는 큰 잘못이다. 옛 글에 보면 제 부모에게 불효하는 사람이 친구 간에 올바른 신의(友情)를 지킬 리가 없다고 했다.

불경에도 봉연부동(逢緣不動)이라는 말이 있다. 어떤 인연을 만났다고 해도 함부로 마음을 내거나 흔들리지 말라는 뜻이다. 사람은 사람을 잘못 만나면 망신하는 경우도 있고 심지어는 파멸하는 수도 있기 때문이다.

그러나 정말 좋은 인연(佳緣)으로 내 아내가 되고 내 자식이 되고 내 직장의 동료가 된 사람끼리 서로 아끼고 사랑한다면 그 인연은 갈수록 수연(隨緣) 또는 선연(善緣)이 되어 가정과 직장에 행운이 거듭될 것은 자명한 이치가 아니겠는가.

(2016. 1. 17 / 목요저널)

계룡로(鷄龍路)의 아침

나는 아침마다 빨간 꽃신을 신고 대전에서도 번화가에 속하는 계룡로(鷄龍路)를 지난다. 계룡이란 말은 계룡산과 무관하지 않고, 계룡산 아래엔 신도안(新都安)이 있고 신도안은 새로운 도읍이란 이름으로 곧 행정중심 수도를 연상케 하니 계룡로는 그대로 새롭게 발전하는 대전의 상징적인 거리라고 보아도 무난할 것이다.

계룡로는 서대전(西大田) 4거리가 그 중심이고 여기엔 〈대전〉이라는 도시지표가 있어 대전의 중심부가 이곳임을 실감케 한다.

다시 말하면 이곳에서 동쪽으로는 대전역이 있어 서울과 부산 방면, 서쪽으로는 논산을 거쳐 여수 목포, 북쪽으로는 유성을 거쳐 서산 당진, 그리고 남쪽으로는 금산을 거쳐 진주로 갈 수 있는 정말 사통팔달(四通八達)의 대도다. 이 뜻 깊은 거리를 지나면서 나는 대전이 어떤 면모로 발전해 갈까 하고 상상해 본다.

1989년 1월, 직할시로 승격한 대전은 지난 25년 동안 여러 면에서 장족의 발전을 해온 게 사실이다. 이제는 서울이나 여타 시도에 가도 대전시민의 한 사람으로 뿌듯한 자긍심을 갖게 한다.

주지하는 바와 같이 대전 발전의 기폭제는 뭐니 뭐니 해도 93년도에 〈대전엑스포〉의 성공적인 개최와 2002년 월드컵의 4강 신화를 창조해낸 성과에 있다고 봐야 할 것이다. 그때의 명성은 대단한 것이어서 아직도 대전 유성에 엑스포 과학 공원과 월드컵 구장이 남아 있어 대전시민의 자존과 긍지를 높여주고 있는 게 사실이다.

그리고 어제 대전에서 〈대전선언〉을 끝으로 세계과학정상회의를 열리게 한 산실이 세계과학도시로 성장시키기에 충분한 유성온천과 대청호의 경관, 동학사 등의 관광 명소도 빼놓을 수 없는 자랑이다. 아울러 유서 깊은 충남대, 건양대, 한남대, 대전대, 목원대 등의 눈부신 발전도 대전의 미래를 약속하는 청사진임에 틀림이 없다.

어디 그 뿐인가. 대전에서 서쪽으로 조금만 가면 우리나라 국방의 간성(干城)인 육, 해, 공군 본부가 자리하고 있는 계룡대가 있다. 이 또한 대전을 군사도시로도 발전시키는데 원동력이 된 것이다.

이렇게 교통, 산업, 관광, 연구, 군사도시로 급성장하고 있는 대전은 일견 그 도시계획이나 발전과정에 별 부족함이 없는 것 같지만 반드시 그렇지만도 않는 점이 또 하나 대전의 문제점이라고 할 것이다. 그것은 필자가 기회 있을 때마다 주장해온 바와 같이 대전에 결정적으로 부족한 것은 문화예술의 토양과 환경이 빈곤하다는 점이다. 그 동안 부족했던 예술 공간은 그런 대로 면모를 갖췄다.

그러나 예컨대 영화, 연극, 음악, 미술, 무용, 문학, 사진 등을 발전시켜 나갈 수 있는 여건인 시민의 문화욕구에 따른 행정의 예산지원과 기업의 협력 체계가 걸맞지 않게 너무 부족하다.

빨간 꽃신을 신고 계룡로의 해맑은 아침을 지나면서 나는 다시 한 번 환상에 젖어 본다. 앞으로 대전에도 서울처럼 다양한 문화예술극장, 문화회관, 소형시민도서관, 박물관, 식물원 등 이루 헤아리기에도 벅찬 문화예술 공간이 정부의 주도로, 혹은 시민과 각급 문화단체의 성원 속에 하나하나 생겨나고 이곳에서 수준 높은 예술 활동이 펼쳐진다면 21세기의 대전은 첨단과학과 문화예술이 살아 숨 쉬는, 멋진 꿈의 도시가 될 것임을 확신하는 것이다.

나는 오늘 아침도 어김없이 빨간 꽃신을 신고 계룡로(鷄龍路)를 걷는다.

(2015. 10. 22 / 목요저널)

고향에 살어리랏다

내 고향은 충청도 그중에서도 백제의 옛 도읍지였던 부여다. 누구나 고향을 사랑하는 정은 비슷하겠지만 나는 고향이 백제의 고도였으므로 더욱 고향을 자랑하고 사랑하는 사람 중의 하나이다.

나당(羅唐)연합군에 의해 백제는 비참한 최후를 마쳤다. 그러나 백제는 떳떳이 망했다. 당시 신라가 당의 원군이 없이 단독으로 백제를 이겼다면 그도 떳떳한 승리로 보아 무방할 것이다. 그러나 신라는 안타깝게도 이민족을 끌어다 자기민족을 침공하는데 이용했다. 승전 후에 신라는 그 대가를 당(唐)에게 톡톡히 치렀지만 아무리 생각해도 그런 신라의 승리는 스포츠에 비긴다면 파인플레이가 되지 못한다.

더구나 당시 백제 삼 충신의 하나인 계백장군이 이끄는 5천결사대는 황산벌에서 신라 수만의 대군과 필적하여 적군에게 옥쇄를 당하고 만 슬픈 전사(戰史)를 우리는 기억하고 있거니와 이와 같이 유사시에는 결사보국(決死報國)의 무서운 정신이 백제의 정신이요 충청도의 기백이 아닌가 싶다.

한 임금을 섬기던 몸으로, 다시 적군의 노리개가 되느니보다는 차라리 깨끗한 죽음만 못하다고 산화한 열녀의 정신이 바로 그것이다.

이 또한 남정네가 황산벌에서 깨끗이 죽은 것이나 무엇이 다르겠는가. 오늘 날 여성의 지조나 정절이 여반장처럼 변하는 세태와 견주어 본다면 당시 백제 여인의 곧은 정열은 참으로 놀라운 일이 아닐 수 없다. 백제인은 그리고 충청인도 사람은 이렇게 평소에는 온후하면서도 유사시에는 죽음을 두려워하지 않을 만큼 매서운 데가 있다. 충청도에 많은 의사, 열사가 태어난 것도 이런 백제정신과 무관하지 않을 것이다. 이순신, 윤봉길, 유관순, 최익현 등 이분들이 다 이런 매서운 정의의 정신으로 결사보국한 분들이다.

백제의 불상은 거의가 웃고 있으며 백제의 토기는 그 아랫부분이 대부분 둥글다. 빙그레 웃는 부처님의 상호에서 우리는 온자한 백제인의 미소를 찾을 수 있고 둥글넓적한 그릇들 속에서 원만한 백제인의 품성을 엿볼 수 있다. 이 미소와 품성 속에서 백제인의 문화가 찬란하게 꽃이 핀 것이다.

당시 신라의 불상이나 사찰의 건조가 백제에서 건너간 많은 장인들에 의해서 이루어졌고 바다 건너 일본에까지 불교와 불상을 전파한 스승이 백제의 선각자들이었음은 백제문화가 온화하고 원만한 가운데 얼마나 찬란하게 꽃피웠던가를 짐작하고도 남음이 있다.

지금 우리는 충청도에 많은 서예가, 화가, 문필가 등의 예술인이 배출된 것도 찬란했던 백제문화의 덕분이 아닌가 싶다.

따라서 앞에 소개한 일사보은(一死報恩)의 정신과 온화하고 원만한 품성이 잘 조화를 이룬 것이 백제의 품성이요 곧 충청도의 특징이 된 것이라고 믿는다.

충청도 사람들이 평소에는 그렇게 유순하고 겸손하면서도 일단 화가 날 때는 황소처럼 펄펄 뛰며 사생결단을 할 만큼 무섭게 나오는 것도 생각하면 이런 백제인의 특성과 관계가 있는 것이 아닐까?

충청도의 도명에 유독 충(忠)자가 들어간 점이나 다소 불쾌하기는 하지만 충청도를 멍청도라고 부르는 이면에는 앞에서 지적한 그 두 가지 면이 다 포함되는 것이라고 보아도 무방할 것이다.

아무튼 이런 정신과 문화가 창조된 백제를 사랑하고 그 백제의 서울인 부여가 고향인 것을 누구보다도 기쁘게 여기며 자랑스럽게 생각한다. 이중한의 택리지(擇里志) 충청도편에 우리 도는 산천이 아름다워 서울의 사대부들이 많이 몰려와 사는 곳으로 풍속 또한 서울과 비슷하여 사람살기 좋은 곳이라는 소재가 있는 점으로 미루어 내 고향인 부여도 여기에서 크게 벗어나지 않는다.

산불고수려 수불심청징(山不高秀麗, 水不深淸澄) 〈은 비록 높지 않으나 아름답고, 물은 깊지 않으나 맑다.〉는 것은 충청도의 자연을 말하는 단적인 표현이다.

부여의 산과 강이 바로 그렇다. 어려서 초등학교를 다닐 때 툭하면 올라가서 놀던 부소산이 바로 그런 산이다. 별로 높지 않은 이 산이 백제의 궁성이 자리할 만큼 아름다웠으니 지금도 부여 사람치고 부소산을 좋아하지 않는 사람은 없을 것이다. 그 속에 낙화암, 고란사, 사자루, 영월대, 송월대(送月臺) 등 발길 닿는 곳마다 역사의 소리가 담긴 유적지요, 부소산을 감도는 백마강 또한 깊은 세월을 품고 있는 얼마나 정취어린 강인가.

개구쟁이 시절엔 이 강에서 발가벗고 수영을 즐기고 이 강에서 씨름하며 하루해를 보냈다.

나이가 지긋해지면서 백마강 달밤에 그야말로 낙화암 아래에 일엽편주(一葉片舟)를 띄우고 정든 친구들과 선유(船遊)를 하며 정배주(情盃酒)를 나누고 백제의 회포, 삼천궁녀의 넋을 달래 본 추억도 많거니와 그래 그런지 우리고향 사람치고 풍류를 마다하는 사람이 적다.

'부여사람' 하면 대개 술잔이나 할 줄 알고 노래 가락 꽤나 뽑을 줄 아는 낭만과 멋이 깃들어 있음에도 이러한 산수의 영향이 큰 것 같다. 가령 꽃피는 봄에 부소산, 사비 궁, 낙화암, 백마강의 낭만도 그러하거니와 겨울철에는 규암진에 나아가 백마강에서 막 잡아 올린 장어나 그 밖의 생선을 안주로 하여 구수한 시골 막걸리를 기울이는 맛이란 가히 부여사람만이 그 진미를 알 수 있는 술맛이다. 어쩌다 명절 때나 어떤 행사가 있어 고향에 가보면 그들은 긴 얘기 하지 않고 객지에서 찾아온 친구를 무조건 술자리를 마련해 아무 이해관계 없이 한 잔 기울이며 구수한 사투리로 회포를 풀기가 일쑤다. 참으로 유순하고 원만한 인정의 술자리가 아닐 수 없다. 따라서 우리 고향 사람치고 그렇게 모질거나 약삭빠르거나 잔혹한 사람은 드물다.

산천처럼 인정도 두리뭉실하고 온유한 게 그 특색이다. 고향을 사랑하고 고향에 살어리랏다 하려면 누구나 고향을 가꾸며 살아야 한다.

가정을 떠나서 가정을 사랑할 수 없고 조국을 떠나서 애국을 부르짖을 수 없음과 같은 이치다. 그러나 나는 요즈음 충청도에 살고 있지만 고향을 떠나서 생업에 혹은 지역 문화발전을 위해 땀 흘려 봉사하며 서예작품 활동에 몰두하고 있다. 고향을 사랑하는 정이야 남 못지않지만 이렇게 고향을 떠나있으니 안타까운 노릇이다.

사랑을 잃은 자가 누구보다도 소중함을 안다는 격으로 나도 고향을 떠나 있으니 고향의 소중함을 비로소 실감한다는 변명으로 자위하고 싶다.

(2016. 6. 19 / 목요저널)

관수유술(觀水有術)

농경문화(農耕文化)의 생활권(生活圈)에서 살아온 탓에 우리네 옛날 선비들은 자연(自然)과의 친화(親和)를 가장 바람직한 일로 여기면서 살았다.

논어(論語)에도 〈슬기로운 이는 물을 좋아하고(知者樂水) 어진 이는 산을 좋아한다.(仁者樂山)〉고 하지 않았던가? 이른바 요산요수(樂山樂水)는 산수간(山水間)에 유유자적(悠悠自適)하는 선비의 자연(自然)과의 친화(親和)를 나타낸 말이다.

또 우리는 자연(自然)가운데도 〈물을 본다.〉는 뜻으로 관수대(觀水台)니 관란정(觀瀾亭)이니 하는 이름을 붙인 것을 볼 수 있다. 맹자(孟子)의 진심장(盡心章)에 〈물을 보는 데는 방법이 있다. 반드시 그 물결을 보라(觀水有術必觀其瀾)〉고 하였다. 여기서 선비들의 요수(藥水)는 단순히 물을 좋아하고 물놀이나 하는 류(類)의 행락(行樂)을 의미하는 것은 아니다. 물을 보면서 자신의 마음을 맑게 하고 물의 성품(性品)에서 많은 깨우침을 받고자 한데에 그 본뜻이 있었던 것으로 알며 물에서 인생을 배우라는 뜻도 생각된다.

사람마다 처지와 형편에 따라 물에서 받는 교훈은 한결같을 수는 없다고 하겠지만, 그런대로 나름의 의미를 찾았던 것으로 보인다.

우리 속담에 〈물에 물 탄 듯이 술에 술탄 듯이〉는 회남자(淮南子)의 이수화수(以水和水)와도 통 한다. 즉 아무리 노력해도 별 다른 보람이 없거나 싱거워 아무 맛도 없음을 비유하여 말할 때 쓴다.

또 우리 속담에 〈물이 맑으면 고기가 안 산다.〉고 하였는데 공자가어(孔子家語)에도 수청어무(水清魚無)라 하였으니 둘 다 통하는 말이다. 이것은 지나치게 청렴하고 엄격하기만 할 경우에 사람들이 가까이 따르지 않음을 비유하여 쓰는 말인 것이다.

물은 언제나 낮은 데로 흐른다. 법(法)자가 삼수변에 갈 거(去)자를 한 것을 보면 법이란 물이 흘러가듯 순리를 존중함을 뜻하는 것이기도 하다. 또한 사람이 처신(處身)함에 있어 물이 스스로 낮은 데로 흘러가듯 겸손할 것을 가르쳐 준다. 물은 그릇의 모나고 둥근 데에 따라 그 모양을 바꾼다. 이를 일러 〈수임방원격(水任方圓格)〉라고 한다. 자기 생각만 고집할 것이 아니라 다른 사람의 생각에도 적응해 가는 태도가 필요함을 말한 것이다.

물은 모든 것을 그 품 안에 받아들이고 이로움을 주고 또 윤택하게 한다. 이를 일러 수선리만물(水善利萬物)이라고 한다. 사람도 마땅히 물과 같이 넓은 도량을 가지고 널리 은덕을 끼쳐야 함을 말했다. 행어 수(行於水) 즉 〈물속을 가다〉라는 말이 있다. 지극한 도리를 따라 행하는 사람은 물 가운데를 가듯 아무런 흠을 잡을 자취를 남기지 않는다는 것이다.

물은 바위나 나무와 마찬가지로 그 어떤 형상(形狀)을 가지고 있어도 그 것들처럼 쉽사리 깨뜨릴 수가 없다. 가장 약한 듯 하되 그 어떠한 것으로도 깨뜨려 허물어뜨릴 수는 없는 것이 바로 물인 것이다. 우리 속담에 〈칼로 물 베기〉 획수(劃水)라고 하였듯이 아무리 칼로 물을 베더라도 물이 상처를 입거나 손상되는 것을 우리는 볼 수 없다. 다만 그 칼질하는 노고가 헛될 뿐이다. 따라서 이 말은 헛수고를 비유할 때 쓰이나 어느덧 물의 강인한 일면을 암시하고 있다고 보겠다.

따라서 물이 우리에게 주는 교훈은 너무나도 절실한 것 뿐이다. 고요히 흐르는 물을 보면서 처세의 떳떳한 도리(道理)를 생각한 우리의 옛 선비들은 물에서 한없이 깊은 의미를 건져내어, 내 것을 삼았던 진실로 어진 이 현자(賢者)들이었다.

현대를 살아가는 우리들도 관수류술(觀水有術)을 터득한, 지난날 우리 선배들의 자취에서 그 무엇인가 느끼는 것이 있어야 마땅하리라. 우리 모두 요즘 날로 험악해져가는 사회상을 관조(觀照)하면서 스스로 마음을 가다듬고 물의 모습을 보는 진정한 수도자(修道者)가 되었으면 하는 마음이다.

(2016. 6. 22 / 목요저널)

관포지교(管鮑之交)

〈아비 팔아 친구 사고 / 어미 팔아 노자 삼아 / 친구 따라 강남 간다.〉는 민요가 오래 전부터 우리 선인(先人)의 입에서 입으로 전해져 오고 있다. 어찌 생각하면 패륜아의 노래처럼 들릴는지도 모르는 이 한 곡조의 민요는, 그러나 엄격한 불교윤리(佛教倫理)로 사회의 기강을 유지해 온 조선조 당시에도 금지곡(禁止曲)의 리스트에 올라 제재를 받지 않고 면면히 지금까지 저항 없이 이어져 온 것을 보면 이 노래 자체가 지닌 의미 즉 우정의 소중함을 강조한 그 주제가 돋보어서 묵시적(默示的)으로 널리 퍼진 것이 아닌가도 생각된다.

사실 삼강오륜(三綱五倫)의 조항(條項)에도 명시(明示)되어 있다시피 친구간의 신의(信義)를 바탕으로 한 우정(友情)은 부모자식간(父母子息間)이나 부부간(夫婦間)에도 못할 말을 마음 터놓고 이야기할 수 있는 대상이 바로 친구가 아니겠는가? 내 마음을 알아주는 친구, 내 허물을 덮어주는 친구, 멀리 떨어져 있으면서 항시 마음속으로 나를 그리는 마음의 친구 즉 심우(心友) 한 둘쯤 곁에 있다면 그 또한 얼마나 행복하랴? 더구나 우리가 복잡한 세상을 살아가면서 어쩌다 견디기 어려운 일을 당하여 친구에게 도움을 청했을 때 서로의 우정(友情)과 신의(信義) 때문에 이를 거절하지 않는 친구 곧 막역지우(莫逆之友)가 있다고 가정해 보자. 그 또한 얼마나 든든하랴?

이처럼 목숨과 바꿀만한 친구의 어려운 일을 마치도 내 일처럼 여기고 뛰어 드는 친구, 서로가 그만큼 아끼고 사랑하며 변치 않는 우정을 나눌 수 있는 친구간의 사귐을 우리는 관포지교(管鮑之交)라고 한다.

옛날 중국(中國)의 춘추시대(春秋時代)에 제(齊)나라 환공(桓公)때 재상을 지낸 관중(管仲)은 어릴 때부터 깊이 사귄 절친한 친구 포숙아(鮑叔牙)가 있었다. 그들은 금슬(琴瑟)이 좋은 어느 부부보다도 다정스레 정을 나누면서 자랐다. 그러나 사람에게는 각기 다른 개성과 욕심이 있기 마련이어서인가? 그들이 함께 벼슬길에 나갔지만 관중은 언제나 포숙아(鮑叔牙)를 제치고 편안하고 이권이 많은 자리만 골라 승진하게 되니 포숙아(鮑叔牙)는 이에 따라 불편한 자리, 인기가 없는 자리로 밀릴 수박에 없었다. 하지만 그는 결코 분노하거나 관중(管仲)을 미워함이 없이 오히려 그 관중(管仲)을 너그럽게 이해(理解)하며 관중(管仲)은 남보다 가족이 많으니 그 많은 식솔(食率)을 거느리자면 얼마나 힘들까 하고 오히려 걱정까지 하였다. 또 한 때 관중(管仲)이 위험한 전쟁터에 나갈 차례가 되었는데 그는 적당한 구실을 붙여 빠지게 되니 그 자리는 자연 포숙아(鮑叔牙)의 차례로 돌아올 수박에 없었다. 포숙아(鮑叔牙)는 관중(管仲) 대신에 위험한 전쟁터에 나가면서도 추호도 관중

(管仲)을 원망함이 없이 관중(管仲)에게는 모셔야 할 노모(老母)가 계시지 않은가? 만일 관중(管仲)이 그 위험한 곳에 간다면 그 노모(老母)께서는 얼마나 노심초사(勞心焦思)하실까? 그러니 내가 그 위험한 곳에 가는 것이 관중(管仲)을 위하는 길이요, 노모(老母)를 평안하게 해드리는 길이 아니겠는가 하면서 불평 없이 기쁜 낯으로 떠났다.

이처럼 도량이 넓은 포숙아(鮑叔牙)의 심정을 한 때 잠시 이해하지 못한 관중(管仲)은 그 얼마 뒤 에 포숙아(鮑叔牙)는 누명을 쓰고 죽음의 경지에 이르렀는데 관중(管仲)은 그 친구를 충분히 구(求)할 수 있는 자리에 있었음에도 그를 구하지 않았다. 그 뒤 포숙아(鮑叔牙)의 우정(友情)을 깊이 이해하고 크게 뉘우친 관중(管仲)은 스스로 한탄하여 말하기를 〈나를 낳아준 분은 부모(생아자부모 生我者父母)지만, 나를 진정코 이해해준 친구는 포숙아(지아자포숙 知我者鮑叔)이다.〉라 하였다는 기록이 사기(史記) 관안별전(管晏別傳)에 전하고 있다.

날로 세상의 인심이 각박해지고 신의와 의리가 단절되어 기는 오늘날 이처럼 서로가 깊이 이해할 수 있는 친구를 사귄다는 것은 행복한 삶을 추구하는 복된 삶의 한 방법(方法)일 것이다.

(2016. 7. 10 / 목요저널)

교육과 덕(德)

엄부자모(嚴父慈母)란 말이 있다. 옛날의 가정교육에 있어 아버지는 자식에게 엄격하고 어머니는 자비스럽게 대했다는 경우를 말함이다. 가령 아버지가 매를 들고 자식을 무섭게 때리면 어머니는 자기 남편의 매서운 회초리를 자신의 몸으로 대신 맞아가며, 앞으로는 이 어미가 잘 가르쳐 볼 테니 당신은 한번만 용서하라고 사정을 해서 가까스로 아버지의 진노를 가라앉게 한 예가 얼마든지 있었다는 것이다.

이렇게 아버지는 무섭지만 위엄과 체통을 잃지 않게 어머니가 받들어 주고, 어머니는 어머니대로 아들의 매를 대신 맞으며 사랑과 희생으로 나올 때, 자식된 자 진정으로 부모의 교육이 무엇인가를 가슴 깊이 아로새기고 올바른 사람으로 성장하게 하는 전통적 교육방법이 우리 사회에 있었던 것이다.

그러나 현대의 핵가족 상황에서 가정교육은 과연 어떠한가? 우선 아버지는 너무 바쁘다. 직장이다, 사업이다 해서 밖으로만 나도니 자식과 만나 대화를 할 시간이 별로 없다. 따라서 자식의 가정생활을 가장 많이 간섭하고 관리하는데 많은 시간을 갖는 것은 어머니일 수밖에 없다. 그런데 이 어머니의 교육방법도 천차만별이다. 개중에는 어머니가 확고한 소신을 가지고 엄할 때는 아버지 못지않게 엄하고 사랑으로 감쌀 때는 지극한 모성애로 부모가 함께 교육하는 이상으로 훌륭한 가정교육을 베푸는 경우도 없지 않다.

우리는 그러한 예를 맹자 어머니 삼천지교(三遷之敎)나 한석봉의 어머니, 그리고 율곡의 어머니 신사임당에게서 찾아볼 수 있다.

그러나 반드시 그렇지 못한 어머니도 얼마든지 볼 수 있으니 그저 자식이라면 지나친 보호본능 그것만으로 자식이 무슨 소리를 해도 오냐 오냐하며 다 들어주고 자식의 일이라면 웬만한 무리와 편법까지도 예사로 아는가 하면 더 극심한 경우 자식의 모든 일을 돈으로만 해결하려는 어머니도 얼마든지 있다. 다시 말하면 돈만 주면 자식교육은 아무문제가 없는 것으로 착각하는 부모가 우리 사회엔 허다하다.

그러나 자식의 교육은 결코 자식의 뜻을 다 받아준다고 되는 것이 아니며, 하물며 돈이나 많이 준다고 아무 걱정이 없다고 보면 큰일이다. 오래전에 미국 유학길에서 잘못되어 돈 때문에 귀국해 돈 많은 아버지와 어머니까지 칼로 난자 살해한 패륜아가 있어 사회에 큰 파문을 낸 적이 있거니와, 황금만능주의 사회구조에서 가정교육의 올바른 방향을 어떻게 모색할 것인가가 지극히 우려되는 일이 아닐 수 없는 현실이다.

아무리 자식이지만 옛날처럼 엄하게만 다스린다고 될 것도 아니요 더구나 요즘처럼 너무 오냐오냐해도 문제가 있으니 엄격과 사랑을 잘 조화시킴도 중요하고, 그보다는 부모 된 자가 자신의 가정과 일가친척에게는 물론 이웃과 사회에 많은 덕을 베풀고 귀감이 되어야 한다고 생각한다.

명심보감 계선 편에 보면 〈돈을 모아서 자손에게 남겨준다고 하여도 자손이 반드시 다 지킨다고 볼 수 없으며, 책을 모아서 자손에게 남겨준다고 하여도 자손이 반드시 다 읽는다고 볼 수 없다. 남모르는 가운데 덕을 쌓아서 자손을 위한 방편으로 삼는 것만 같지 못하다.〉라고 했다. 이렇게 본다면 가정에서부터 자식들 앞에 돈만이 아닌 사랑과 관심, 그리고 솔선수범 등 참다운 덕을 베풀 때 가정교육도 정상화된다고 생각한다.

(2016. 7. 23 / 목요저널)

금주상락(琴酒相樂)

언제 누군가가 한국인의 기본정서는 멋에 있고 그 멋이란 단어는 맛에서 유래된 것이라고 피력한 글을 읽은 적이 있다.

물론 한 나라의 민족적 정서를 이처럼 하나의 어휘로 집약할 수는 결코 없을지 모른다. 그러나 이 분이 개진한 이론은 확실히 우리 한국인의 정서적 특징을 비교적 절실하게 지적하고 있다는 점에서 우리에게 공감되는 바가 큰 것이다.

확실히 우리 한국인은 고대로 멋을 즐기며 살아온 민족임에 틀림이 없다. 그 멋이란 서구적 취향에 감염된, 요즈음 젊은이들이 흔히 말하는 화려하거나 거창하게 꾸민 그러한 것이 아니라, 단순하고 소박한 우리네 일상생활에서 우러나온 담백하고 소박한 것을 지칭했던 것이다.

그것은 잘난 사람은 잘난 멋에 살고 〈못난 사람은 못난 멋에 산다.〉 〈그것 참 멋지다〉 〈제 멋대로 사는 사람〉 〈제멋에 지쳐서〉 등 우리가 항상 사용하는 일상어 가운데 깊숙이 스며있는, 야단스럽게 꾸미거나 남에게 돋보이기 위해서 허세로 치장하는 요란스러움과는 거리가 먼 것이었다. 마치 석양에 수줍은 듯 피는 박꽃 같은 운치, 조촐한 가운데 은은히 풍기는 운치 그것이 바로 멋이 아니겠는가?

기와집의 추녀가 날아갈 듯 살짝 치켜 올려진 멋, 버선코, 고무신코, 인두 콧등이 날렵하게 곡선을 이루며 솟은 운치, 열두 폭 치마 자락과 자주고름이 봄바람에 휘날리는 그 하늘하늘한 멋, 그리고 밋밋하게 곡선을 이룬 초가지붕의 모습 등 생활 속에서 멋을 한껏 살리면서 살아온 우리네 선인들은 생활 자체가 바로 멋이었다.

남향받이 산허리 시냇가 언덕 위에 초가삼간 지어 놓고, 토담으로 담장을 치고 싸리나무로 삽짝을 엮고서, 그 울 밖 시냇가에는 몇 그루의 버드나무를 심어 놓기도 했다. 오랜만에 친구가 찾아올라치면 넉넉한 살림살이가 못되어 진수성찬으로 대접을 못할지언정 박주산채나마 정성스레 차려놓고 그 친구를 환대했다.

주인과 나그네가 권커니, 잣커니 하는 사이 어느덧 거나하게 취해오면 벽에 걸어둔 오동나무 거문고로 한 곡조를 뜯으니 그 즐거움은 신선의 경지가 아니랴. 금주상락(琴酒相樂)의 황홀경! 이것은 우리만이 지닌 소박한 멋이요, 풍류(風流)다. 칠면조 고기에 양주로는 도저히 도달할 수 없는 이 경지, 한번쯤 다시 즐겨 봄직한 멋이 아니겠는가?

(2015. 2. 9 / 목요저널)

꽃샘

청명 한식을 전후해서 날씨가 너무 화창하여 봄이 곧장 오는 줄만 믿었더니, 웬걸 4월 초순부터 중순에 이르기까지 아침저녁 기온이 영하로 뚝 떨어진데다 바람과 눈서리까지 내리는 등 꽃샘추위를 절감하게 한다. 4월 중순이 훌쩍 넘어 굵직한 눈발이 내리기까지 했으니 진정 꽃샘추위가 아닌가 생각된다. 꽃샘추위 속에서도 꽃망울을 터트리고 있고, 여기저기 벚꽃 축제다, 진달래 축제다 꽃이 만발하고 있다.

우리말에 (특히 토속어) 예쁜 표현도 많지만 '꽃샘'이란 말만큼 예쁜 말도 드물지 않을까 싶다. 이는 곧 꽃이 피는 것을 시암(시샘)한다는 뜻인데 왜 하필 꽃처럼 향기롭고 아름다운 것이 피는 것을 시암해야 하는 것일까.

그러나 우리는 꽃이 향기롭고 아름답지 않다면 굳이 시샘할 이유가 없으리라는 추측을 대뜸할 수 있고, 그렇게 본다면 대자연 속에서 시샘을 받고 피는 것이 꽃 말고는 달리 잘 생각이 안 나니, 꽃이 얼마나 향기롭고 아름다운 것인가도 새삼 느낄 수 있다.

우리말 사전에 '시암'이란 뜻은 남의 일이나 물건을 탐내거나 자기보다 나은 처지에 있는 이를 미워함이라고 적어 놓은 것을 봐도 대체로 '시암'은 아름다운 것, 행복한 것, 너무 풍요로운 것들을 그만 못한 축에서 시기나 질투한다는 뜻임을 알 수 있다. 따라서 봄이 오고 꽃이 피는 것을 시암해서 꽃샘추위가 유난을 떤다는 사실은 봄과 꽃이 얼마나 대단한가 하는 것을 간접적으로 반증(反證)하고 있다. 아닌 게 아니라 우리는 여름시샘이니 가을시샘이란 말은 들어 본 사실이 없으니 봄이야말로 계절의 여왕(女王)이요, 그 봄에 피는 꽃이야 봄을 가장 봄답게 장식하는 아름다움의 극치가 아닐 수 없음을 이 낱말로만 가지고도 유추할 수가 있다.

그런데 자연 속에서 '꽃샘' 정도가 고작인 우리말이지만 그것이 우리 인간사로 넘어오면 제법 많은 '시암'이나 '시샘'이 있는 것도 묵과할 수 없다. 가령 '시누이 시샘' '홀어머니 시샘' 같은 말도 있고 우리 속담에 '사촌이 논을 사면 배가 아프다.'란 표현도 결국은 풍요로운 사촌을 놓고 가난한 사촌이 시샘한다는 뜻과 다를 바가 없다.

그 밖에도 얼마든지 자신이 못 가진 것을 부러워 하다못해 미워하고 감정이 우리 민족에게는 잠재해 있는 듯하다.

필자는 차제에 우리도 이제는 꽃샘추위 정도는 자연의 섭리이니까 어쩔 수 없이 느껴야 하겠지만 인간사 속에서의 시샘이나 질투는 가급적 더 이상 지속시키지 말자는 제언을 하고 싶다.

물론 시샘을 하다보면 나도 남처럼 잘 살고 예뻐질 수도 있겠지만 우리 민족의 감정 중에서 시기, 질투, 원망, 탐심 등은 이제 새 시대의 진군(進運)과 더불어 버리고 싶은 유산이기 때문이다. 꽃샘바람이 분다고 꽃이 아름답지 아니한 것이 아니듯이 남을 미워하거나 질투한다고 해서 그 남이 크게 달라지는 법은 없는 것이 아닌가!

그럴 바에야 차라리 이제 남을 이해하고 칭찬하고 존중해 주는 기풍이 아쉽고 또 그럴 시간이 있으면 자신도 남 못지않게 노력하고 분발해서 남보다 더 낫도록 해야 할 것이다. 이제 남을 시샘하는 부정적(否定的)인 풍토로부터 벗어나 서로 소통하고 이해하며 긍정적인 삶의 새로운 가치를 구현해야 할 것이다.

그리고 더 나아가 냉철한 자성과 아울러 정치 · 경제 · 사회 · 문화 · 교육 · 체육 등 그 동안 이루지 못한 모든 질서와 현안 문제들을 하나하나 해결하고 점진적인 개혁을 통해서 비전과 희망을 제시하고 국민정신의 새로운 정립과 함께 국민행복시대를 힘차게 열어가야 할 중요한 시기가 아닌가 싶다.

(2013. 4. 22 / 중도일보)

다불사상(多佛思想)

부처님 말씀에 보면 〈중생(衆生)이 곧 부처다.〉 〈중생이 아프면 부처도 앓는다.〉 〈우리가 모두 부처다〉 등등의 말이 자주 나온다. 이러한 말씀들은 부처와 중생이 크게 다른 바가 아니라 중생도 한 생각 옳게 가지면 부처의 마음을 가질 수 있고 부처의 마음을 가진 중생이라면 그 또한 부처와 크게 다를 바가 없다는 뜻으로 새겨 볼 수 있다.

불교에서 가장 큰 이상실현이 있다면 그것은 곧 중생이 부처가 되는 길이 성불(成佛)인데 그 길이 물론 어렵고 괴로운 수행과 독경 그리고 지극한 예불과 참선을 통해서 문득 깨달아야만 가능한 일이기는 하겠지만 부처란 반드시 이러한 고행을 통해서 성불한 경우만을 의미 하지는 않는다. 그것은 마치 〈큰 바다도 원래는 한 방울의 물로 비롯된다. 대해원시일적수(大海元是一滴水)〉는 말처럼 우리 중생들도 경우에 따라서는 착하고 자비로운 불심으로 한 순간 한 순간 부처의 본체와 실상을 이룰 수가 있다는 가능성을 불교는 많이 시사하고 있다.

그런 의미에서 우리 중생도 본래는 부처인데 늘 부처가 아니라는 엉뚱한 생각 때문에 자꾸 중생으로 전락한다고 보는 견해가 얼마든지 있으며 이런 생각은 우리 일상(日常)에서도 꼭 반성해야할 필요가 있다. 가령, 우리가 자기 스스로를 나는 별게 아니다. 나는 뻔하다. 나는 올 데까지 다 왔다는 생각들을 한다면 그것보다 무서운 자학은 없고 그 결과는 아주 엉뚱한 행동이나 결과를 초래하기 때문이다.

칼을 휘두르는 살인범이나 남의 물건을 훔치는 도둑이나 툭하면 주먹을 내지르는 깡패들이 처음부터 그리된 것이 아니라 세상을 좀 살다보니 자기에게 불리하고 자기가 소외당하고 그러다보니 자기 비하와 자기 학대의 감정이 쌓이고 쌓여 결국에는 그런 살인자, 도둑, 깡패로 전락하고 마는 것이다. 그러나 그와는 반대로 늘 나는 부처다. 나에게도 불심이 있다. 따라서 나는 부처처럼 착하고 어질게 남에게 베풀고 남을 존중해야 되겠다는 확고한 신념이 있다면 이미 그의 얼굴빛과 마음씀씀이는 남에게 부담을 주지 않고 오히려 존경과 예우를 받을 것은 뻔한 이치다.

더구나 그런 생각을 가진 이는 자기 자신 뿐 아니라 자기 주변의 모든 사람을 부처로 볼 줄 아는 심안(心眼)도 갖출 수가 있다. 다시 말하면 내가 부처이니 내 아내도 내 남편도 내 시부모도 내 자식도 다 부처로 보는 생각인데 이것은 자기 수양을 위해서 대단히 중요하다. 이렇게 온통 내 주변을 부처로 본다면 으레 시부모나 남편이나 아내에게 부처에 상응하는 예와 대우를 베풀 것은 자명한 일이다. 밥 한 끼, 말 한 마디 소홀함이 없이 자기 주변의 많은 부처에게 극진히 베풀 것이다. 이를 불교에서는 다불사상(多佛思想)이라고 한다. 부처님 오신 날을 전후하여 우리 모두가 불국사(佛國寺)를 비롯해 전국 사찰에서 살 수 있는 이상을 다불정신(多佛精神)에서 찾아본 것이다.

당대발복(當代發福)

뉴스를 보면 반갑고 신나는 내용보다는 짜증이 나고 역겨운 내용들이 너무 많아 탈이다. 특히 공직자의 뇌물사건이니, 성폭행이니, 강도니. 절도니, 묻지 마 살인행각 등은 이제 소름이 끼치다 못해 신물이 날 지경이다.

특히 요즘 들어 고위공직자와 재벌들의 대형 비리사건과 살인사건, 성폭행사긴이 연일 발생하고 장소를 불문하고 지나가는 사람들까지 무차별로 칼로 찔러 죽이는 사례 등은 정말 너무 어처구니가 없어 눈과 귀를 막고 살고 싶은 세상이다.

우리 한국 사람은 한 마디로 너무 조급한 게 탈이다. 돈이라면 무슨 짓을 해서든지 당장에 일확천금이라는 못된 생각이 그런 수많은 범죄를 양산하게 만들고, 여자도 당장 소유해 보려고 하다 보니 성폭행과 자살소동이 나오고, 인신납치가 성행하게 마련이다.

진부한 지적이지만 1980년대~1990년대 적은 국토에서 수많은 복부인, 땅 투기꾼이 날뛴 나머지 땅값만 무작정 올려놓은 게 사실이고, 이렇게 해서 돈을 벌어 잘 사는 사람을 보고 부러워하고 동조하다 보니, 알게 모르게 한탕주의나 일확천금주의 사고가 이 땅에 팽배하게 된 것도 사실이다.

심지어 부모나 조상의 산소까지 명당(明堂)을 써야 당대발복(當代發福)하는 양 지관(地官)을 여럿씩 불러다 이장(移葬)이나 도장(盜葬)을 하는 사례도 허다하고, 사주, 관상, 작명소 등 점쟁이업도 성업 중인 것을 보면 우리나라 사람들이 당대발복(當代發福)에 얼마나 큰 관심과 매력이 있는가를 가히 짐작 할만하다.

그러나 복이란 그렇게 날뛰고 서둔다고 저절로 굴러들어오는 것이 아닐 것이다. 한탕주의나 횡령, 사기, 탈세, 도박 등 반사회적 일로 돈을 번 사람치고 그 돈이 오래 유지된다는 법은 없다. 돈이 사람을 살리기도 하지만 돈이 사람을 죽이는 사례 또한 많아 부당한 방법으로 모은 재산치고 오래 가는 예(例)가 드물다. 결국 당대발복(當代發福)은 당대화근(當代禍根)을 자초하고 그로 인해 패가망신하는 사례가 얼마든지 있다.

돈이든 명예든 다 때가 있고 정도가 있으며, 매사를 자신의 능력과 분수에 알맞게 처신하는 사람만이 진정한 복을 받을 수 있을 것이다.

그런 의미에서 당대발복(當代發福)의 악몽(惡夢)을 꿈꾸기보다는

근(勤)하면 적은 부자가 된다고 옛말과 자업자득(自業自得)이란 옛말을 거울삼아 자신의 업은 자기가 차근차근 부지런하게 평생(平生)의 계획에 의하여 조심성 있게 성취해 나가는 사람만이 결국 대성(大成)할 인물(人物)이 아닌가 한다.

(2016. 7. 29 / 목요저널)

덕(德)으로 바로 서자!

우리 전통사회에서는 이른바 아이를 구분하는 그 기준을 '머리'에 다두어 왔다. 성년의식(成年儀式)에도 남자의 관례(冠禮)는 머리를 가다듬어 관(冠)을 쓰게 하였고, 여자의 계례(笄礼)는 머리를 꾸며서 비녀를 꽂게 하였다.

이유는 간단하다. 머리는 외모를 대표하는 동시에 생각이 담긴 곳이기 때문이다. 인간에게 있어 더할 수 없는 영묘처(靈妙處)인 머리는 다른 의례에서도 그렇지만 특히 관례에서는 중심적인 역할을 한 것이다.

사람을 사람이라 하는 것은 예의가 있기 때문이다. 예의는 어디에서 비롯되는가? 머리를 다듬어 관(冠)을 쓴 뒤에야, 복장이 갖춰진 뒤에야 몸가짐이 바르게 되고, 얼굴빛이 온화하게 되며 말이 공손스러워지는 것이다. 그래서 관을 쓰는 것을 예의의 시작이라 하였다.

관례를 설명한 말이다. 옛사람이 관을 존중하는 그 돈독한 정성이 어디에 뿌리박고 있는가를 이해할 수 있다.

관례에서는 성년이 된 젊은이에게 세 번 각각 다른 관을 씌워주고 여자(女子)는 비녀를 꽂아 준다. 평생 쓸 수 있는 이 관을 한 번씩 선보일 때마다 성년이 된 의미와 마땅히 지녀야 할 마음가짐과 몸가짐을 일깨워줘 왔다.

〈너의 어린 뜻은 버리고 성년의 덕성에 순응토록 하라.〉 여태까지의 철부지 유치한 생각은 씻어버리고 이제부터는 성인으로 당당하게 권리를 누리고 의무도 다해야 된다는 뜻이다.

〈너의 위의(威儀)를 삼가고 너의 덕(德)을 착하게 지니도록 하라.〉 위의(威儀)는 엄숙 단정한 몸가짐, 법도에 맞는 몸가짐을 뜻한다. 어른이 되면 점잖아야 하고, 복장이며 일거일동이 예의범절에 맞아야 한다는 것이다. 우리 속담에 〈갓 쓰고 망신한다.〉는 말이 있듯이, 성년이 되어 갓을 쓰게 되면 어른스러워야 하는데 그렇지 못하면 무한(無限)책임을 지게 하였다.

이상 세 가지가 새 '어른'에게 주는 교훈인 동시에 현대 사회에서의 간곡한 요망사항이기도 하다.

다만 현대사회에서 우리 모두 덧붙일 것이 있다면,

첫째, 자중자애(自重自愛)다. 자중은 자기 자신을 소중히 여기는 일이다. 자기 자신을 소중히 여기면 몸가짐을 무겁게 지니게 되고 품위도 지키며 점잖아진다. 머리에 관(冠)쓰고 몸에 도포를 입는 시절에는 그 의관으로 해서 몸가짐이 저절로 무거워졌다. 그러나 오늘을 사는 우리는 모두 맨 머리에다 옷도 편리위주로 위엄과는 상관이 없이 아무렇게나 행동하기에 아주 알맞다. 그리고 마구 몸을 던져버리는 사람이 얼마나 많은가. 들뜬 정치적 구호에, 또는 순간적인 욕망의 충동에, 모험적인 물질적 투기에 아무런 성찰이 없이 자기 몸을 던져 버리는 사람을 우리 사회에서 많이 본다. 자신을 이토록 학대할 수 있는가. 자기 몸은 자기가 아껴야 한다. 이기(利己)가 아닌 정정당당한 자존(自尊)을 위해서 말이다.

둘째는 세상을 보는 눈을 갖도록 노력해야 한다. 우리는 모든 사물을 될 수 있는 대로 긍정하고 낙관하는 자세로 보고 지니도록 하자. 그리하면 스스로 즐거워질 것이다. 내가 바로 서야 가정이 바로 서듯이, 어른이 바로 서야 아이들도 바로 서게 되는 것이다. 가정의 달에 우리 모두 이 점을 명심해야 할 것이다.

말의 허구(虛構)

우연히 부처님의 말씀 가운데 십악참회(十惡懺悔)라는 대목을 보니 인간이 짓는 열 가지 악업(惡業) 가운데 입으로 짓는 죄를 네 가지나 지적하셨다.

즉 살생유(殺生楡), 도둑질(盜), 사음(邪淫)이 가장 나쁘지만 그 다음으로 망언(妄言, 거짓말), 기어(綺語), 양설(兩舌, 이간질하는 말), 악구(惡口, 욕과 같은 험악한 말) 등이 그것이며 그밖에 탐애(貪愛, 사랑에 집착함), 진(瞋, 성냄), 치암(痴暗, 어리석음) 등이 있다.

이렇게 보면 망언(妄言), 기어(綺語), 양설악구(兩舌惡口)가 모두 입으로 짓는 죄악으로 그것이 전체의 40%나 차지하고 있다는 것은 곰곰 생각해볼 문제가 아닌가 싶다.

또 우리의 옛시조 가운데 〈세상 사람들이 입들만 성하여서 제 허물 전혀 잊고 남의 흉 보는구나, 남의 흉 보거라 말고 제 허물을 고치고저〉

하는 것이 있고 〈내해 좋다 하고 말말을 것이, 남의 말 내하면 남도 내 말하는 것이, 말로써 말이 많으니 말 말을까 하노라〉하는 것도 있다. 이는 말이 없어도 우리의 일상 중에서 본다면 언어가 차지하는 비중이 어마어마하게 크다는 것이다.

우리는 24시간 중에 잠자는 시간만 제외하고는 대개 말을 하면서 산다. 결국 살아간다는 자체가 말을 한다는 것이다. 부처님도 이 점을 감안하셔서 입으로 짓는 악업(惡業)을 그렇게 많이 경계하신 것이요, 이를 그 때 그 때 참회하라고 당부하신 것이 아닌가 싶다.

그러나 세상 사람들은 남에게 좋은 말, 친절한 말, 덕(德)될 말을 하기보다는 오히려 남을 비방하거나 모함하거나, 심지어 알게 모르게 저주하기도 하고, 때로는 협박 공갈하는 말까지 예사로 하고 있다.

따라서 대인관계에서는 말할 나위도 없고 크게는 정치, 경제, 사회, 문화, 예술 등의 모든 분야에서까지 언어공해, 언어의 횡포가 빈발하고 있다. 이러한 터무니없고 황당무계한 말을 대할 때마다 우리는 늘 불안하고 우울해질 수밖에 없지 않은가. 내년 새봄부터는 말의 올가미에서, 말의 허구성에서 벗어났으면 하는 게 필자의 소망이다.

보다 중요한 것은 말보다 실천이요 행동이 아니겠는가? 정당한 비판이나 건의가 아닌, 쓸데없는 비방이나 악담이 어떤 일을 성취하는데 무슨 덕이 될 수 있는가?

모난 사람

〈성격은 운명이다.〉라는 말이 있다.

그 사람의 개성이나 인간성이 결국 그 사람의 현실과 그 사람의 장래까지도 좌우한다는 뜻이다. 가령, 원만하고 침착한 사람은 그가 처리하는 일도 원만하고 차근차근하게 해나가는가 하면, 까다롭고 성급한 사람은 내내 하는 일도 우여곡절이 많고 일이 끝난 뒤에도 하자가 따르게 마련이다.

서양에서도 햄릿형은 우유부단하고 내성적인 성격의 대명사로, 돈키호테 형은 좌충우돌하고 변덕이 심한 외향적인 성격의 상징으로 나누고 있다.

그 두 성격이 갖는 인간의 운명이나 장래까지도 판이하게 다름은 더 말할 나위가 없다. 하긴 사람의 얼굴이 다 다르듯이 사람의 성격이 다른 것은 어떤 의미에선 다행스럽고 재미있는 일인지도 모른다. 그래야 서로 남과 어울려 조화를 이루고 재미있게 살 수 있을 테니 말이다.

이 세상에는 총상(總相)의 통일된 아름다움이나 획일적인 이미지도 필요하지만, 그만 못지않게 별상(別相)의 개별적인 아름다움이나 조화도 꼭 필요한 것이다. 한 가지 꽃만 군생(群生)하는 모습도 장관이지만 여러 가지 모습의 여러 가지 색깔을 띤 많은 꽃들의 다양한 모습도 얼마나 아름답고 아기자기한가!

꽃이 그러할진대 사람의 성격 또한 각양각색인 것은 그대로 자연의 섭리인지도 모른다. 따라서 서로 대조적인 사람끼리, 혹은 유사한 사람끼리 서로 어울려 조화를 이루며 사는 사회야말로 자연의 아름다운 꽃밭이나 숲속 못지않게 신비로운 것이다.

그런데 같은 성격이라고 하더라도 유달리 모진 사람 혹은 모난 사람은 개성이 있다기보다는 뭔가 문제가 있다고 보아야 할 것이다.

다시 말하면 사람이 너무 잔인하거나 표독스러운 것은 일종의 정신질환에 가까운 환자인 셈이다. 그렇지 않고서야 툭하면 화를 내고 앙심을 품고 사건 사고를 저지르는 등 제 성질을 제가 못 이겨서 노발대발할 리가 있겠는가?

원래 모난 사람은 열등아이기 쉽다는 것이다. 어려서부터 뭔가 열등감을 가지고 불만과 불안 속에서 살아왔기에 나이가 든 뒤에도 남을 미워하고 공연히 성깔을 부리는 경우가 많다는 것이다. 어린 시절부터 만들어진 성격이 나이가 들어서도 위기상황에 나오기 마련이다.

우리 속담에 〈모난 사람 옆에 있으면 벼락 맞기 쉽다.〉는 것도 모난 사람이 자신의 주변에 아무 도움을 못주는 대신 오히려 큰 손해나 상처를 입히기 쉽다는 사례를 지적한 것이다.

매사에 자신이 있고 떳떳하여 스스로 부끄러울 게 없는 사람은 누가 화 좀 내보라고 해도 결코 화를 낼 이유가 없을 것이다. 그러나 속에 든 것이 없고 자신의 역량이나 경륜도 없어서 앞으로 무슨 일을 제대로 끌고 나갈만한 힘이 없는 사람일수록 성깔만 못쓰게 길들어서 툭하면 화를 내고 안절부절 못하는 예를 얼마든지 볼 수 있다.

인장지덕(人長之德)이요, 목장지패(木長之敗)란 말이 있다. 사람은 훌륭한 사람 밑에 있으면 덕을 보고 나무는 큰 나무 밑에 있으면 작은 나무가 살 수 없다는 자연의 이치에 따라 우리는 모진 사람이 아닌 덕 있는 사람이래야 딴 사람에게도 큰 덕을 베풀 수 있을 것이다.

따라서 명심보감의 자기 다스리는 글처럼 복은 검소함에서 생긴다. 덕은 겸양에서 도는 고요하고 편안함에서 근심은 욕심이 많음에서 허물은 경솔과 게으름에서 죄는 어질지 못함에서 분명 생긴다 했다.

아무리 모진 사람도 자기가 모진사람이라는 사실을 스스로 깨달고 깊이 반성하며 자기 스스로 덕을 갖추기 위한 꾸준히 마음으로 수양하고 노력하는 자만이 덕목을 지닌 새로운 인간으로 태어날 수 있을 것이다.

자신을 돌아볼 수 있는 미덕이 필요한 때다.

(2013. 7. 15 / 중도일보)

물욕(物慾)

래무일물래 거역공수거(來無一物來 去亦空手去) 초발심자경에 나오는 말로 이는 인간이 이 세상에 올 때도 빈손으로 왔고 이 세상을 떠날 때도 빈손으로 떠난다는 뜻이다.

그러나 대부분의 한국 사람들은 어느 나라 사람 못지않게 물욕이 많은 것 같다. 가령 같은 동양인이지만 인도사람들이나 태국사람들은 불교적 영향을 받은 탓인지는 몰라도 현실적인 빈부의 차이를 자신의 업보(業報)로 생각하는 경향이 같다고 한다. 말하자면 전생의 업인에 따라서 현세에 잘 살기도 하고 못 살기도 하니까, 못 사는 슬픔을 너무 크게 갖거나 잘 사는 사람을 지나치게 부러워하지 않는 넉넉한 민족성을 지니고 있다는 것이다.

하지만 한국 사람들은 자신의 못 사는 아픔을 지나치게 비관하기도 하고, 나보다 잘 사는 사람을 부러워하다 못해 때로는 원수 못지않게 미워하는 경향이 있다. 그러다 보니 자신이 못 사는 게 자기 자신에게 어떤 결함이나 하자가 있어서 못산다고 생각하기 보다는 남이 잘못해서 자신이 못사는 것으로 몰아 부치는 사람도 있다.

따라서 나 아닌 남도 밉고, 사회도 밉고, 위정자도 밉고, 도무지 마음이 불편하기만 하다. 그런가하면 잘 사는 사람도 문제가 생긴다. 못 사는 사람이 너그럽게 태연하지 못하니까 잘 살다가 다시 못 살게 되면 무슨 지옥에라도 가는 것으로 착각하고 행여나 못 살세라 악착같이 더 벌고 더 쌓아 두려는데 여념이 없다.

말하자면 자신의 경제적 성취를 넉넉한 마음으로 재분배하려는 여유가 거의 없이 그저 꽉 쥐려고만 든다.

이런 사회는 빈자(貧者)는 없어서 슬프고 부자(富者)는 맹목적으로 많기만 해서 딱하다. 비근한 예로 얼마 전의 성완종 뇌물 사건이 나오는 원인도 물욕에 대한 나름대로의 자제기능이나 인생전체를 조감하는 통찰력이 부족한 데서 생겨난 것이다.

그저 남이야 굶든 먹든 자신만은 수백 년 살 것 같은 환상 속에서 자꾸 축재만 하고 싶은 욕심을 제어하지 못하는 재벌들이 알게 모르게 많은 모양이다. 그래서 표면화된 것은 빙산의 일각에 불과하다니 우리나라 사람들이 어쩌다 이렇게 물욕의 노예들이 됐는지 생각할수록 슬프고 딱하기만 하다.

(2015. 10. 10 / 목요저널)

새 한밭의 토양(土壤)

우리 대전은 비록 남한의 중심부에 자리 잡고 있지만 구한말(舊韓末) 이후 급성장한 도시로, 도시가 형성되기 이전에는 글자 그대로 큰 밭이었던 모양이다. 일제(日帝)때 경부선과 호남선의 분기점으로 철도가 지나고 교통과 상업이 활발해지면서 점점 충남, 북 최대의 도시로 부상한 것으로 안다. 따라서 대전의 역사래야 한·일 합방 이후로 보면 80년 내외, 결코 유서(由緖)가 깊다거나 전통(傳統)이 대단하다고 볼 수 있는 고도(古都)는 아니다.

필자는 대전의 역사가 일천(日淺)하다고 해서 그것을 가지고 추호도 대전을 폄훼(貶毁)하거나 낙망하고자 해서 이런 전제를 하는 것은 아니다. 고도(古都)가 아닌 신흥도시(新興都市)로도 우리는 얼마든지 대전을 자랑하고 사랑하는 기본정신에는 아무 변함이 없다. 다만, 이렇게 도시형성(都市形成)의 연조가 짧고 보니 아직은 도시의 문화적 특성이랄까. 혹은 대전만이 가지고 있는 요지부동의 어떤 정신적 유산이나 미덕(美德)같은 것이 미흡해서 아쉬운 바가 크다는 것이다.

게다가 대전은 운명적으로 충청(忠淸), 전라(全羅), 경상(慶尙), 삼도(三道)가 인접해 있는데다 6.25 이후 남하한 이북 5도 동포까지 많이 살고 있어 다층다색(多層多色)의 시민구조를 가진 도시(都市)다. 그래서 논자(論者)들은 대전의 전(田)자를 가르쳐 입이 네 개나 되니 오죽이나 말들이 많겠느냐고 이구동성이다.

이렇게 도시형성의 역사(歷史)가 짧은데다가 다양한 시민층으로 구성된 한밭이고 보니 그 인간적(人間的) 정신적 토양이 아직도 박토에 가까울 정도로 단합이 안 되고 4분 5열된 느낌으로 거칠고 삭막한 면이 있다.

그러니 시민정신이랄까. 시민의식도 서로가 배타적인 경향이 짙고 불신과 반목이 강한 경우도 있다. 따라서 이러한 토양을 가진 한밭에서는 인재(人材)라는 나무가 과연 자랄 수가 있을까!

누가 좀 큰 나무로 자라 보려고 하면 가지를 꺾거나 송두리채 흔들거나 심하면 뿌리까지 뽑아내려는 심사가 예사로 나온다. 서로가 배타적이고 서로가 이기적인 이 풍토에서는 어느 정치가도, 행정가도, 경제인도, 문화예술인까지도 성장하는데 한계가 있다.

나무는 백년을 가꾸고 사람은 삼십년을 키워야 한다는 말도 있다. 필자는 굳이 이 난을 통하여 대전의 치부나 대전의 지역감정을 들춰 대부분의 착하고 아름다운 대전 시민을 속상하게 하고 싶어 하는 좁은 소견으로 이런 소리를 하는 게 결코 아니다. 충청도 사람으로 누구보다 대전을 사랑하는 시민의 한사람으로서 사람을 인정하고 아끼고 키워주는 도시가 그립기 때문이다.

한밭이야말로 넓고 큰 들에 오곡백과가 풍성하던 고장이 아닌가! 우리는 소아(小我)와 집착(執着)을 버리고 좋은 인재가 누구든 무럭무럭 자라날 수 있는 비옥하고 아름다운 한밭을 만들기 위하여 한 마음 한 뜻이 되었으면 하는 마음 간절할 뿐이다.

(2016. 8. 7 / 목요저널)

서둘지 말자

어느 나라 국민이든 그 민족성이랄까 행동 면에서 나름대로의 장, 단점이 다 있겠지만, 한국 사람들은 대체로 단결력이 없다, 불친절하다, 시기심이 많다, 책임감이 부족하다. 등등을 결점으로 지적받는 경우가 종종 있는 것 같은데, 거기에 한 가지를 더 보탠다면 너무 성격이 급하다는 것도 빼놓을 수 없는 결점이 아닌가 한다.

무슨 일을 도모할 때 그 일의 가치성이랄까, 자기 자신과의 적합성 등을 사전에 심사숙고하거나, 먼 장래를 내다보고 자신의 인생설계와의 연관성이나 성패여부까지도 충분히 검토하고 결정하는 것이 아니라, 웬만하면 무슨 일이든 우선 일을 저질러 놓고 보자는 욕심이나 배짱이 앞서는 경우가 흔한 것 같기 때문이다. 가령, 내년에 우리의 관심을 끌고 있는 지자제의 경우만 해도 그렇다.

자기 자신이 과연 지자제의 실시와 더불어 지방의회나 시 · 군 등의 행정에 진출하거나 참여할 수 있는 자격, 자질, 적성, 그리고 지방발전을 위해 멸사봉공하겠다는 기본정신이 확고히 정립된 인사라면 몰라도, 너도나도 출마 한번 해보자 내가 왜 누구만 못하겠는가 하는 자가당착에 빠져 여기저기서 이미 사전 선거운동을 방불케 하는 모임을 갖거나, 무슨무슨 단체나 친목회를 만든다는 것부터가 성급하고 그 속이 환히 들여다보며 가소롭기 그지없다. 그런가 하면 소위 민주화물결을 타고 경향각지에 무슨 잡지다, 무슨 신문이다 하여 근래 별별 지(誌), 지(紙)가 사태라도 나듯이 쏟아져 나오는데 이것도 조급하기만 한 우리의 어떤 결함을 예증하는 언론매체의 홍수가 아닌가 한다.

급할 때일수록 쉬어가라는 속담이 있듯이 한 사람 한사람이 자신의 긴 인생의 도정을 걸어 나감에 있어 충동적이고, 즉흥적이며, 다급하기만 한 운영은 결국 자기 자신의 파국을 자초하는 것이지 아무 득이 될 게 없다고 본다. 그런 의미에서 당장 무슨 엄청난 일을 해낼 것처럼 서둘다가 졸속(拙速)의 어리석음을 범하지 않도록 심사숙고해서 차근차근 추진해 나가야 되지 않겠는가.

수경무사(水鏡無私)

옛부터 우리 선인(先人)들은 공평무사(公平無私)한 마음을 「거울처럼 잔잔한 물 즉 명경산수(明鏡山水)에 비유하기를 즐겼다. 옛날 중국(中國)이 진(晉)나라의 악광(樂廣)을 대하고 나서 상서령(尙書令)의 위근(衛瑾)이 그의 사람됨을 평하기를 〈이 사람이야말로 사람의 수경(水鏡)이다. 그를 대하면 광채가 밝게 비치듯 구름 안개를 헤치고 푸른 하늘을 보는 것과 같다.〉고 극찬하여 마지않았다. 여기서 수경(水鏡)이란 '물, 거울'이란 뜻으로 잔잔한 수면을 거울 같음을 말하는데, 물건의 모양을 비치되 조금도 이지러짐을 볼 수 없다. 사람을 수경(水鏡)에 비유할 때는 그의 인격(人格)이 한 점 흐림이 없이 깨끗하여 모든 사람의 사표(師表)가 될 만한 것을 일컫는다.

또한 수경(水鏡)은 '물'과 '거울'의 두 가지를 가리키기도 한다. 물과 거울은 한 결 같이 사물의 모양을 있는 그대로 내비쳐 보인다. 이 두 가지는 '私心'이 작용하여 그 그림자를 실상(實相)보다 미화(美化)하거나 깎아 내리는 일을 하지 않는다. 그것은 사심(私心)이 없는 공평무사(公

平無私)한 마음과도 같다고 하겠다.

물은 절대로 공평한 까닭에 수평을 잡아야 할 때 반드시 물로 표준을 삼지 않을 수 없다. 거울 또한 지극히 밝아 한 점 흐린 구석이 없는 까닭으로 못생긴 사람이 아무리 자기의 모습이 못나게 비쳐 보이더라도 그는 결코 거울을 나무라거나 원망하는 일이 없다. 사심이 있는 사람의 경우는 제 아무리 공평하게 일을 처리하였다 해도 그 공정성(公正性)에 의심을 품거나 원망하는 사람이 있게 마련이다.

사람이 물과 거울 같은 공정함을 지니기도 어렵거니와 물과 거울과 같이 공정함을 인정받기도 또한 어렵다. 물과 거울은 사(私)가 없다. 수경무사(水鏡無私)라는 말은 위와 같은 이치를 가르치는 말이다.

조선왕조의 피 비릿내 나는 비극 중의 하나인 단종의 사건은 세조 집권 이후 오랫동안 그 진실이 금기에 부쳐져 왔다. 입이 있어도 말 못하고 붓이 있어도 쓰지 못했다.

어린 시절부터 이러한 사실을 듣고 자란 추강 남효온(秋江 南孝溫)(1454~1492) 선생이 세조 찬탈에 항거하다 순절한 육신(六臣)의 사적이 점차 없어져 가는 것이 안타까워 그들의 전기(傳記)를 써서 후세에 남기려 하였다. 그의 문생(門生)과 친구들은 화가 미칠 것을 염려하여 이를 극력 말렸으나 끝내 듣지 않았다.

'내' 한 몸의 죽음을 두려워하여 충신(忠臣)의 자취를 역사에서 사라지게 할 수는 없다고 고집하고, 마침내 육신전(六臣傳)을 써서 세상에 내놓았다. 그 뒤 그는 생전의 행적이 화근이 되어 부관참시(副官斬屍), 즉 사후에 다시 죽임을 당하였다. 그는 역사 앞에 진실의 소중함을 우리에게 일깨워 준 사심 없는 조선의 선비였다.

또 조선조 중기의 학자 정암 조광조(靜岩 趙光祖 : 1482~1519) 선생은 사림학파(士林學派)의 영수(領袖)로서 도학사상(道學思想)을 바탕으로 개혁정치(改革政治), 도교정치(道德政治)를 실현(實現)하여 나라의 기강을 튼튼히 하고자 힘쓴 분이었다. 그러나 그를 시기하는 간사한 무리 남곤, 홍경주 등의 모략에 걸려 '나뭇잎에 꿀을 바른 주초위왕(走肖爲王)등으로 기묘사화(己卯士禍)가 일어나 자신의 바른 뜻을 크게 펼쳐보지도 못하고 죽어간 것이다. 그러나 그의 수경무사(水鏡無私)한 정신은 면면히 이어져 현대인들까지 그 높은 뜻을 숭상하고 있다.

그가 구례(求禮)고을로 부임하는 친구 안순지(安順之)에게 부치는 시, 송안순지부구례(送安順之赴求禮)를 보면 그의 사상적 일면을 우리는 엿볼 수 있다.

그대 가는 길 마침 봄이 왔거니(君行屬春時)
하늘과 땅도 더불어 기쁨에 넘치겠구나.(天地養仁和)
얼음 풀린 강물은 새로 흐르고(活潑江新流)
언덕 위엔 새싹이 돋아나리라.(峯茸草生坡)

길은 아득히 천리 멀고 먼데(道逈千里遠)
눈에는 지난 세월 스쳐 지나가겠지.(眼中歷幾多)
군자는 마음이 세속의 때를 벗어나서(君子惟心遠)
어디서나 틀린 생각을 하지 않는 법,(無非意所加)
훗날 그대 선정을 베푼다는 소식들을 때(佗日聞報政)
오늘 이 노래를 다시 부르세.(須億此日歌)

중심을 잡고 살아가기가 매우 어려운 세상에서 이처럼 수경(水鏡)과 같이 평정하면서도 공정한 마음을 변함없이 지니고 살아가는 일은 그에 따르는 참기 어려운 시련과 고달픔에도 불구하고, 얼마나 값지고 오랜 것인가를 생각하게 한다. 마음을 흔들어 놓는 유혹이나 비난의 소리는 언젠가 자취 없이 흘러가 버리는 뜬구름이거나, 한 때 몰아닥치는 바람소리와도 같은 것으로 결코 오래고 힘 있는 것일 수는 없다.

모든 면에서 개방화 국제화 사회로 치닫고 있는 오늘날 우리는 보다 넓은 의미의 시민정신을 징립해 가지 않아서는 안 될 것이다. 그러지면 혈연적, 학연적, 지연적 친소관계에 얽혀 있던 지난날의 인습에서 자유로워지지 않아서는 안 될 것이다.

이 때 우리는 지난날 수경무사(水鏡無私)의 정신으로 살아간 선인(先人)들의 정신을 한번쯤 음미해 볼 필요가 있지 않은가?

(2013. 9. 8 / 중도일보)

술자리와 농담

눈코 뜰 새 없이 바쁜 사람이지만 바쁜 사이사이에 술도 자주 마시게 되는 것도 불가항력의 팔자다. 그 술자리라는 것이 몇 가지 유형이 있어 가령, 필자가 누구를 정중하게 대접해야 할 경우도 있고, 그 반대로 정중하게 대접을 받게 되는 경우도 있는데, 아무튼 이렇게 대접을 하거나 대접을 받는 술자리는 솔직히 별로 술맛이 안 나는 게 사실이다. 그런 유형 말고 우연히 친구를 만났다든가 꼭 친구가 아니라도 그 연령으로나 살아가는 방법으로나 서로 의기투합하는 사람과 어울리게 됐다 하면, 술자리는 한결 편해지고 그 술맛 또한 감칠맛이 나게 마련이다.

그런데 이렇게 편한 술자리일수록 상대방과 서로 주고받는 대화가 문제가 되는데, 그 대화라는 것이 너무 서로 연관된 사업이나 시사성 있는 국가 · 사회, 정치문제로 제한되면 술자리는 영 딱딱해지기 마련이다.

그러나 용케 두 사람 혹은 여러 사람이 사업 얘기나 국가. 사회 얘기를 떠나서 엉뚱한 농담, 예를 들어 아주 재미있는 와이 담으로 이야기를 이끌어 간다면 술자리의 분위기는 완전 웃음꽃이 피고 그렇게 신이 날 수가 없는 게 상례다.

미국 사람들은 유머 감각이 없는 사람은 직장에서나 사교계에서 별 우대를 않는다고 한다. 우리 선조들도 자고로 우스갯소리를 좋아했고 고전문학 작품들을 대강만 섭렵해 봐도 그 해학이나 익살이 예사가 아님을 알 수 있다. 춘향전이 그러하고 흥부전이나 심청전에서도 지독한 외설과 해학을 맛볼 수 있다. 어디 그뿐인가, 소위 남녀상열지사(男女相悅之詞)라는 고려가요에서도 만전춘(滿殿春)과 같은 음란한 내용은 얼마든지 엿 볼 수 있으며, 고금소총(古今笑叢)쯤 들춰보면 이건 완전히 음담패설의 연속이다.

농담이나 해학은 그 정도가 지나치지 않으면 대화에 신선미를 더하고 삶에 청량제가 될 수 있다고 본다. 하물며 부담 없는 술자리에서 서로 웃자고 하는 소박한 농담은 지루한 인생길에 단비처럼 값진 것이다. 그러나 조심할 것은 아무리 술자리라 하더라도 그 농담의 질(내용)과 분량이 문제다. 너무 지독한 농담이나 천박한 음담패설은 그 사람의 품위나 교양에 금이 가게 마련이고, 한편 너무 이야기가 길고 많으면 이 또한 천하고 지겹게 마련이다. 따라서 농담처럼 적당한 내용과 분량을 요하는 것도 없다 하겠다.

가령, 술집에서 어느 친구가 좌중에게 이런 넌센스 퀴즈를 냈다고 하자 〈자 숲속에서 참새 두 마리가 날아올랐는데 어느 참새가 여자 참새

인가?〉 그러자 그 집 아가씨가 〈네 알아요. 날개 죽지 뒤에 흙 묻은 참새!〉하고 대답하면 대뜸 술판은 웃음바다가 되며 훨씬 부드러워진다.

아무튼 술자리에서 공연히 딱딱한 고담준론(高談峻論)을 펴거나 의견이 백출(百出)할 수밖에 없는 정치, 사회, 문화 등 번거로운 이론과 비평을 내세우다가 서로 삿대질을 한다든가 심지어 술김에 인신공격을 예사로 하는 술판보다는 아예 그런 골치 아픈 문제는 슬그머니 접어두고 슬슬 재미있는 농담이나 와이 담, 혹은 흘러간 옛 노래 등 부담스럽지 않은 분위기로 오히려 우정(友情)과 교분을 두텁게 하는 지혜야말로 일에 지치고 사람에 치어 늘 담담하고 괴로운 현대인들에게 필요한 활력소(活力素)가 될 것이다.

어른이 되려면

5월 가정의 달에는 어린이날과 어버이 날, 성년의 날, 스승의 날 등이 들어있어 있다. 그 가운데 만 20세가 된 젊은이들에게 국가와 민족의 장래를 짊어질 성인으로서 자부심과 책임을 부여하는 날로, 매년 셋째 월요일이 성년의 날이다.

예부터 우리나라에는 사례(四禮)의 하나로 관례(冠禮)란 것이 있었다. 이것이 곧 성년례(成年禮)였으며 혼례(婚禮)보다도 더 중요시 했었다. 어른이 된다는 것이 얼마나 인생살이에서 중요한 의미를 지니는지를 보여주는 의식이다. 지금도 원시사회에서는 어른이 되기 위한 성년식에서 자기 집으로부터 격리되는 일, 육체적 시련을 이기는 일, 신체에 여러 가지 장식을 하는 일, 종교적 사회적 교육을 받는 일 등 복잡한 절차를 거쳐야 비로소 어른이 되게 하고 있다.

어른이 된다는 것은 어른이 누릴 수 있는 특권을 누릴 수 있다는 점에서 자랑이요, 기쁨이요, 긍지다. 그러나 거기에는 참기 어려운 아픔도 수반하는 것이다. 우리나라에서는 옛날에 이 성년례를 엄숙하게 집행함으로서 어른이 된다는 것의 의미를 더 깊게 부각했으며, 원시사회에서는 견디기 어려운 신체적 고통과 시련을 부과하고 이를 극복하는 청년에게만 어른의 특권을 주고 있다. 경우에 따라서는 그 고통이 너무 커서 혼절(魂絶)을 하는 청년도 있다. 이렇듯 어른이 된다는 것은 고통이 수반되는 것을 의미하는 것이다. 엄격한 규율을 지켜야 하고, 육체적. 정신적 고통도 이겨내야 하고, 그 사회가 요구하는 종교적 사회적 제도적 규범도 지켜야 한다는 것을 의미한다.

만일 성년이 되어서도 이런 것들을 지키고 수행할 수 없다면 그는 진정한 성인이 아닌 것이다. 미숙아로 남을 따름이다. 미성년일 때에는 부모의 무릎 아래(슬하, 膝下)에서 부모의 보호와 동시에 명령과 금지를 잘 따르기만 하면 문제가 없었다. 그러나 성년이 되면 스스로의 발로 일어서고 걸어가며, 스스로의 머리로 생각하고 판단해야 한다. 그리고 그 결과에 대해서 책임을 져야 한다. 따라서 성숙으로 이르는 길은 긍지와 아픔이 동시에 따라감을 이해해야 한다. 성숙된 어른이 된다는 것은 일생의 과업이다. 그러나 오늘 성년이 되는 사람이면 성숙된 어른이 되는 것을 목표로 생각하고 살아가야 될 것이다.

그렇다면 성숙된 어른이란 어떤 사람일까?

첫째는 성숙된 말을 사용하는 사람이다. 성숙된 사람은 남을 헐뜯고 모함하는 언어보다는 남에게 호의적인 관심을 보이고 격려해 주고 사랑하는 말을 하는 사람일 것이다. 언어가 어린아이의 수준에 머물러 있다면 아직 어른이 아니다. 말투도 말의 내용도 다 어른스러워야 한다. 언어는 성숙된 사람의 가장 중요한 지표가 될 것이다.

둘째는 성숙된 어른은 책임을 지는 사람이다. 부모나 어른이나 교사가 하래서 하는 사람은 아직 어리고 책임의식이 없는 사람이며 스스로가 할 일을 결정하고 수행하는 사람이 성숙된 성인인 것이다. 우리가 자칫하면 무책임의식이 마치 기본 권리인양 생각하는 잘못된 시각을 갖기 쉬운데, 이 무책임 의식과 권리의식을 혼동하지 않는 사람이 되어야 한다.

셋째는 성숙된 성인은 감정을 노골적으로 표현하지 않으며 자기의 격한 감정을 통제하고 조절하는 능력을 갖는다. 느낌대로 말하고 행동하는 사람은 때로 동물들처럼 조잡하고 난폭해지기가 쉽다. 어린아이처럼 철이 안든 사람이기가 쉽다. 그러니 자기의 감정을 적절히 조절하는 이른바 자제력(自制力)을 갖는 사람이 진정으로 성숙된 어른이 될 수 있다.

넷째는 성숙된 성년은 세상을 볼 때 여러 각도에서 넓게 볼 수 있는 사람이다. 자기의 입장에서만 세상을 보는 것이 아니라 다른 사람의 입장에서도 세상을 보는 눈을 갖는 사람이다. 아주 좁은 소견으로 세상의 어떤 한 면만을 보는 것이 아니라 넓게도 보고, 여러 각도에서도 보고, 눈을 크게 뜨고 보는 사람일 것이다. 그래야 그는 폭넓은 인간이해를 할 수 있다. 이런 사람은 시행착오를 덜 범하여 실수도 덜하고 하늘만 쳐다보거나 땅만 내려다보는 소견 좁은 인간이 되지 않는 것이다. 성숙된 성인은 인생의 룰(規則)을 지키는 사람이다. 룰(規則)을 어기는 사람은 이 인생의 무대에서 빨리 떠나야 한다. 궁극적으로 성숙된 성년은 바로 이런 사람이 아닌가 한다.

(2013. 5. 27 / 중도일보)

여행의 의미

현대를 살아가는 우리들은 대체로 똑같은 일상의 반복이나 제약에서 벗어나기를 소망한다. 따라서 아무 부담 없는 여행처럼 자유스럽게 즐거운 일은 없는 것 같다. 그것은 일상의 굴레와 권태로부터 해방시켜 주는 기쁨과 즐거움이 있기 때문이다.

시인 이백은 〈이 세상 자체가 여관이요, 인간은 그 여관에 잠시 머물다 가는 나그네〉라고 표현했거니와, 긴 안목에서 본다면 인생이 살아간다는 자체가 어떤 여로를 걸어가고 있다고도 볼 수 있으니 인생과 여행은 불가분의 관계라 할만도 하다. 아울러 우리는 여행을 통해서 인간의 참된 경험과 인내를 체득할 수도 있을 것이다. '우물 안 개구리'란 말이 있듯이 우리가 한군데만 오래 머물고 있다면, 다른 세계에 대한 이해는 고사하고 자기가 머물고 있는 영역까지도 올바로 이해할 수가 없다.

흔히 외국을 여행하고 온 사람들이 외국 자체를 보는 것도 중요하지만 외국에 나가 봐야 비로소 우리 조국인 한국을 올바로 파악하고 이해하게 되더라는 말이 그런 점에서 설득력이 있다.

따라서 우리는 여행을 통하여보다 나은 자아를 발견하고, 보다 풍부한 인생을 경험할 수 있으므로 여행은 바람직한 일이 아닐 수 없다. 그러나 여행에는 반드시 좋은 면만 있는 것이 아니다. 그것은 모처럼의 제약이나 권태에서 벗어난 우리들이 가끔 자제력을 잃고 지나친 낭만과 자유만을 추구한 나머지 자칫 방종과 탈선으로 빠지기 쉽기 때문이다. 솔직히 한참 피크를 이루고 있는 관광 시즌에는 많은 사람들이 부도덕하고 무절제한 행동을 예사로 하는 사례가 얼마나 될까 는 불문가지가 아닌가.

물론 내 돈 내가 벌어서 쓰고 즐기는데 무슨 시비냐고 한다면 할 말은 없다. 그러나 우리의 농어촌 경제나 도시 빈민층을 생각한다면 그러한 소비성 여행은 자제되고 또 냉정히 반성할 때가 아닌가 싶다. 이러한 의미에서 여행은 남에게 혐오감을 주지 않고 자신을 새삼 관조하며, 사물을 아름답게 보는 눈과 세상을 밝게 보는 눈으로 인생을 다시 배우는 겸허하고 알뜰한 고행의 길이요, 수행의 길이어야 할 것이다.

(2012년 / 문학시대 겨울호)

오류동(五柳洞) 연가(1)

뽕나무밭이 푸른 바다로 변했다는 고사 성어를 우리는 상전벽해(桑田碧海)라고 한다. 이 말이 지닌 속뜻은 덧없이 흐르는 세월에 따라 산천(山川)뿐이겠느냐. 이 땅에 살아왔던 수많은 인걸들은 오늘날 어디 있으며, 그들이 남긴 자취 또한 어디에서 찾을 수 있단 말인가 하지만, 이처럼 무상한 변화 속에서 한 올의 실오라기처럼 끊이지 않고 이어지는 것이 있으니, 그것이 바로 예로부터 입에서 입으로 전해져 오는 그 고장의 유래인 것이다.

내가 살고 있는 곳은 그 이름조차 낭만적인 오류동(五柳洞)이다. 중국 진(晉)나라 때 귀거래사(歸去來辭)를 짓고 벼슬길을 은퇴하여 고향 마을 집 앞에 다섯 그루의 버드나무를 심고 스스로 오류선생(五柳先生)이라 자처하면서 유유자적(悠悠自適)하게 만년을 보냈던 도연명(陶淵明)선생의 고장을 연상시키는, 아니 어쩌면 그 고사(古事)에서 크게 암시 받아 명명(命名)한 듯한 우리 마을은 확실히 낭만적인 멋이 풍기는 이름의 고장임에 틀림없다.

그런데 이 낭만적인 마을 이름에 걸맞지 않게 지금 우리 마을은 고층 아파트와 각종 건물들이 빼곡히 들어선 삭막하기 이를 데 없는 곳으로 변해가고 있다. 산업화로 치닫고 있는 사회의 도심권에 위치한 우리 마을이 이처럼 급변하게 되는 것은 도시 발전에 따른 필연적인 추세라고 볼 수 있지만, 그러나 이 마을을 아끼는 많은 사람들의 가슴 언저리에는 한 가닥의 아쉬움과 향수가 남아 있음을 어찌하랴.

사실, 우리 오류동은 호남선이 놓이기 이전까지는 대전의 변두리 버드 내, 상평, 중평, 하평 등에 이웃한 한적한 시골마을에 지나지 않았다. 지금은 복개되어 흔적조차 찾을 길이 없지만 보문산(寶文山)에서 발원한 한줄기 도랑물이 한밭도서관이 들어선 앞에 자리한 과례마을을 거치면서 제법 큰 시냇물을 이루고 오류시장과 서대전역을 거쳐 수침교 쪽으로 수정처럼 맑게 흐르는 과례천변, 지금의 오류시장 어름에 그 옛날 누군가가 다섯 그루의 버드나무를 심어놓았기에 어느 현자(賢者)가 이 마을을 오류라 한 데서 유래된 것으로 짐작할 수 있는 우리 마을의 이름은 마을의 형세가 크게 바뀐 지금도 사라지지 않고 많은 주민들의 사랑을 받으며 남겨져 있다.

그럴진대, 이 고장을 아끼는 우리는 옛날의 자취를 되새기는 뜻에서 이곳에 멋들어진 버드나무 다섯 그루를 다시 심고 그 유래비(由來碑)를 세워 후세에 전함도 좋은 일이 아니겠는가?

온당한 도리(道理)를!

우리의 문제는 우리들의 심성을 밝히고 밝게 하는 일이 아닐까. 신문 사회면을 장식하는 살벌하고 황량한 사건들을 보면서 우리는 이제 우리 자신의 삶을 되돌아보고 참되고 바른 사람다운 자세가 무엇인가를 새삼 생각하고 우리 모두의 심성교육을 심각히 고려할 때가 되었다고 느낀다.

언젠가 여고생 강간치상죄로 복역한 사람이 구속 당시 합의해 주지 않는다고 피해자의 어머니를 보복 살해한 사건이 있었는가 하면, 강남 화장실 살인사건을 비롯해서 수락산 살인사건, 무학산 성폭행살인사건, 거여동 여고생살인사건, 신성동살인사건 등, 요즘에 와서 묻지 마 살인사건이 연일 발생하고 있다.

우리는 우리 사회의 구성원원의 심성이 어찌 이 지경으로까지 이르렀는가. 착잡한 심회(深悔)를 지울 수 없다. 어린 처녀를 성폭행 해쳤으면 그에 대한 죄값을 순순히 받음으로써 자기의 죄과를 속죄, 참회하는 것이 사람의 온당한 도리(道理)다.

자기의 행동에 대한 책임은 전혀 생각하지 않고 오로지 자기에게 부과된 형벌만을 억울하다고 생각하는 것은 어쩌면 우리 시대의 병이다. 그것은 이익을 위해서 하루하루를 싸우듯 살아가는 시정 사람들은 물론 순수하게 정의와 민주주의를 위해 몸을 바치겠다고 큰소리치는 사람에게서도 그 병을 볼 수 있기 때문이다.

자기의 행동이 나라의 법을 어기고 사회질서를 파괴한 것이면 누구든 법에 따라 응분의 처벌을 받아야 한다. 자존망대(自尊妄大)에 빠져 남을 원망하거나 법을 욕해서는 되겠는가? 자기 책임을 거부하는 것은 결국 비겁과 부도덕일 뿐이다.

전도된 가치관의 위험에 못잖게 우리사회를 파괴하는 것은 우리의 심성이 황폐한 지점에 있다는 점이다. 그지없이 선량하고 어질다고 평가 받던 옛날 우리 선인들의 심성은 어디가고 우리의 마음은 왜 이다지도 비좁고 각박하며 살벌해 졌는지 그저 답답할 뿐이다.

우리는 차도(車道)에서, 인도(인도)에서, 이웃을 가로막은 담장에서, 직장에서 모든 서비스시설에서, 남을 해치는 것을 아랑곳하지 않고 자기만의 이익을 위해 돌진하는 우리 자신의 인간 파괴를 수 없이 겪는다. 불쾌할 정도가 아니라 물리적 피해를 당할까봐 두려워 자신의 권리를 죽이고 기를 죽이고 살아가야 한다.

지난날처럼 굶주리거나 헐벗지는 않는데도 우리는 남보다 덜 갖고 덜 풍족하다고 불평하면서 일의 의미와 의욕마저 잃는다. 꽁보리밥에 된장국으로도 이웃과 하늘에 감사를 느끼던 겸손한 마음은 지금 다 어디 갔는가?

그것은 아마도 우리가 경제발전과 정치발전만 이루면 모든 게 다 이루어지리라고 잘못 생각하고 행동해온 업보(業報)일는지 모른다. 더 잘 살겠다고 더 많이 갖겠다고 아귀다툼을 하는 사이에 우리는 더 중요한 인간의 가치를 잃어버리고 있는 것 같다.

보다 중요한 것은 우리 모두가 특히 젊은 세대일수록 자신의 행위나 행동이 다른 사람을 해치고 피해를 주는 것이라는 것을 모르는데 있다. 그렇다면 지금부터라도 우리에게 필요한 것은 '그것이 잘못'이라거나 '그래서 남에게 피해를 주는 것'이라는 것을 가르치는 일이다.

그것은 교육이다. 집에서, 학교에서, 직장에서 무엇이 인간의 도리이며 어디에 삶의 가치가 있는 것 인가를 구체적으로 교육해야 한다. 지금 내 자식을, 내 제자를, 내 후배를 가르치지 않으면 언제 그가 흉악한 사회질서 파괴자가 되어 돌아올 것이라는 두려움을 갖고 우리 모두를 붙들고 가르치고 얘기해야 한다. 이사회의 인성들이 무너져 가는데 무슨 일들이 이보다 더 화급한 게 있겠는가? 다 부질없는 일이다.

우리 모두 건강한 예의와 심성(心性)을 살려내지 않고서는….

(2016. 7. 26 / 목요저널)

왼손이 오른손 모르게

우리 전래설화(傳來說話)인 「심청전」을 보면 딸 청(淸)이가 봉사인 아버지도 모르게 인당수에 몸을 던져 결국 아버지의 눈을 뜨게 한다는 내용이 주를 이루고 있다. 우리는 누구나 청(淸)이의 효심을 높이 칭찬하고 있지만 구체적으로 청(淸)이가 아버지도 모르게 투신(投身)했다는 사실은 별로 거론하는 사람이 적은 듯하다. 그러나 그의 효심 중에 참으로 우리를 감동시키는 대목은 아버지 몰래 자신의 몸을 던져 아버지를 어둠에서 구하고자 했다는 은밀한 희생정신이다.

옛글에도 시은물구보 여인물추회(施恩勿求報, 與人勿追悔)란 구절이 있다. 남에게 은혜를 베풀었어도 그 보답을 구하지 말고, 남에게 뭔가 한 잔 얻어 마셨어도 그리 미안하지 않고, 그와 반대로 술 한 잔 톡톡히 대접을 했어도 그 맘이 그리 짠한 것이 없는 사이, 이런 사이가 진정한 친구의 사이다. 친구란 반드시 1 : 1 혹은 3 : 3으로 주고받는 사이가 아니라 그리 형편이 닿는 대로, 기분이 내키는 대로, 들쑥날쑥하게 주고받는 그런 비산술적인 사이가 친구이기 때문이다.

그런데 친구 사이는 물론 학교 선후배 사이나 직장동료 사이라고 하더라도 아무 생색을 내지 않고 남몰래 은혜를 베풀거나 정의(情誼)를 표하는 법은 아주 드물다. 어쩌다 상대방에게서 보답(報答)이나 인사가 늦어지면 '그놈이 그때 누구 때문에 그만큼 됐는데 아직 아무 소식이 없나?'하고 오해하거나 매도하기가 일쑤다.

어떤 반대급부나 대가를 바라면서 베푸는 은혜는 엄밀한 의미에서 은혜가 아니라 거래(去來)에 불과하다. 우리는 자연스럽게 인간적인 정분(情分)에서 은혜를 주고받을 때는 서로 신뢰가 가고 고맙지만, 이해관계에 따라 거래(去來)를 하고 나면 꼭 상행위(商行爲)를 하고난 뒤처럼 개운치 못한 게 사실이다.

불경(佛經)에도 응무소주이생기심(應無所住而生其心)이란 대목이 있다. 〈아무 집착함이 없이 그 마음을 내라〉는 뜻이다. 누구에게 뭔가를 베풀고자 할 때는 머무르는 바가 없이 '걸림이 없이' 그 마음을 내어 상대방을 도와주자는 가르침이다.

따라서 보시중(布施中)에서도 가장 훌륭한 보시가 무주상보시(無住相布施)라고 하여 아무 머무는 바가 없이 베푸는 것이라고 하지 않던가. 그러나 우리들 인선인(人善人)은 어떤 마음을 낼 때 과연 얼마나 망설이고 떠벌리고 자랑하고 난 다음에, 그 뒤에까지도 내게 뭔가 보상이 없을까를 고대하기도 하니 딱한 노릇이 아닐 수 없다.

그러니 왼손이 하는 일을 모르기는커녕 바른손이 왼손을 따라다니면서 어떻게 하는가를 확인도 하고, 심지어는 못하도록 막기도 하는 사례가 허다하다. 그런 의미에서 평생(平生)을 시장에서 좌판행상을 하여 번 돈을 고아원이나 양로원 혹은 육영사업에 희사하는 여인이나, 가난하고 병든 이를 주었어도 뒤에 후회하지 말라는 뜻이다.

또 우리 속담에 〈왼손이 하는 일을 바른손이 모르게 하라.〉는 표현도 있다. 모두가 뭔가를 베풀되 굳이 알게 베풀 것이 아니고, 또 설사 어쩌다 상대방이 안다손 치더라도 그 반대급부(反對給付)를 기대하거나 바라지 말라는 경구(驚句)들이라 하겠다.

세상에서 가장 행복한 사람은 무언가를 남에게 베풀어줄 수 있는 사람이다. 우리가 부모를 고맙게 생각하는 것은 부모가 우리를 길러주고 가르쳐 주신 은덕을 지녔기 때문이고, 우리가 스승을 존경하는 것도 스승에게 많은 것을 배우고 본받을 수 있기 때문이다.

그러나 베풀어준 사실 자체를 너무 과장하거나 강조하는 부모나 스승이 있다면, 그 분들의 격(格)이 한결 낮아진다는 것도 우리는 너무나 잘 알고 있다. 따라서 〈도대체 내가 너희들에게 아무것도 해 준 바가 없구나.〉하는 선생님을 만나면, 우리는 더욱 그 은혜가 커 보이고 고마운 것도 사실이다.

불교에서 말하는 보시(布施)의 개념도 이와 대동소이한 것으로 안다. 보시(布施)란 기쁜 마음(歡喜心)에서 아무 거리낌 없이 베푸는 것이지, 거기에 추호도 뭔가를 노리거나 혹은 마음에 그늘이 생긴다면, 올바른 보시(布施)가 아니라고 할 것이다.

따라서 단돈 천원을 보시(布施)해도 어두운 마음에서 마지못해 했다면 그것은 진정한 보시(布施)가 아니고, 가령 거금의 보시(布施)를 했다 해도 기꺼운 마음으로 아무 그늘 없이 희사(喜捨)했다면, 그것이 곧 참다운 보시(布施)라 할 것이다.

그런데도 우리 주변에는 남에게 다소의 편이나 은혜를 베풀고 나면 꼭 그 대가(對價)를 기대하는 사례가 너무나 많다. 가령, 친구 사이에도 술을 한 잔 사고 나면 은근히 저 친구는 언제쯤 술빚을 갚을까 하고 기다린다면 진정한 친구가 아니다. 어려운 이웃에게 무기명으로 위문금을 보내주는 시혜의 손길은 우리가 가장 존경하고 고마워해야 할 사회의 귀감(龜鑑)인 것이다.

일일일선(一日一善)이란 말이 있다. 아주 조그마한 선행(善行)이라도 좋으니 우리는 누구나 하루에 한 가지 일이라도 남모르게 좋은 일을 할 수 있는 지혜와 덕행(德行)을 실천에 옮겼으면 하는 마음 간절하다.

우공이산(愚公移山)

사람은 누구나 이상의 꿈나무를 소중히 가꾸면서 살아간다. 우리 인간에게는 이 같은 꿈이라는 욕망이 있기 때문에 개인에게는 내일의 희망이 있고 오늘을 살아가는 의미를 찾게 되며 나아가 사회 발전과 문화의 발달을 이룩하는 것이다.

만약 우리에게 있어 이 꿈이라는 이상의 나무가 존재하지 않는다고 가정해 본다면 그 얼마나 세상을 살아감에 삭막함을 느끼겠는가? 그러기에 우리 모두는 자기 나름대로의 실현 가능한 꿈을 꾸고 그것을 성취하려고 오늘을 살아가는 것이다. 그리고 이 꿈이 실현 가능한 것이 아니라 한낱 허황된 것이라면 그것은 마치도 요행을 바라는 공상 또는 환상에 지나지 않는 것이다.

우리가 그 실현 불가능한 꿈을 좇는다는 것은 마치도 사막에서 신기루를 찾아 헤매는 것과 다름이 없을 것이다. 설사 그 환상이 현실로 다가와 행운을 잡았다고 가정해 보자. 그 행복을 잡은 사람의 경우, 그 행복은 잠시일 뿐 그 뒤 닥치는 충격에 못 이겨 이내 쓰러지고 말 것은 자명한 이치인 것이다.

가령 여기 하루 세 끼의 호구지책도 어려운 가난하기 짝이 없는 사람이 어느 날 우연히 길에서 주은 복권이 당첨되었다고 가정해 보자. 그는 이 갑자기 찾아온 큰 행운, 즉 일억 원이 넘는 거액을 손에 넣는 순간 그는 그 자리에서 쓰러지고 말 것이다. 왜냐하면 그는 이 복권의 덕으로 지금까지 오랜 세월 살아온 자신의 생활 리듬이 한꺼번에 깨어짐으로써 자기의 고귀한 생명을 단축하는 결과를 초래하겠기에 말이다. 이 같은 사실은 요즈음 신문지상에 심심찮게 기사화되는 예가 다반사다.

그러기에 우리의 희망이란 목표는 실현 가능한 것으로 세워야 할 것이다. 비록 그 길이 괴롭게 더디더라도 목표를 향해 한 걸음 한 걸음씩 착실하게 혼신의 힘을 다해서 걸어가는 것이 사람이 사는 참 도리인 것이다.

중국의 고전(古典) 열자(列子)에는 다음과 같은 이야기가 전하고 있다. 옛날 발해(渤海)가 가까운 어느 산촌(山村)에 아흔 살이 넘는 우공(愚公)이라는 노인이 살고 있었다. 그런데 그가 사는 그 마을에는 집 앞을 가로막는 높은 산이 두 개가 우뚝 솟아 있어 시야를 가릴 뿐 아니라 햇볕마저 잘 들지 않아 곡식도 제대로 영글지 않아서 마을 사람들은 가난하게 살아야만 했다.

어느 날 우공(愚公)은 이 두 개의 산을 헐어서 옮기기로 작정하고 자손들을 이끌고 나가 옮기는 작업을 시작했다. 흙을 파고 돌을 깨서 들것(삼태기)에 담아 발해가 있는 땅 끝까지 일일이 날라다 버리는 일이라 이는 결코 수월한 공사가 아니었다.

더구나 아흔 살이 넘은 나이에 이처럼 남 보기에 엉뚱한 작업을 착수한 것을 보고 어떤 이는 그 어리석음을 비웃었고 가까운 이웃들은 입을 모아 그 무모함을 만류하였으나 그는 그 같은 충고 따위는 들으려고 하지 않았다. 그리고 그는 다음과 같이 말했다.

"내 나이 아흔 살이니 모처럼 이 큰 공사를 생전에 끝내지도 못한 채 나는 가버리겠지요. 그러나 내게는 그 일을 받아 진행할 아들이 있습니다. 내가 죽은 뒤에라도 그 일이 성취만 된다면 더 이상 바랄 것이 없습니다. 내 아들의 대에서도 이루지 못하면 내 손자의 대에서 하고, 그래도 안 되면 그 다음으로 넘겨서 자자손손 이어 받아 그 일을 해 나간다면 안 될 일이 어디 있겠습니까? 조금도 염려하실 일이 아닙니다."

이처럼 결심이 강하고 좌절을 모르는 우공(愚公)의 뜻은 마침내 하늘에 통하여 그 높던 두 개의 산은 보기 좋은 평지로 변하였다고 한다. 이를 두고 뒷날 사람들은 우공이산(愚公移山) 또는 '우공의 산 옮기기'라 해서 지금까지 전해져 오고 있다.

이 이야기는 비록 작은 인간의 힘일지라도 목표를 세우고 굳은 마음으로 초지일관 성실하게 노력만 한다면 성취시키지 못할 것이 없다는 교훈을 우리에게 남겨주고 있다.

따라서 현대를 살아가는 우리들의 눈에는 비록 미련스럽게 보일지는 모르나 요즈음 세속에서 흔히 보는 잔꾀나 요령을 부리는 경박스런 부류와는 달리 지나칠 정도로 우직하고 성실한 인간상(人物像)으로 오래도록 남게 될 것이다. 그의 신념에 대한 무서운 결단력과 강렬한 실천의지는 우리도 한 번쯤 되새겨볼 만한 것이다.

현충일과 우리의 자세

북한의 김일성이 사망한 뒤에 남한에서는 조문단 보내기 등의 문제로 국회에서부터 찬반양론이 분분하더니 몇 개 대학에서는 분향소까지 설치하는 등 한마디로 한심했던 경황들이 주마등처럼 스쳐간다.

당시 뒤늦게나마 정부가 '김일성은 민족분단의 고착과 동족상잔의 전쟁을 비롯한 불행한 사건들의 책임자'라는 입장 정리를 끝내기는 했지만 도대체 아직도 남한 내에는 주사파니 친북파니 해서 이북을 찬양, 옹호하려는 종북 세력들이 상당수 있다는 것부터가 심각한 양상이 아닐 수 없다.

무려 49년간, 그러니까 해방 후 1인 독재로 북한동포를 혹은 총칼로, 혹은 감언이설로 꽁꽁 묶어놓고 백성을 마치 집단농장의 일꾼들인지 군병영의 사병들인지 분간이 안 가게 마음대로 지배해온 김일성, 6 · 25의 전범이며 아웅산 사태, KAL기 폭파사건, 판문점 도끼 만행사건, IAEA탈퇴 등 이루 헤아릴 수 없는 역사적 죄과와 만행을 저질러온 북한의 괴수에게 앞으로의 남북정상회담의 성과를 위하여 조문도 가야하고 조의도 표해야 한다는 당시 정치인의 발상은 아무리 이해하려고 해도 납득이 안 간다.

물론 조문이 꼭 애도의 차원을 떠나 외교적 의례적 성격이 없는 바는 아니나 저들이 가령, 박정희 한국 대통령이 시해됐을 때 노동신문 등에 발표한 내용만 보더라도 저들은 예나 지금이나 우리 한국을 정통적인 국가로 인정하려고도 아니하는 태도를 우리는 주시해야 한다.

따라서 남북관계에 관한한 우리는 추호도 서두를 게 없다. 저들보다 수십 배 높은 국민의 경제적 여건이나 숱한 대가를 치르고 역사적·정치적 시련을 극복하여 정통적 정부를 탄생시킨 민족적 저력이나 우리가 굳이 북한에 눈치나 보고 아쉬운 소리를 할 처지가 아니다.

따라서 저들이 핵을 가지고 장난을 치는 것도 국제적 여론과 감시등 한세가 있으니 정상회담 등도 구태여 서두를 게 없고 대북자세도 의연하고 냉철한 입장을 견지해야 할 것이다.

더구나 김일성과 김정일보다도 더 강경 노선을 보일 것이 확실시되는 김정은 체제를 목전에 두고 우리가 공연히 내부분열이나 허점을 보인다면 걷잡을 수 없는 혼란과 불안만을 초래할 것이 번하니 오히려 김정은 체제에 강한 경계심을 보이고 '이에는 이, 눈에는 눈'식으로 대처해 나가야할 것이다.

우리에게 통일은 물론 민족지상의 염원이나 선부른 통일보다는 우리만이라도 자유민주주의를 수호하고 인간답게 사는 길이 더 큰 과제이기 때문이다.

(2016. 6. 6 / 목요저널)

이상적(理想的)인 지도자

노자(老子)는 이상적인 지도자를 가리켜 〈맛에 깊이가 있고, 그 깊이가 한량없는 인물이어야 한다.〉라고 했다. 구체적으론 얼음이 깔린 강을 건너듯이 신중하고, 사방의 적에 대비하고 있듯이 조심스럽고, 남의 집에 손님으로 초대되어간 것처럼 항상 단정하고, 얼음이 녹아 가듯이 구애됨이 없고, 손보지 않은 원목(原木)처럼 꾸밈이 없고, 탁한 물처럼 포용력이 있고, 대자연의 골짜기처럼 광활해야 한다고 일곱 가지를 들었다. 한 마디로 겉으론 뚝배기의 된장 맛처럼 텁텁하고 대범하고 소박한 듯이 보이나 그러면서도 전혀 빈틈이 없는 인물을 말했다.

이런 인물은 대체로 아는 체 하지 않고 일도 하는지 안 하는지 능력이 있는지 없는지 잘 모르지만 어떻든 사람들에게 믿음직하게 보인다. 그러나 이런 인물을 요새 바라기는 매우 어렵다. 성급한 사람들은 당장에 눈에 보이는 업적을 바란다. 그렇지 않을 때에는 무능으로 몰리기가 십중팔구일 것이다. 그러면서도 자기변명을 일체 하지 않을 만큼 통이 큰 사람을 바라기는 어렵다.

관자(管子)는 노자보다 더 구체적으로 평가기준을 들었다. 곧 지도자가 자리에 오를 만큼 인격이 뛰어난가. 명예를 누릴만한 실적을 쌓았는가. 일을 맡기에 어울릴만한 능력을 가지고 있느냐의 세 가지를 들었다. 이것 역시 말처럼 쉬운 게 아니다. 이보다 좀 더 구체적인 기준을 오자(吳子)는 다음과 같이 들고 있다.

곧 지도자의 요건에서 제일 중요한 것은 위(威)와 덕(德), 그리고 인(仁)과 용(勇)의 넷이다.

위엄이랄까 인품이 뛰어나서 그 사람이 윗자리에 앉으면 사람들이 자연 그의 의견을 경청(敬聽)하게 되고, 조직을 은연중에 위압할 수 있는 게 위(威)다.

지도자는 또 인품이 겸허하고 너그럽고, 믿음직한 데가 있어 밑의 사람들이 모두 '저분을 위해서라면'하는 마음을 갖고 따르게 만드는 게 바로 덕(德)이다. 인(仁)이란 부하나 국민의 고초를 미리 헤아리고, 항상 국민의 입장에 서서 생각하는 것을 말한다.

마지막의 용(勇)은 단순한 용기가 아니다. 결단력을 뜻한다. 특이나 현대의 지도자에게 가장 중요한 것은 우유부단하지 않고 결단해야 할 때 단호하게 올바른 결단을 내릴 수 있어야 한다는 점이다.

용(勇)은 태공망(太公望)도 지도자의 조건 다섯 가지 중의 하나로 꼽았다. 그가 덧붙인 것은 지(智)였다.

아무리 결단력이 있어도 그릇된 판단에 의한 것이라면 큰일이라고 봤기 때문이다. 내킨 김에 말하지만 태공망(太公望)은 또 이런 사람은 지도자가 될 수 없다면 조건을 열 가지나 들었다.

그 중에서 다른 사람들이 말하지 않은 것은 너무 자기의 청렴결백을 내세우는 편협한 인물이어서는 안 된다는 것이다. 또 하나는 너무 자신에 넘쳐 남에게 일을 맡기지 않으려 하거나 반대로 자신이 없어 모든 걸 아랫사람들에게 맡겨버리는 인물이다.

이밖에도 옛 중국 사람들이 지도자의 조건으로 내세운 것들은 많다.

주자(朱子)도 근사록(近思錄)에서 장황하게 9가지 조건을 들고 있다. 이런 조건을 그 절반만이라도 갖춘 사람을 오늘의 우리네 사회에서 찾는다는 것은 불가능한 일이다. 어쩌면 시대착오적이라 할 수도 있을 것이다.

(2012. 12월 / 대전시의정회보)

작심삼일(作心三日)

사람의 마음처럼 간사한 게 없다. 어떤 일이 잘못되어 큰 자극이나 충격을 받으면 그 당시엔 크게 달라져 '야 이게 아니다. 앞으로는 정신 똑바로 차려야지.'하고 새로운 결심을 하는 게 인지상정이다.

가령 '담배가 몸에 아주 나쁘다. 담배를 피우는 사람은 폐암에 걸릴 확률이 안 피우는 사람의 10배쯤 된다. 한국 사람의 사망률 가운데 최근엔 폐암의 비중이 위암이나 간암보다 오히려 앞서고 있다.' 이런 기사를 읽으면 아마 웬만한 애연가도 '음! 이거 안 되겠구나 담배를 아주 끊던가 아니면 대폭 줄여야지.' 이런 결심을 하는 게 우리네 보통사람의 정서다. 그러나 그 비장한(?) 결심은 대개의 경우 며칠 못 가고 다시 정신없이 담배를 피우는 예를 우리는 우리 주변에서 얼마든지 볼 수 있다.

그러나 맹자와 같은 성인은 평범한 우리와는 전혀 다른 결심을 했고 또 그 결심을 끝까지 잘 지켜온 이로 유명하다.

한때 맹자는 집을 떠나 멀리 유학을 하다가 오랜만에 집에 돌아오자 어머니가 베틀에 앉은 채 아주 반색을 하며 "공부는 어떻게 끝을 마쳤느냐?"하고 물었다. "끝을 마치다니요. 어머님이 뵙고 싶어 잠시 다녀가려고 왔습니다!" 그 말을 들은 어머니는 아무 말 없이 옆에 있는 칼을 집어 짜고 있던 베를 잘라 버렸다. 맹자는 너무 뜻밖의 일에 깜짝 놀라 "어머니 왜 그러십니까?"하고 묻자 어머니는 태연히 말을 꺼냈다. "네가 도중에 공부를 그만둔 것은 내가 짜던 베를 다 마치지 못하고 끊어 버리는 것과 같다." 그 말에 그만 맹자는 큰 충격을 받고 "어머니 제가 잘못 생각했습니다."하고 그 길로 다시 배움의 길을 떠나 학문에 전념한 나머지 마침내 공자 다음에 가는 성인이 되기에 이르렀다고 한다. 이를 단기지교(斷機之敎) 혹은 단직지교(斷織之敎)라고 하거니와 맹자와 평범한 사람과는 비록 어떤 일에 충격을 받아 새로운 결심을 하는 것 까지는 같을 수 있지만 그 결심을 끝까지 실천에 옮기고 못 옮기는 점에서 크게 다를 수 있다고 본다.

나는 솔직히 다른 결심은 비교적 실천에 잘 옮기는 편이라고 자부한다. 그러나 유일하게 정말 이래서는 안 되겠다고 크게 뉘우치며 새로운 결심을 철석같이 해놓고는 결국 영 실천에 못 옮기는 일이 하나 있다. 그게 바로 다름 아닌 술(酒)이다.

술이란 건강에 나쁘고 실수하기 쉬우며 경제적으로도 아무 덕 될 게 없으며 가정의 평화를 위해서도 아주 해로운 것인 줄을 낸들 왜 모르겠는가. 나는 이러한 인식을 분명히 하고 술을 많이 마신 그 다음날엔 '음,

이젠 술(酒)을 꼭 끊어야 하겠구나!'하고 그야말로 무서운 결심을 한다.

그러나 어찌하랴. 워낙 사람을 많이 만나고 보면 사람이 좋아 그냥 헤어지지 못하는 내 천성이다 보니 그 좋아하는 수단(?)으로 또 한 잔 나눌 수밖에. 옛 글에 주사정인리즉연(酒似情人離卽戀)이란 게 있다. 술이 든 정든 사람과 같아서 헤어지고 나면 이내 그립다는 뜻이다.

글쎄 애주가에게 술과 연인 중에 어느 쪽이 더 소중한가 하면 아마 모르긴 해도 술이 더 좋다는 사람이 많을 것 같으니 술에 관한 한 내가 작심삼일(作心三日)하는 것도 어느새 나도 모르게 내가 애주가가 된 때문인가. 아무튼 내가 세상 사람들과 등지고 두문불출하기 전에는 술만큼은 끊고 살기 어려운 운명이 아닌가 싶다.

작은 일과 목민관(牧民官)

옛날 중국(中國)에서는 편작(扁鵲)이라는 천하명의(天下名醫)가 하나 있었다. 그가 하루는 채(蔡)나라의 환공(桓公)을 만나고 나서 말했다.

"주공께서 지금 병이 드셨는데, 그 병이 살가죽에 있사오니 속히 치료를 받으십시오."

그러나 환공은 아무렇지도 않은 건강한 사람을 가지고 병이 있다하고 치료하여 생색을 내려한다고 못마땅하게 여겼다. 열흘 뒤 편작이 다시 그를 보더니 "주공의 병은 살 속에 들었습니다. 고치지 아니하면 점점 더 심해지겠습니다." 라고 하였다. 이에 환공(桓公)은 불쾌히 생각하여 대꾸도 하지 않았다.

다시 열흘이 지나 세 번째로 편작이 환공을 보더니, "주공의 병은 내장에 들었습니다. 고치지 아니하면 더욱 심해지겠습니다." 라고 하였으니, 환공(桓公)은 매우 언짢은 기색으로 들은 척도 하지 않았다. 그 뒤

다시 열흘이 지난 어느 날 편작은 환공을 멀리서 보자 발걸음을 돌려 되돌아가 버렸다. 그것을 본 환공은 일부러 편작에게 사람을 보내어 물어보게 하였다.

"주공의 병은 이제 골수에 들었습니다. 골수에 든 이상 손쓸 길이 없습니다. 그래서 치료하자는 말씀을 드릴 수가 없었습니다. 병이 살가죽에 있을 때는 약탕으로 따뜻하게 하여 고칠 수가 있었고, 살 속에 있을 때에는 침으로 고칠 수가 있었고, 내장에 있을 때에는 탕약으로 고칠 수가 있었습니다. 그러나 골수에 든 병은 어찌할 수가 없습니다."

그로부터 닷새가 지날 즈음 환공은 몸이 아프기 시작하였다. 환공은 그제서야 사람을 시켜 편작을 불러오게 하였다. 그러나 편작은 이미 진(秦)나라로 도망친 뒤였다. 환공은 얼마 뒤 그 병으로 죽어갔다. 당초에 편작이 살가죽에 병이 있다고 하였을 때 환공은 응당 그에게 치료를 받아야 했다.

모든 일에는 이와 같이 그것을 돌이킬 계제가 있게 마련이니 일이 크게 벌어지기 전에 작은 기미가 보일 때에 미리 해결하는 슬기가 아쉬운 것이다. 사물의 화복(禍福)이 일어나는 데에도 '살가죽'에 해당하는 국면이 있게 마련이다. 그러나 이것을 판단하는 일도 쉬운 일이 아니려니와 그것을 듣고 받아들이는 열린 귀와 열린 마음도 갖기가 쉽지 않은 것이다. 따라서 범상(凡常)하고 용열(庸劣)한 사람은 환공과 같은 어리석음을 되풀이하기가 십상이다.

최근 우리나라에서 번지고 있는 메르스 전염병도 모두가 살가죽의 병을 고치지 않은 데서 말미암은 것은 아닐까? 그리고 편작이 간언한 것처럼 국민여론이 들 끓고 있음을 언론이 연일 보도했음에도 환공처럼 이를 묵살했기 때문에 그 시기를 놓쳐 더 큰 화를 불러오고 급기야 정치권이 머리 숙여 사과하는 꼴이 된 것이라 풀이된다.

따라서 어진 목민관(牧民官)은 중국(中國)의 고전(古典)인 「한비자(韓非子)」에 적혀 있는 〈천길 높은 제방도 개미구멍으로 말미암아 무너지고 백 척이나 되는 높은 다락도 작은 불티 하나로 타 없어진다.〉는 이른바 견소왈명(見小曰明)이라는 교훈을 한 번쯤 되새겨 봄직하다.

(2016. 7. 17 / 목요저널)

잘 산다는 것

한국 사람에게도 장점이 많고 단점 또한 많겠지만, 그 단점 중에서도 두드러진 하나는 시기심이 많은 점을 꼽을 수 있을 것이다.

남이 자기보다 잘 되거나 잘 사는 것을 보면, 그 노력을 인정하기에 앞서 몹시 미워하는 성질이 있다. 가령 태국 같은 나라는 국민의 90%이상이 불교신자인 탓도 있겠지만 그들의 현세관은 우리와 많은 다른 것을 알 수 있다.

그들은 자기가 잘 못사는 것을 자신의 전생에 어떤 업(業)이 잘못되어서 그 인과응보(因果應報)로 현세에 잘 못사는 것으로 체념하는 경향이 짙다고 한다. 다시 말하면 자신이 잘 살고 못사는 것이 다 자기운명이요, 팔자소관으로 알기 때문에 구태여 누구를 원망하거나 미워하는 경우가 극히 드물다는 것이다.

그런데 한국 사람은 결코 그렇지가 않다. 잘 사는 사람은 자꾸 더 잘 살아보려고 계속 소유욕에 급급하는가 하면, 못 사는 사람은 잘사는 사람을 너무 미워하는 경향이 있다. 마치 자기들이 못 사는 것이 잘 사는 사람의 횡포요, 독점 때문에 못 사는 것인 양, 때로는 원수만큼이나 미워하는 사람도 있다. 그러나 이상한 것은 도대체 어떻게 사는 형태가 과연 잘 사는 것인지, 그 잘 사는 것에 대한 올바른 정의나 인식도 없으면서 무조건 어떤 외형적 여건만 갖추면 그것을 잘 사는 것으로 착각하고 또 남들도 잘 사는 것으로 간주해 버리는 풍조도 문제가 아닐 수 없다.

우리는 흔히 돈 잘 벌고, 사회적 지위가 높고, 자손 잘 두고 게다가 건강하거나 하면 대체로 잘 사는 사람, 성공한 사람으로 인정하기가 쉬운데, 과연 그런 사람만이 자기 인생을 보람 있게 그리고 뜻있게 운용한다고 볼 수 있겠는가. 글쎄, 고급 승용차나 굴리고 다니며 일류 호텔에 들어 고스톱이나 치고 목욕문화를 만끽하는 풍조가 과연 잘 사는 표본인지 알다가도 모를 일이다.

우린 이제 그런 사람을 부러워하거나 미워하지 말고 차라리 측은하게 동정할 생각은 없는가? 정말 잘 사는 것이 그런 것 인양 무조건 부러워하고 괜히 미워하니까 "나 잘 사는 것 약 오르지?"하는 기분으로 그런 부류가 늘어만 가는 것이 아닌가? 그런 부류 말고도 위대한 종교인, 예술가, 학자, 교육자 등과 같이 정말 자기 인생을 잘 살아가는 사람들은 얼마든지 있기 때문이다.

재미있게 사는 세상

1993년에 열반하신 대한 불교 조계종 성철(性徹) 종정 스님은 어느 해인가 부처님 오신 날을 앞두고 발표한 법어(法語)에서 "몽현(夢玄)속에 피는 공화(空華)를 혼자서 잡으려 애를 쓰지 말고 더불어 재미있게 사는 세상을 만들자."고 당부했다.

스님은 이어서 "시비선악(是非善惡)도 본래 하나에서 시작된 것이어서 이를 가른다는 것은 마음속에 타오르는 불기둥을 끄려고 대해수(大海水)를 다 마시는 것과 같다. 이웃을 나로 보고 내가 이웃이 되고, 열이 하나가 되고 백도 하나가 되는 융화의 중도(中道)를 바로 보고 분별(分別)의 고집을 버리자."고 말했다.

이 두 가지 법어를 대체로 요약하면 앞에 말씀은 욕심을 버리고 남과 더불어 재미있게 살자는 권고이고, 뒤에 말씀은 분별심(分別心)을 버리고 남과 화합하여 살라는 당부라고 하겠다. 이렇게 본다면 불교에서 금하는 것이 하나는 욕심이요, 다른 하나는 분별심(分別心)이라고 보아도 무방할 것 같다.

불교의 삼독(三毒)중의 맨 먼저 큰 독이 바로 탐심(貪心) 곧 욕심인 것은 상식이다.

세상 사람들은, 특히 우리네와 같은 속세의 사람들은 대체로 욕심이 너무 많은 것이 탈이다. 우리가 흔히 말하는 오욕(五慾)만 하더라도 재욕(財慾), 색욕(色慾), 식욕(食慾), 명예욕(名譽慾), 수면욕(睡眠慾) 등인데 이중에서 최근 부정부패의 척결, 재산공개, 공직자 사정 등으로 곤욕을 겪는 고위 공직자 중에 재욕(財慾)의 노예가 되어 쇠고랑을 차는 사람이 허다함을 볼 때 욕심 중에도 재욕(財慾)이 얼마나 무서운 욕심인가를 실감하게 된다. 따라서 우리가 허황된 욕심을 버리고 남과 어울려 살아야 이 세상이 재미있다는 말씀인 것이다.

다음으로 우리가 경계해야 할 것이 분별심인 것이다. 우리는 너무 남과 나를, 시비(是非)와 선악(善惡)을, 미추(美醜)와 흑백(黑白) 등을 자꾸 구분(區分)하려고 하는 분별심의 노예가 되어 있다.

가령 어떤 여인이 하나 있다고 할 때, 그가 어쩌다 화장을 잘 했거나 옷을 잘 차려입고 나오면 무조건 예쁘다고 단정하기가 예사다. 그래서 그 여인의 현재의 미(美)에 유혹을 받은 나머지 이 세상에서 다시없는 미인(美人)을 만난 것처럼 흥분하는 경우가 있다. 그러나 이 아름다운 여인(女人)도 여러 번, 그리고 오랜 세월이 지난 뒤에 다시 만나고 보면 그 예쁘다는 관점이 얼마나 일시적인 착각이었나 하는 점을 알 수 있게 된다. 그런 미인(美人)도 세월이 가면 주름살투성이의 할머니가 되고 마는 것이다.

우리의 분별력의 한계가 여기에 있다하여 금강경(金剛經)에서는 약견(若見), 제상(諸相), 비상(非常), 즉견(卽見), 여래(如來)라고 했다. 만약 모든 현상이 실제의 모습이 아니라는 것만이라도 알 수 있다면 누구나 참 부처를 볼 수 있다는 뜻이다.

지금 당장 눈앞에 보이는 모든 삼라만상의 모습이 진실로 참모습이 아니라는 것을 알고 무엇이든 자꾸 나누고 쪼개고 미워하고 좋아하고 하지 않으면서도 서로 화합할 때 우리는 이 세상을 행복하면서도 재미있게 살아갈 수가 있을 것이다. 마침 부처님 오신 날을 앞두고 정말 재미있게 살 수 있는 세상이 되었으면 마음이다.

염화미소(拈華微笑)

동서양(東西洋)의 사람들은 자기의 사상과 감정을 표현하는 방법에 있어 근본적인 차이가 있다. 서양인의 표현방법이 동적(動的)이라면 동양인의 경우는 정적(靜的)이요, 서양인의 표현이 설득적이라면 동양인의 그것은 자기암시적(自己暗示的)이라고 설명함이 적절한 표현일 것이다.

성경을 보면 예수는 설교를 할 때 '진실로 진실로 너희에게 이르노니' 또는 '귀 있는 자는 들으라.'는 등의 강세법(强勢法)이나 유도법(誘導法)을 곧잘 사용하고 있다. 그러나 공자(孔子)나 맹자(孟子)의 경우는 결코 그러한 수사(修辭)를 쓰지 않았다. 기껏해야 가라사대 왈(曰)하면 그만이다. 물론 예수는 동양에서 태어난 분이지만, 그가 태어난 곳이 서양의 문명과 가까운 거리에 있었고 그의 종교문화가 서양에서 더욱 꽃을 피웠기 때문에 성경 말씀이 자연 그렇게 표현될 수밖에 없었는지 모른다.

사실 서양인들은 동양인들에게 비해서 말이 많은 것이 사실이다. 그리스 사람들이 민주주의를 실현한 것도 말이 많은 사람들이었기 때문이다. 그러한 점에서 수사학이야말로 서양문명의 에센스가 아닐 수 없다. 이와는 반대로 동양인은 말이 적다. 침묵으로 말한다. 서양인처럼 논리(論理)나 수사학(修辭學)으로 설득하는 것이 아니라 미소로써 그리고 은근한 그 침묵의 몸짓으로써 암시한다.

삼국유사(三國遺事)를 보면 우리는 가끔 신선한 우물물처럼 솟구치는 맑은 미소의 문자들을 발견할 수 있다. 신라 신문왕 때 경흥법사(憬興法師)라는 당대의 명승(名僧)이 있었다. 어느 날 그는 화려한 옷으로 말을 타고 숱한 하인들을 이끌며 왕궁으로 들어가려던 길거리에서 묘한 웃음소리가 들려 왔다.

그것은 초라한 차림을 한 거사(居士)의 웃음소리였던 것이다. 손에 지팡이를 짚고 등에 광주리를 진 그 거사가 경흥(憬興)의 행차와 마주친 것이다. 그 때 경흥의 하인들은 그 거사의 광주리 속에 마른 생선이 들어 있는 것을 보고 크게 꾸짖었다.

“너는 승복을 입고서 어찌 부정한 물건, 마른생선 즉 건어(乾魚)를 지고 다니느냐?” 거사는 꾸짖는 그들을 향해 이렇게 대답했다. “두 다리 사이에 산고기를 끼고 다니는 것보다는 삼시(三市)의 고기를 지고 다니는 것이 무엇이 더 부정한가?” 이처럼 거사는 경흥(憬興)의 행동을 비웃는 것이다. 단순히 자기의 열등감에서 생긴 비뚤어진 웃음이 아니라 허위의 가면을 벗기는 비수같이 날카로운 풍자력(風姿力)의 웃음인 것이다.

그러나 이러한 웃음은 부정과 비리에 저항하는 웃음일 뿐 결코 이것이 동양인이 지닌 웃음의 본령(本領)은 아닐 것이다. 오히려 우리에게는 석가모니의 은근한 미소, 이백(李白)의 소이부답(笑而不答)의 미소, 김상용의 '왜 사냐 건 웃지요.'하는 미소가 생활화된 것이 아닐까?

옛날 석가모니는 영취산(靈鷲山)에서 설법(說法)을 할 때 뭇 제자들에게 연꽃 한 송이를 꺾어 보이었다. 그렇게 함으로써 그는 말로 표현할 수 없는 뜻을 제자들에게 전달한 것이다. 그러자 가섭(迦葉)만이 홀로 그 뜻을 깨닫고서 미소로써 답하였다.

이 사실, 즉 석가가 꽃을 꺾어 보였다는 사실을 불교에서는 염화시중(拈華示衆)이라고 하고 가섭(迦葉)이 그 에게 응답한 사실을 염화미소(拈華微笑)라고 했다. 이를 오늘날의 용어(用語)로 표현하자면 심리적인 전달, 혹은 심리적인 기술이라고나 할 수 있을, 이러한 무언의 대화가 동양인이 지니는 보편적인 표현일 것이다.

조상의 정신을 배우자

모든 동물은 어미로부터 태어나는 즉시 걷고 일생을 본능으로 살아간다. 그러나 사람은 20년이나 되는 긴 세월 동안 고생해서 배워야 제 앞가림을 할 수 있게 돼있는 것은 무슨 까닭인가? 그것은 조물주가 인간에게 타고난 천품(天稟) 외에 그 노력에 비례해서 거의 무한대의 능력을 개발할 가능성을 주기 위함이다.

그러므로 천품(天稟)을 아무리 출중하게 타고났다 하더라도 애써 노력하고 개발하지 않으면 범재(凡才) 이하로 떨어지고 잘못된 곳에 힘을 쏟으면 동물보다 못한 사람으로 떨어지게 된다.

그것은 사람뿐만 아니라 나라도 마찬가지다. 우리나라는 산고수려(山高水麗)한 금수강산(錦繡江山)으로 그 자연경(自然景)도 이를 데 없이 아름답고 좋거니와 거기서 솟아나는 물은 어디서든 움켜 마실 수 있었고 곡식이며 과일, 인삼, 토종닭, 돼지, 소 등 모든 것이 맛이 좋고 영양가가 아주 높다. 그러던 게 금세기에 이르러 국토는 물론 바다까지 오염이 돼 물도 물고기도 마음대로 먹지 못하게 되지 않았는가?

우리 강토에서 자연 상태로 나는 모든 게 훌륭한 것처럼 사람 또한 어느 나라에서보다 훌륭한 바탕을 타고난 것이 사실이다. 동성동본(同性同本) 혼인금지로 피가 맑고 생김새가 얼마나 번듯한가?

그러던 것이 교육을 받고 살아가는 기간이 길면 길수록 대개는 좋은 자질보다 자기 욕심만 부풀어 어떻게든 눈가림으로 남을 속이고 자기 이득만 취하려드는 기회주의적 사회로 변했으니 신의와 성실로 가정과 나라를 지켜오던 우리 선인들에게 참으로 면목이 없다.

우리 조상이 어느 시대에 지금처럼 각종 비리에다 온갖 부정을 저지르고 의약품에서 우리가 먹는 식품에 이르기까지 불량식품을 만들어내고 집을 짓다가 허물어지는 부실한 공사를 했단 말인가. 들에 소를 매어두고 곡식을 베어 널리 말려도 물명유주(物名有主)로 남의 것엔 손하나 까딱하지 않았던 그 순후(醇厚)한 풍습이 언제 그렇게 깡그리 사라지고 남의 집안 옷장 속은 물론 은행 금고까지 다 털어 갔단 말인가. 아무 물품에나 유명 상표를 붙여 주부들의 눈길을 현혹시키고 있는가 하면 아예 짝퉁이 공장을 차려 놓고 제품을 뭉텅이로 만들어 판매하는 등 부유층의 지나친 과소비에 빈부격차는 날로 심화하고 언제 이처럼 국민경제를 좀 먹이고 어지럽혔던가.

고려 이전은 차치(且置)하고 가까이 TV 화면에 비친 조선조(朝鮮朝)

는 고대 망했어야 할 것인데도 519년이나 지탱되어 온 것은 목에 칼이 들어가고 약사발이 안겨져도 옳다고 생각하는 길에서 한 발짝도 안 물러서는 우리 조상들의 선비정신 때문이었다.

그렇거늘 지금은 그런 선비정신을 어디서 찾을 수 있단 말인가. 나라의 경제가 기우뚱하는데 고가의 외제상품과 고급주류는 불티나듯 팔리고 과소비와 사치풍조는 만연되고 있는 실정이다. 각종 농수산물과 불요불급한 물건들이 산더미로 밀려들어와 국내 산업이 곤경에 빠져들고 있지 않은가.

학교에서는 시험을 골라잡기로 해 글 한 줄 못 쓰는 사람을 내보내고 더구나 학문의 기초가 되는 한자(漢字)공부를 그 적기(適期)인 초등학교 때 가르치지 않음으로써 학력이 갈수록 떨어지고 동양(東洋)의 한자 문화권에서의 적응능력은 홀로 뒤처져 가고 있지 아니한가. 이런 것이 모두 다 지난 날 산업화시대에서부터 성실성 없이 쉽게 살아가려는 풍조의 소산(所産)인 바 이러다가 더 큰 우(愚)를 범하여 글로벌시대 국제적 고아가 될 게 염려되어 안타깝기 이를 데 없다.

(2013. 1. 27 / 중도일보)

중산층 유감

우리나라에서도 자기 스스로를 중산층이라고 생각하는 사람이 아마 전 국민의 4분의 1도 되지 않을까 한다. 특히 국회의원 선거나 지방의원 선거 때가 되면 이 중산층의 향배가 선거 결과를 좌우한다는데 중산층에 대한 자각 도를 더 높이고 있는 게 아닌가 싶다.

왜냐하면 공명선거다, 돈 안 쓰는 선거다 하면서 깨끗한 선거를 치르려는 정부나 국민의 의지가 강하면 강할수록 중산층에 표의 동향은 대부분 부동표로 둔갑, 예기치 않은 당락의 양상을 몰고 오기 때문에 후보자와 웬만한 연대감이나 후보자에게 얻는 웬만한 매력이 아니고서는 '나도 중산층인데 내가 왜 함부로 찍어, 나도 좀 더 두고 봐야지.'하는 식이다.

따라서 중산층이 많은, 그래서 국민의 민도가 높은 나라일수록 입후보자는 돈 안 드는 선거, 고생 덜 하는 선거를 치를 수 있다는 점에서 우리나라에도 하루 빨리 참다운 중산층이 많아지기를 희구하는 마음 간절하다.

그런데 문제는 자칭 자기 자신을 중산층 유권자로 자처하는 그가 과연 중산층인지 그 이하 계층인지를 정확히 구분할 만한 표준이나 한계가 아주 애매모호 하다는데 한국적 중산층에 대한 논란이 가능하다고 본다. 중산층 이상의 자질이나 여건을 갖추고서도 자기를 중산층이 아니라고 보는 견해도 문제지만 전혀 객관적으로 볼 때 중산층의 의식이나 자질이 부족한 사람도 자신을 중산층이라고 미화하는 경향 또는 가소로운 일이기 때문이다.

그렇다면 언필칭 한국에서의 중산층이란 대체로 누구를 말하는지 알아볼 필요가 있다. 대체로 이렇게 규정하고 있다고 한다.

1) 돈이 있는 사람으로 월수 500만 원 이상

2) 2000cc이상의 자가용 소유자

3) 3, 40평 이상의 주택이나 아파트에 사는 사람

4) 전문대학 이상의 학력을 갖춘 사람

5) 한 가지 이상의 취미생활이나 스포츠를 즐기는 사람

그렇다면 이 사람들이 과연 크고 작은 선거에 영향력을 행사할 만한 의식 있는 중산층이라고 할 수 있을까. 웬만큼 경제적으로 안정이 돼 있고 학력이 전문대 이상이라고 해서 중산층이라고 한다면 그 기준이 너무 외형적. 경제적 여건에 치중한 느낌이 들고 내면적. 의식적 삶의 태도에는 거리가 멀다고 느껴지는데, 그런 시민이 진정한 중산층이며 민주시민이라고 자부할 수 있을지 의문이다.

참고로 대다수 선진국의 경우 정책적으로 추구했던 중산층의 기준을 보면 다음과 같다.

1) 외국어 하나는 할 수 있을 것

2) 스포츠 하나는 즐길 수 있을 것

3) 악기 하나는 다룰 수 있을 것

4) 남의 집과 다른 음식 솜씨 하나를 지닐 것

5) 공분(公憤)에 의연히 참여할 것

그리고 영국의 중산층에 대한 기준을 보면 다음과 같다.

1) 페어플레이

2) 자신의 주장에 떳떳할 것

3) 나만이 최고라고 독선부리지 말 것

4) 약자를 두둔하고 강자에게 강할 것

5) 불의, 부정, 불법에 의연할 것

이렇게 본다면 우리나라 중산층의 가치 기준과 생활의 질이 무엇이 문제인가는 불문가지라고 생각한다.

지나침의 잘못

한자의 과(過)자를 옥편에서 찾아보면 '넘다' '지나치다' '들르다' '허물' 등 그 뜻이 여러 가지인 것을 알 수 있다. 그 중에 재미있는 것은 대체로 '지나치다'의 뜻을 가진 이 글자가 '허물'(잘못)이란 뜻도 같이 가지고 있다는 점이다.

곧 지나친 것은 잘못된 것이고 잘못된 것은 죄(罪惡)이란 뜻과 크게 다를 바가 없으니 한자는 역시 깊은 철학을 가진 글자다. 그러면 선인(先人)들은 왜 지나친 것을 죄악이라고 했을까. 그 이유는 자명하다. 과(過)자가 접두사처럼 앞에 붙은 말치고 좋은 뜻을 가진 말이 거의 없으니 말이다.

가령, 과음(過飮), 과식(過食), 과색(過色), 과속(過速)등만 놓고 봐도, 술 많이 먹어 몸 좋을 리 없고, 밥 많이 먹어 탈날 수밖에 없고, 여자 많이 좋아하다 패가망신 하거나 병들 일밖에 없고, 차를 급히 몰다가 교통사고 날 수밖에 없으니 과(過)는 죄(罪)인 것이 분명하다. 그 밖에도 과욕(過慾), 과로(過勞), 과언(過言), 과오(過誤), 과음(過淫), 과태(過怠) 등 과(過)자가 붙은 자 치고 문제 아닌 뜻이 없다.

특히 요즈음 신문, 방송을 보고 들으면 공직자나 사회지도층 인사의 비리에다 갖가지 잘못된 일들로 빚어진 죄상(罪相)이 모두 과욕(過慾)과 과열(過熱)에서 연유한 결과이다. 공직자나 사회지도층 인사가 지나치게 많은 부동산이나 돈을 갖고 각종 비리에 연루되는 것은 과욕의 탓이요 바로 죄악이다.

한국 사람은 대체로 (특히 50대 이상) 자신이 못살아본 자신의 과거에 대하여 너무 한이 많다. 또 자신의 위상(位相)이 다소 시시한 점에 대해서도 너무 억울해하고 괴로워한다. 그 결과 무슨 짓을 하든지 내 平生 잘 살 수 있는 돈(財物)을 미리 확보해 놓아야 직성이 풀리고, 자식들의 교육도 무슨 수를 쓰든지 최고학부까지 가르쳐놓고 보아야 안심이 되는 백성이다.

이런 사고가 팽배하다 보니 땅 투기나 인사부정 등 검은 돈으로 큰 부자가 된 인물이 속출하고, 각가지 부정 사건도 꼬리에 꼬리를 물고 터져 나와 한탄의 소리가 끝일 날이 없다.

옛날에 과유불급(過猶不及)이라 했는데 이는 〈지나침은 미치지 못함과 같다.〉의 뜻으로 보고 있으나 더 정확하게 본다면 〈지나침은 미치지 못함만도 못하다.〉라고 보아야 옳지 않을까 한다. 따라서 옥살이를 하고 있는 사람들이나 사법처리의 대상이 된 사람은 스스로 '지나치지 만 않고 미치지 못했던들 내가 이런 신세까지는 되지 않았을 텐데.'하고 후회와 개탄을 하고 있는 인물이 얼마든지 있을 테니 말이다.

따라서 과음(過飮)은 과오음(過誤飮)이요, 과식(過食)은 과오식(過誤食)이라고 보아 마땅하고, 이런 의미를 아는 지혜가 있다면 앞으로 그 밖에 과색(過色)이나 과욕(過慾)도 자제(自制)할 수 있을 것이다.

유교의 중용(中庸)이나 불교의 중도(中道)가 모두 이러한 과격(過激)을 죄(罪)로 보고 스스로 자신의 인생과 행동(行動)을 삼가고 조심하도록 가르친 것도 '지나침의 잘못'을 미리 지적한 뜻이 아니겠는가?

(2016. 8. 23 / 목요저널)

지령인걸(地靈人傑)

지령인걸(地靈人傑)이라는 말이 있다. 땅이 신령스러우면 걸출한 인물이 많이 태어난다는 뜻이리라.

필자에겐 충청도가 고향이고 어찌어찌 하다 고향 부근에서만 살다보니 도리 없이 충청도 토박이가 되고 말았지만, 필자의 식견으로는 우리나라에서 충청도만큼 훌륭한 인물이 많이 나온 고장도 없지 않을까 싶어 늘 어깨가 으쓱해지는 게 사실이다. 따라서 주마간산(走馬看山)격으로나마 충청도의 특징이나 몇몇 인물을 찾아보고자 하는데, 최근 지상에 오르내리는 인물들은 쏙 빼고 역사상 정평 있는 불후의 인물에 국한하고자 한다.

하긴 이런 글을 쓰다보면 손바닥만 한 나라에서 영남이 어떻고 호남이 어떻고 무슨 도(道)가 어떻고, 무슨 도가 더 낫고 하는 쓸모없는 한담(閑談)이 되어 그 자체가 부질없는 노릇이요, 흔히 선거철이 다가오면 많이 지적되는 지역감정까지도 새삼 부추기는 결과도 되어 많은 분의 지탄을 받지 않을까 걱정도 되지만, 여기서는 결코 다른 도와 비교하자는 노릇이 아니라 어디까지나 충청도 이야기만 하자는 파한잡기(破閑雜記)쯤이니 이점 해량(海諒)이 있기를 바랄 뿐이다.

충청도의 산세는 그리 험준하지 않고 대개 밋밋하다. 산불고수려(山不高秀麗)하고 수불심청징(水不深淸澄)이라. 산은 비록 높지 않으나 아름답고 물도 그리 깊지는 않으나 맑다. 게다가 한반도 전체를 놓고 보면 대체로 어느 생체의 허리나 배 부분에 해당하는 편으로, 소위 변경지대(邊境地帶)라 할 수 있는 아주 북쪽인 함경도나 평안도, 그리고 아주 남쪽인 경상도나 전라도에 비해선 우선 외침의 영향이 적었고, 풍수해도 그리 심한 편이 아니며, 연간 기후도 대체로 우순풍조한 편이다. 그런 산수와 기후의 영향인지 인심 또한 온후하고 우직하며 순박하다. 이러한 충청인 들은 대체로 끈기가 있는 대신 모가 나지 않고 원만한 심성을 가져서 대원군 같은 분은 청풍명월(淸風明月)이라는 낭만적인 표현으로써 충청도를 지적한 바도 있다.

그런가하면 '멍청도'라는 별명처럼 사람들이 좀 굼뜨고 느리며, 어딘지 답답하고 매사에 소극적인 데다가, 다소 우유부단한 편으로 이런 면들은 앞으로 심성은 물론 체질까지도 개선의 의지가 있어야 할 것으로 안다.

먼저 충청도의 주요 고적과 유적을 일별해 보자. 맨 먼저 백제의 고도인 부여와 공주를 손꼽을 수밖에 없다. 백제문화는 3국 시대 당시에도 우수했지만 백제가 망한 뒤에도 멀리 일본에까지 그 찬란한 문화가 전수되어 최근 일본문화의 원류가 한국에 있고 특히 백제문화의 영향이 거의 지배적이라는 많은 연구와 보고가 매스컴을 타고 있음은 백제의 후예인 충청인으로서 큰 자부가 아닐 수 없다. 아무튼 부여와 공주에 산재해 있는 많은 백제의 고적, 유적에 대해서는 생략하기로 하고 그밖에 명소로 서산의 마애삼존불(三尊佛), 계룡산의 남매탑, 논산의 은진미륵, 충주의 탄금대, 단양의 도담삼봉, 그리고 최근 각광을 받고 있는 천안의 독립기념관과 세종시 등도 상기할 만하다.

그리고 재미있는 현상은 이상하게 충청도에는 온천이 많다는 점이다. 현대식 레저의 하나인 온천장에 들러 심신을 깨끗이 하는 경우가 많음을 볼 때 분명히 온천이 많은 고장이라 함은 그만큼 축복 받은 고장이라고 해도 과언이 아닐 것이다. 먼저 유명한 대전의 유성온천이 있고 , 그밖에 온양온천, 도고온천도 널리 알려진 터에, 덕산온천도 있다. 충북에는 또 수안보온천이 있으니, 충청도에만 다섯 군데의 온천이 쏟아진 것도 가나안(福地)다운 표징이라 하겠다.

관광명소로 빼놓을 수 없는 곳이 주요 사찰인데, 충남에는 예산의 수덕사를 비롯해서 공주의 갑사와 마곡사, 그리고 부여의 무량사, 고란사 등이 있고 대전에는 가까운 동학사도 유명하다. 다음으로 해수욕장만 해도 유명한 대천을 선두로 만리포, 연포, 몽산포, 방포와 충남의 태안반도 서해안이 온통 절경이다.

이제 충청도의 대표적인 인물을 몇 분 찾아보자.

우선 우리 역사상 문무를 경전(經傳)한 성웅으로 크게 추앙을 받고 있는 분이 온양에서 머지않은 현충사에 모셔진 충무공 이순신(忠武公 李舜臣)장군이시다. 여기서 굳이 그분의 위업을 거론함은 장황한 흠이 있으니 그만 두기로 하고, 기왕 아산 현충사에 왔으니 여기서 머지않은 곳 천안 아우 네에 순국소녀 유관순을 찾지 않을 수 없다. 한국의 '잔다크' 유관순이야말로 독립기념관을 짓게 만든 민족의 꽃이요, 별이 아니겠는가!

천안에서 남쪽으로 예산 땅에 가보자. 맨 먼저 예산군 신암면에 추사 김정희(秋史 金正喜)선생의 고가가 있다. 우리 역사상 최고의 명필이요, 금석학(金石學) 실학에도 조예가 깊은 추사(秋史)선생이 충남 태생임에는 정말 감개가 무량하다. 필자가 마침 서예에 업을 두고 있는 만큼 추사 선생에게는 존경과 흠모의 정이 남다르기 때문이다.

아무튼 벼슬이 참판에 이르고 중국 연경에까지 가서 문명을 떨친 그가 남의 모함으로 제주도에까지 유배를 가서 9년 동안이나 절해의 고도에서 고독과 상심을 달래면서도 결코 좌절하지 않고 학문과 서예에 몰두하신 그 큰 정신을 상기함에, 후학의 한사람으로서 가장 위대한 예술가의 초상을 보는 듯싶어 가슴이 뭉클할 뿐이다. 같은 예산에는 수덕사에서 수행 득도하신 대선사 만공(滿空)스님의 유적이 있고 유명한 윤봉길(尹奉吉)의사의 사당과 생가도 있다. 상해 홍구공원에서 일장 백천

(白川)을 섬멸한 윤 의사의 기개야말로 유순하기 그지없는 충청인도 일단 유사시에 한번 분개하면 천하무적의 용기를 보인다는 특징을 읽을 수 있다.

예산에서 다시 서쪽으로 가면 홍성에 이르는데 홍성이 낳은 인물로는 역시 유명한 만해 한용운(萬海 韓龍雲)선생을 잊을 수가 없다. 「님의 침묵」의 시인이며 민족대표 33인중의 유일한 불교계 대표인 선생은 '불교유신론'을 내 놓을 만큼 불교계의 선각이기도 하다. 그밖에도 청양 목면의 최익현(崔益鉉)선생, 서천의 월남 이상재(月南 李商村)선생, 충북의 실학자 언론인 신채호(申采浩)선생, 임꺽정을 쓴 홍명희(洪明喜)선생 등을 우리는 항상 잊을 수가 없다. 또 임진년 한 해가 저물어 간다. 지는 해 밀고 오는 충청의 지령인걸(地靈人傑)이기를 비는 마음이다.

(2012. 11. 21 / 중도일보)

청백가성(淸白家聲)

조선조의 어린이용 교과서 소학(小學)을 보면 자손이 된 자 모름지기 입신양명(立身揚名)하여 부모님에게 큰 기쁨을 안겨드리는 것이 최상의 효도라고 적혀 있다.

자고로 사람에게 있어 입신양명(立身揚名)에 대한 집념은 누구나 지니고 있는 보편적인 욕망이기 때문에 굳이 소학(小學)을 예로 들지 않는다 하더라도 과거 역사를 살아간 수많은 사람들이 이 황 활한 꿈을 좇기 위하여 얼마나 피나는 노력을 다했었던가? 요즈음 유행되는 '출세한다.' '감투 쓴다.'라는 말로 표현되는 이 끝없는 인간의 욕망 때문에 인류의 역사는 발전해 왔음도 확실한 사실이다. 하지만 한편으로는 자기의 처지에 걸맞지 않는 과분한 욕망 즉 과분한 감투를 씀으로써 패가망신(敗家亡身)하는 비참한 경우도 우리는 수 없이 보아왔다.

주면 귀찮고 안주면 섭섭하기 짝이 없는 이 감투에 대한 욕망은 인류가 이 지구상에 서식하는 한 결코 사라지지 않을 것이며, 이 끝없는 욕망으로 인간은 스스로 크게 현달하기도 하며 한편으로는 멸망으로 몰리기도 할 것이다.

이 감투라는 용어는 옛날 벼슬아치들이 쓰던 모자에서 연루되어 벼슬자리의 대유법(代喩法)으로 사용되어온 것이 분명하다. 가령 학식과 덕망이 고루 갖추어진 어느 선비가 그 신분에 걸맞은 감투를 썼다고 가정할 때 그에게서 풍기는 내외 인품과 능숙한 판단력과 행정력이 조화를 이루어 많은 사람들로부터 존경을 한 몸에 받을 것임은 자명한 이치가 아니겠는가?

그런데 만약 그와 반대로 자기의 신분과 처지에 걸맞지 않은 큰 감투를 썼을 때 그의 정수리에 딱 맞아야 할 감투가 밑으로 축 쳐져서 귀와 눈을 가리고 코끝에 걸릴 수밖에 없으니 얼마나 그 모습이 볼썽사나운 꼴불견으로 보이겠는가? 그런데 그 꼴불견의 모습이 그 자신으로 그치면 간단할 텐데 그렇지 않다는데 문제가 있는 것이다. 즉 이미 눈과 귀가 가려져 그 기능이 마비되었으니 상대적으로 코와 입의 기능이 배가 될 것이기 때문이다. 이미 눈은 가려져 있으니 백성의 어려운 사정을 보지 못할 것이며, 귀가 가려져 있으니 또한 백성의 원성마저 들을 수 없는 대신 냄새를 맡는 코의 기능과 맛을 감별하는 입의 기능이 크게 발달할 것이니 이쯤 되면 사회적인 문제는 심각해질 수밖에 더 있겠는가?

우리가 역사상 청백리(淸白吏)라고 일컬으며 존경하는 관리는 바로 이러한 정신으로 정사에 참여한 사람인 것이다. 우리나라의 모든 관리가 이러한 청백리(淸白吏) 정신으로 사회를 정의롭게 이끌어 나갈 때 사회의 번영은 물론 그 집안의 성가(聲價) 또한 상대적으로 높아지게 마련인 것이다. 청백가성(淸白家聲)이란 바로 이러한 정신을 바탕으로 해서 이루어진 것이니 그럴진대 소학(小學)에서 일컫는 입신양명(立身揚名) 또한 이 같은 고고한 선비정신의 소유자에게만 영광이 있음을 말하는 것이지, 결코 탐관오리(貪官汚吏)까지도 가성(家聲)의 반열(班列)에 끼워주자는 것은 아니다.

(2015. 3. 2 /목요저널)

청운지지(靑雲之志)

예부터 군자(君子)가 마땅히 지녀야 할 고결한 지조를 일컬어 청운지지(靑雲之志)라 하였다. 중국(中國)의 옛 문헌 적일민전(績逸民傳)에 처음 나오는 이 말의 속뜻에는 속세(俗世)를 떠나서 은자(隱者)가 되고자 하는 마음, 공덕을 세우고자 하는 높은 뜻이라는 얼핏 보아 두 가지의 상반되는 내용을 함께 지니고 있다.

그러나 고대(古代) 중국(中國)의 왕발(王勃)이 지은 「등왕각서(滕王閣序)」에 군자(君子)는 가난함에서 오히려 편안하고 사물에 통달한 사람은 천명(天命)을 스스로 깨닫는다. 이들은 늙을수록 씩씩하거니 어찌 흰머리가 늘어간다고 상심하리오. 궁할수록 마음은 더욱 단단하거니 이는 곧 청운(靑雲)의 뜻이 없어지지 않음에서 군자안빈 달인지명 노당익장 영지백수지심 궁차익견 불청운지지(君子安貧 達人知命 老當益壯 寧知白首之心 窮且益堅 不靑雲之志)라 기록되어 있는 것을 보면 두 가지의 뜻은 결코 상반된 것이 아니라, 오직 군자만이 도달할 수 있는 하나된 높은 경지의 뜻임을 알 수 있다.

이 청운지지(靑雲之志)의 참뜻이 이러할진대 오늘날 하루하루를 속되이 살아가는 범부(凡夫)들이야 어찌 이 높은 군자(君子)의 경지를 감히 흉내 낼 수 있을까마는, 그렇다고 처음부터 그 뜻을 꺾어 체념하고 마는 것은 어리석기 짝이 없는 생각인 것이다. 그러므로 설사 그 경지에 도달하지 못한다고 할지라도 우리는 각고의 부단한 노력을 기울이며 살아가려는 마음의 자세를 항상 지녀야 할 것이다.

사실 오늘날 눈앞에 거래되는 몇 푼의 이익과 조그마한 공명심에 눈이 어두워 그날그날을 아등바등 살아가고 있는 많은 현대인들은 진정 왜소하기 짝이 없는 가련한 군상에 지나지 않는다. 그들에게 있어서는 조그마한 지위를 차지하거나 물질적인 풍요로움을 누리는 것만이 행복의 전부인 양 착각하고 그 목표를 성취하기 위하여 온갖 시간과 정력을 여기에도 쏟아 붓는다. 그리하여 일단, 자신이 설정해 놓은 목표에 도달하면 오만방자 해지면서 못가진 자기보다 지위가 낮은 자를 없이 여김이 항상 다반사로 행하여진다. 그러나 막상 그 같은 행복을 누리던 사람이 갑자기 그 자리를 물러나게 되거나 수중에서 재물을 몽땅 날려 버렸을 때 그는 그 이전의 당당한 모습과는 달리 초라한 모습을 지니고 비굴한 행위를 서슴없이 자행하기도 하는 것이다.

그러나 군자(君子)는 이러한 속인(俗人)과는 달리 현실의 명리(名利)에 현혹되거나 또한 그것을 추구하려고 노심초사하는 추한 몸짓을 보이지 않는다. 비록 그들은 세끼의 밥이 아쉬운 궁핍한 처지에 이른다고 할지라도 그것에 속되이 얽매이지 않고 오히려 그것을 초월한 맑고 높은 정신의 세계를 추구하는데 뜻을 두고 정진할 따름이다. 그 맑고 높은 정신의 세계란 바로 인류가 지켜 나가야할 보편적인 삶, 인류의 참된 가치를 추구하는 삶의 경지를 말하는 것이다. 따라서 우리가 이러한 경지에 도달하기 위하여 굳건히 세운 뜻을 일컬어 청운지지(靑雲之志)라 한다. 일찍이 공자가 추구했던 인사상(仁思想), 석가가 추구했던 자비사상, 그리고 예수가 추구했던 인류애(人類愛)는 모두 이러한 높은 경지에서 얻어진 삶의 가치인 것이다.

(2015. 12. 20 / 목요저널)

청풍명월(淸風明月)

〈십년을 경영하여 초가(草家) 한간 지어내니 반간은 청풍(淸風)이요, 반간은 명월(明月)이라. 청산(靑山)은 들일 데 없으니 둘러두고 보리라.〉

조선 중기 면앙정가단(俛仰亭歌壇)의 창설자이며 강호가도(江湖歌道)의 선구자인 송순(宋純) 선생(성종 23)의 유명한 시조다. 비록 가난하지만 자연을 벗하면서 유유자적하는 선비의 생활상을 그린 내용이면서도 추호도 그 가난을 부끄러워하지 않고 오히려 여유와 자부를 과시하는 듯한 태도다. 그러니 안빈낙도(安貧樂道)도 이 정도면 가히 도통이나 달관의 경지가 아닌가 한다.

그런데 공교롭게도 대원군이 충청도를 가리켜 청풍명월(淸風明月)이라고 한마디로 표현한 바가 있다. 그런가 하면 이중한의 택리지(擇里志) 충청도편에도 충청도의 산천을 가르쳐 산불고수려 수불심청징(山不高秀麗 水不深淸澄)이라고 표현한 구절이 있다. 이는 〈산은 비록 높지 않으나 아름답고 물은 깊지 않으나 맑다.〉 그래서 계룡산 사방백리(四方百里)에는 큰 재난도 없을 뿐더러 경향 각지의 사대부들이 몰려와 사는 곳이라 지칭하였다.

위에 든 시조나 표현을 다 연관(聯關)지어 생각하면 대체로 충청도는 다음과 같은 특색을 찾을 수가 있을 것이다. '충청도는 자연이 아름답다.' 충청도 사람들은 대체로 가난하다. 충청도 사람들은 가난을 부끄러워하지 않고 청렴하게 살려는 선비의식이 있다. 아울러 '충청도 양반'이란 말도 있지만 이 표현도 유독 충청도에는 양반이 많다는 뜻이라기보다는 충청도민의 의식구조가 대체로 '돈'이나 '물질' 쪽에 가치관을 두기보다는 '정신'이나 '체통'을 더 중시하는 경향이 짙기 때문에 그러한 기질을 보고 양반고을이라고 불러온 것이 아닌가 한다. 그러나 지금을 조선 때처럼 사농공상(士農工商)의 계층을 따지는 사회구조도 아니고 양반이란 계급을 공인하는 현실도 아니다.

오히려 배금주의와 물신주의(物神主義) 산업사회가 되고 보니 돈과 권력과 지위를 중시하고 선호하는 세상이 되었다. 이런 판국에 충청도라고 해서 아직도 선비니 양반이니 하면서 돈을 외면하고 청빈(淸貧)만을 고집할 이유는 없을 것이다. 다만 돈을 벌되 그 수단이나 방법이 비굴하거나 비인간적인 과오를 범해서는 안 된다는 건강한 양심을 제고(提高)하다면, 이제는 충청도 사람도 잘 살아야 할 때가 아닌가 한다.

맹자(孟子)도 항산(恒産)이래야 항심(恒心)이라고 했다. 이는 중국제(齊)나라 선왕(宣王)에게 한 말이다. 일정한 재산이 없어도 건전한 정신을 소유하는 것이 선비에게는 가능한 일이다. 그러나 백성들은 일정한 재산이 없게 되면 따라서 건전한 정신도 없게 되고, 건전한 정신이 없게 되면 방탕하고 헛된 행위를 하게 된다고 한다.

맑고 깨끗한 것이 청렴결백한 지조와 상통할는지 모르지만 깨끗하게 벌어서 서로 주고받는 도타운 정을 지닌다면, 이 또한 새로운 충청도의 인심 청풍명월(淸風明月)이 아니겠는가 하는 소이이다.

(1987. 1. 26 / 대전일보)

치허극(致虛極)

대전의 이웃인 청주에는 무심천이란 내가 있다. 비단 나 혼자 느끼는 바는 아니겠지만 그 이름을 들을 때마다 내(川)이름 치고는 퍽 불교적이고 도교적인 이름이라는 생각이 든다.

'무심'은 매사에 아무 뜻이 없다는 무관심이나 남에게 매정하기까지 한 몰인정의 무심이 아니라, 여기서는 매사에 쓸데없는 욕심을 갖지 말고 늘 마음을 비우면서 살아가는 편이 훨씬 지혜롭다는 뜻의 허심(虛心)이나 무욕(無慾)을 가리키는 뜻일 테니깐 말이다. 이 흘러가는 냇물을 보거든 인생도 덧없이 흘러간다는 사실을 알고 부질없는 탐욕을 이 냇물에 씻은 듯이 버려 보아라 하는 목소리가 들리는 것 같아 무심천을 가진 청주시민들이 부럽기도 하다.

사람이 한평생을 살아가는데 어떤 일을 크게 성취하기도 힘든 일이지만 세속의 헛된 꿈과 욕심을 버리고 아무 두려움 없이 살기는 더욱 힘든 노릇이 아닌가 한다.

불경에 심무흑애(心無黑碍)란 말이 있다. 마음에 아무 걸림이 없다는 뜻이다. 따라서 마음에 걸림이 없는 사람은 두려워할 것도 없다는 대목도 나온다. 곧 무애시무외(无涯施無畏)의 경지가 바로 그것이다. 진실로 용기 있는 사람은 마음에 아무 거리낄 것이 없는 담담하고 허심한 사람이다. 이러한 경지가 곧 '무심'의 경지가 아니겠는가. 청주란 지명도 깨끗한 마음을 가진 사람들이 모여 사는 고을이란 뜻이니 아주 좋은 이름이다. 그러나 나는 무심천이란 내 이름에 더욱 마음이 끌린다.

이는 마치 노자의 도덕경에 나오는 '치허극(致虛極)'의 표현과도 상통하는 경지가 아니겠는가. 욕심을 버리고 마음을 비워놓아야 진실로 군자의 경지에 이를 수 있다는 뜻이니 자고로 청주엔 이렇게 허심탄회하게 인생을 사는 선각자들이 많았기에 내 이름도 결코 무심하지 않게 무심천으로 지은 것이라고 본다.

지금이야 거의 불가능하겠지만 한50년 전만 해도 가령 무심천가에는 낚싯대를 드리우고 유유자적하게 하루해를 보낸 도인들도 있었을 게고 여름이면 물장구치고 놀던 아동들도 있었을 것 같다.

이제는 현대화된 청주에서 시급히 추진해야 할 시민복지사업도 많을 것으로 안다. 그러나 무심천의 냇물을 옛날처럼 맑고 아름다운 모습으로 복원하는 사업도 청정심을 가진 청주시민들이 다함께 추진했으면 하는 것이 청주를 지나는 한 나그네의 욕심이라면 그 또한 과욕일까?

(2015. 3. 14 / 목요저널)

코드 그린

디트뉴스로부터 책 읽은 소감을 부탁받고 많은 생각을 하였다. 평생 붓을 놓지 않았으니 김종헌 선생의 '붓에 살고 붓에 죽은 서예가들의 이야기'를 소개해도 좋을 것이다. 그러나 필자는 오랜 기간 예총활동과 대전시의 의회활동을 하였고, 또 여전히 경영에 참여하고 있는 중소 기업인으로서 오늘은 조금은 '불편한 진실'을 이야기를 해보고자 한다.

필자는 다섯 살 때부터 할아버님 앞에 앉아 붓을 들고 천자문을 익혔고 더듬더듬 신문을 읽어드리며 하루 일과를 시작하곤 하였다. 지금 그때의 필자보다 훌쩍 더 자란 손자들을 바라보며, 그 옛날 식민치하와 해방 전후의 혼란 속에서 필자를 지켜보셨던 할아버님의 복잡했을 마음을 조금이나마 헤아리곤 한다.

요즘처럼 어지럽게 변하는 세상은 칠순이 낼모레인 사람조차 초조하게 만든다. 귀한 어린 생명들이 살아갈 미래가 건강하고 안전하고 행복하기를 바라는 할아비의 눈에는 이 세상이 의심스럽기만 하다. 더구나 최근 충청도 홍성, 보령 등지의 석면폐질환 집단 발병에서도 보이듯 오염된 공기와 물 그리고 전례 없는 이상기후와 자연재해, 온난화에 따른 전염병의 확산, 고갈되는 석유자원 등 매일 들려오는 위태로운 뉴스는 더 이상 손 놓고 있을 수는 없는 현실을 말해준다.

필자는 시의회 활동 중에 특히 대전시 용담댐 건설로 인한 대청댐 등 수질개선 문제에 많은 열정을 할애했고 나름의 큰 성과를 이뤘다고 자부하고 있다. 또한 기업인으로서 에너지절약을 위한 여러 방안을 검토하면서 태양전지와 LED의 도입을 일찍부터 실천하며 신재생에너지에 대한 긍정적인 전망을 홍보하기도 하였다. 그런 평소 필자의 생각을 '코드 그린' '뜨겁고 평평하고 붐비는 세계'(토머스 프리드먼 저, 21세기 Books, 2008)에서 발견하고 반가웠다.

이 책은 현 정부가 '녹색성장'이라는 핵심국가전략을 설정하는데 중요한 영향을 미쳤다고 전한다. 정부는 신재생에너지와 해양바이오에너지산업 등을 국가신성장동력사업으로 적극 지원하겠다고 발표했다. 비록 현 정부의 정책을 전부 지지하는 것은 아니지만, 현재의 상황을 인식하고 '녹색성장'을 통해 문제를 해결하려는 의지를 담고 있는 점은 다행이라 생각한다.

'코드 그린'은 지구온난화에 따른 뜨겁고(hot), 미국 중산층 소비생활의 세계화에 따른 평평하고(flat), 전 세계 인구증가에 따른 붐비는(crowded) 세계를 그대로 방치하면 대재앙이 온다고 주장한다. 따라서 인류는 청정에너지 개발과 에너지 절약 및 효율성 향상, 자연 보호를 통해 위기에 대처해야 하고, 이런 녹색혁명을 수행하는 국가와 기업만이 미래를 선도할 것이라고 역설한다.

마침 정부가 시민들의 참여를 통한 에너지절약 실천방안으로 탄소포인트제를 실시한다. 전기, 수도, 가스를 절약하여 얻은 포인트로 현금, 쓰레기봉투, 교통카드, 주차권 등을 지급받을 수 있다고 한다. 비록 앞으로 여러 시행착오를 거치겠지만, 정부는 이러한 작은 실천이 녹색혁명의 밑거름이라는 점을 잊지 말고 분발해주기 바란다.

마지막으로 저자의 말을 인용하며 '코드그린' 소개의 글을 마무리하고자 한다. '그린은 선택이 아니라 운명이다.'

(2009. 6. 25 / 디트뉴스)

텃밭을 기억하십니까?

경운조월(耕雲釣月), 이 글귀처럼 구름 아래 밭 갈고 달빛 아래 낚시하는 생활이 마치 영화에서나 가능한 신선놀음 같아 보이지만, 사실 40~50년 전만해도 우리의 고향 들녘에서 흔하게 찾아볼 수 있는 모습이었다. 그러나 어느새 시골 구석구석에도 고층아파트가 들어서고 좀 번화해지면 대형마트가 지역 상권을 장악하는 세상이 되어 버렸다. 겉으로 드러난 서민들의 일상생활은 편리하고 신속하고 풍요롭고 합리적인 듯 보인다.

그러나 그 삶을 조금만 들여다보면 집집마다 제각각 고립된 채, 어른들은 대출 빚에 쪼들리고 아이들은 입시경쟁에 쫓기며 꼬투리만 생기면 어느 순간 폭발할지 모르는 불안하고 각박한 하루하루를 보내고 있다. 특히 청소년들의 거칠고 과격한 행동, 주의력 결핍, 메마른 정서로 인한 범죄와 사회문제가 점차 그 심각성을 더해가고 있다. 어디서부터 잘못된 것인가. 비록 물질적으로는 부족한 생활이었지만 서로 나누고 서로 의지하며 함께 살아가던 그 시절의 인간적인 세상을 다시 회복할 수 있을까. 이런 상념이 필자로 하여금 농업에 조그만 관심을 갖게 하였다.

그런데 얼마 전 부산에서 도시농업활동을 하는 분들이 아파트 놀이터에 작은 텃밭을 만들고 아파트 노인들과 어린이집 아이들이 함께 텃밭을 가꾸는 프로그램을 만들었다는 소식을 들었다. 노인들과 아이들은 텃밭에서 만나 의도하지 않아도 자연스럽게 흙과 풀과 생명에 관한 이야기를 나누며 정을 쌓고 더불어 사는 삶의 작은 행복을 즐기고 있다고 한다. 거창한 식량자급이나 식량주권은 둘째치고라도, 도심의 작은 텃밭은 대화와 소통의 길을 열고 상처받고 다친 마음을 치유하는 역할을 맡고 있었다. 이렇게 잃어버렸던 농촌사회의 미덕을 도심의 텃밭에서 회복해나가다 보면, 언젠가는 각박한 현대의 사회문제를 해결할 수 있는 힘을 기를 수 있으리라는 기대도 해본다.

도시화로 인한 환경파괴와 오염된 수입농산물 등의 걱정을 덜고 안전한 먹거리를 직접 재배하고자 하는 사람들이 점차 증가하는 것은 매우 기쁜 일이다. 대전에서도 서구의 경우, '친환경 도시농업 활성화 지원 조례안'이 작년 연말 통과되어 보다 적극적인 정책적 지원도 가능해지는 등 도시농업활동이 활발해지고 있다.

또한 요즘 모 신문에 연재되고 있는 '도시농업이야기'(지태관 대전시 농업기술센터 도시농업팀장)는 도심 텃밭에 관심 있는 분들에게는 많은 도움이 되리라 생각된다. 서민들이 가정에서 손쉽게 실천할 수 있는 상자텃밭, 옥상텃밭, 베란다텃밭, 주말농장 등 다양한 선택이 가능하고, 무농약친환경농법 등에 관한 각종 교육 프로그램도 진행된다고 한다. 베란다텃밭에서 여가 선용하며 부모 자식 간에 단절된 대화의 물꼬를 트고 안전하고 깨끗한 먹거리를 직접 재배해서 식탁에 올린다면 이것이야말로 일석삼조가 아니겠는가!

필자는 지난 칼럼에서 통계청이 발표한 우리나라 농촌의 열악한 단면을 소개했었다. 선진국의 기업농은 대규모 공장에서 기계가 물건을 찍어내듯 규격화된 농산물을 대량생산한다고 한다. 그러나 우리나라의 경우, 빠른 고령화에 농가의 65%가 연간 1000만원 미만의 소득으로 자립조차 힘든 상황에서 이들 기업농과 경쟁하는 것은 불가능에 가깝다. 또한 전체 농가의 2.4%가 연간 1억 원 이상 소득을 올린다고는 하나 채소, 산나물, 과수 등이 중심으로 식량작물 재배는 점차 감소 추세라고 한다. 이런 현실은 언젠가는 부메랑이 되어 가장 곤란한 순간에 우리에게 되돌아올 것이다. 그러나 도심 구석구석에 마련된 작은 텃밭이 우리나라의 먹거리 위기를 극복할 수 있는 하나의 실마리를 제공할 수 있기를 희망해 본다.

(2012. 7. 19 / 중도일보)

피서 고(避暑 苦)

행락불여좌고(行不如坐苦)란 말이 있다. 나가서 즐겨보는 것이 집에 앉아 고통을 겪는 것만 같지 못하다는 표현이다. 아닌 게 아니라 올 여름처럼 길게 찾아온 폭염기간 중에 피서행각은 그것이 천하의 고행일지언정 추호도 기쁨의 여행이거나 즐거움의 향연일 수가 없다.

하기야 몇 달 전부터 해외여행비행기 예약에 호텔예약까지 갖춘 호화판 피서귀족들에겐 바닷가나 산장이 그저 낭만과 행복의 별천지일지 모르겠지만 중산층과 그 이하의 서민층에겐 피서(避暑), 즉 더위를 피하는 게 아니라 더위를 입거나 잔뜩 얻는 행위가 아닌가 싶다.

올 여름 필자는 주말이면 피서가 아니라 나 자신의 뒷모습을 관조(觀照)하는 수행의 길로 4대 관음성지(觀音聖地)와 강원도를 비롯해서 경상도, 전라도의 명산대찰(名山大刹)등을 두루 거쳐 땅 끝 마을에서 진도까지 다녀온 적이 있다. 공교롭게도 피서 철로 해수욕도 절정기에 해당되는 때라 승용차 여행인데도 괴로운 시달림을 겪었다. 승용차 얘기가 나왔으니 말이지 이젠 승용차는 결코 피서지의 편리한 여행수단이 되지 못한다. 인파(人波)란 말이 있지만 그 인파를 실어 나르는 게 기차도 버스도 아닌 이 승용차의 차파(車波)다.

이런 판이니 중간에서 운전부주의로 충돌사고가 한두 건만 생겼다고 하면 30분내지 1시간 이상 차에서 기다리는 사례도 보통이 아니겠는가.

차제에 당국에 건의하고자 하는 것은 우선 영동고속도로의 차선을 현재보다 좀 더 넓히든지 1일 차량대수의 통제방법(가령 일련번호로 몇 천대 이상은 어느 행선지에 못 간다든지 하는 식으로)이라도 시행해야 할 판이다. 실제로 일본 같은 나라에서는 국립공원에 들어갈 수 있는 정원을 정해놓고 한사람이 나와야 한사람을 더 입장시키는 사례도 있다고 하니 차량도 그런 식으로 통제함이 필요할 것이다. 차량이 이렇게 많이 몰리다 보니 휴게소 등에 주차공간은 말할 나위도 없고 식당과 매점 등 인파로 장사진을 이루는 실정이다. 비단 어제 오늘의 문제가 아니지만 대체로 피서지나 국립공원 등에 다음과 같은 너 댓 가지의 문제는 이제 당국이 방관만 하지 말고 행정력을 발휘하여 개선해 나가야 할 것이다.

첫째, 피서 인파의 조절 내지는 조정이다. 어느 유명 해수욕장이나 국립공원에만 죽자 사자 몰리는 경향을 연중 홍보나 계몽을 통하여 그리고 서두에서 지적한 차량 통제 등을 통하여 조절되었으면 하는 바람이다. 한군데 많이 몰리기 때문에 바가지요금, 숙박 난, 주차난, 심지어 각종 사건 등 민생치안 문제까지 대두되는 심각성을 면치 못하고 있다.

둘째, 휴가기간의 조절 내지 안배다. 비록 7월 말에서 8월 한 달까지가 크게 더운 편이지만 휴가를 각 관공서나 회사에서 그때만 집중적으로 시행하지 말고 7월과 8월, 약 2개월간을 잡아 윤번제로 실시하거나 아예 봄 휴가나 가을, 겨울 휴가도 마련하여 연중 꾸준히 휴가객이 나올 수 있도록 유도하는 일이다.

셋째, 등산객이나 해수욕객의 환경오염 내지는 자연 파괴행위의 철저한 규제로 처벌의 강화문제다. 지금 우리나라의 좁은 국토는 그 중에서도 명산이나 좋은 바닷가는 관광객, 해수욕객이 쓰고 버리는 쓰레기, 오물 등으로 큰 몸살을 앓고 있다.

넷째, 과소비, 낭비, 사치풍조의 개선으로 올바른 레저관광문화의 확립이다. 내가 벌어 내가 한때 신나게 쓰는데 무슨 참견이냐고 하겠지만 아직도 우리나라엔 잘사는 사람보다는 가난한 사람들이 더 많다. 내가 왜 뒤질세라 돈을 뿌리며 호화판 휴가를 다니는 풍조, 관광지 유원지에서 사치, 향락, 음란행위, 도박, 폭음 등등 아직도 우리는 진정한 휴가가 무엇이고 참된 피서행각이 무엇인지를 모르는 채 그저 기분대로 자유낭분하고 있는 사례가 허다한데 이점도 크게 반성하고 자제해야 할 것이다.

휴식은 휴식자체로 의미 있는 일이기 보다는 다음의 일과 격무를 위하여 몸도 마음도 잠시 식히고 에너지를 여축한다는데 더 큰 뜻이 있는 것이다. 피곤한 피서, 몸살 날 것 같은 휴가, 괴롭고 지긋지긋한 여름이 아닌 보다 알차고 건강한 피서가 되기 위하여 보다 지혜롭게 대처해야 할 시대가 온 것 같다.

(2013. 8. 12 / 중도일보)

한화이글스의 비상을 기다리며

야구경기에서 선발투수는 일반적으로 5~7회 정도까지 100여 개 정도의 공을 던진다고 한다. 물론 마운드에 오르기 전의 워밍업도 합하면 더 많겠지만, 경기가 끝나면 선발 투수의 손가락은 실핏줄이 다 터져서 3일정도 휴식을 취해야만 다시 경기에 나갈 수 있다는 이야기를 들은 적이 있다. 선수 개개인은 그야말로 혼신의 힘을 다해 전력투구를 하는 것이다. 한화이글스의 '괴물' 류현진 선수가 뿜어내는 삼진아웃 투혼에도 불구하고 꼴찌를 면하지 못하는 것은 '잘 하는 것'만으로는 2% 부족하다는 것을 보여주는 실례라 할 수 있다. 이기는 야구를 하려면 철저히 이기는 야구를 해야 한다.

한화이글스가 지난 3년 연속 최하위 팀을 벗어나지 못했기에 작년 구단은 박찬호, 김태균, 송신영과 외국인 용병을 영입하는 등 적극적인 투자로 선수층을 보강하였다. 이에 한화 팬들은 환호하며 이번 시즌에 대한 기대에 한껏 부풀어 있었다. 그러나 한화이글스의 경기를 보면, 제몫을 해주고 있는 몇몇 선수들의 선전에도 불구하고 이기지 못하는 야구를 하고 만다. 타격 부진과 불안한 불펜, 수비 집중력 부족에 따른 어이없는 실책의 남발 속에 그나마 리드하던 경기조차도 역전패를 당하고 마는 참담한 결과를 내고 있다. 크게 실망한 팬들 이 '화나이글스'라고 일갈하는 것은 당연하다.

야구는 스타 선수들의 화려한 플레이만으로 승패를 가르는 스포츠가 아니다. 선발에서 마무리에 이르는 투수들의 선전, 타자들의 적시타와 출루, 내외야 수비가 어우러져서 승리를 거둘 수 있다. 그런 점에서 한화이글스의 지금과 같은 지지부진은 이미 예견된 것이라고 할 수 있다. 구단이 오랫동안 소수의 주력 선수에만 의지한 채, 2군양성에 소홀했고 유망주의 스카우트에도 소극적이었기 때문에 세대교체에 실패했다고 평가되고 있다. 이런 해묵은 문제에서 파생된 현재의 참담한 경기 결과는 단시일 내에 해결하기는 쉽지 않을 것이다. 다행히 이제라도 구단에서 선수층을 보강하고 있을 뿐만 아니라 서산에 2군 훈련장을 건설하고 대전구장을 리모델링하는 등 적극적인 지원에 나선 것은 바람직한 일이다.

사실 우리나라 프로야구는 지역의 연고의식과 밀착되어 성장하였고, 한화이글스 역시 지역출신 선수의 선전과 지역 팬의 열렬한 후원 속에서 1999년 한국시리즈 우승이라는 벅찬 감동의 드라마를 만들어내기도 했었다. 비록 지금은 예전에 비해 그런 유대가 희미해졌다고는 하나, 지역 연고의식이 팀의 사기와 결속 및 성장에 큰 밑거름이 되었고, 지역 팬들의 헌신적인 응원과 후원 또한 팀의 승리에 일조해 왔다. 팬의 응원이 힘을 발휘하는 홈경기에서 승률이 높아지는 것이 그 예이다. 또한 충청출신의 박찬호, 김태균 선수가 한화이글스를 선택하는데도 이러한 유대감이 크게 작용했으리라 짐작된다. 때문에 한화 구단은 대전 · 충청지역 연고팀으로써 선수뿐만 아니라 지역 팬과의 유대 강화를 위해 보다 다양한 프로그램 개발에 분발해야 할 것이다.

필자는 1991년 한화이글스 후원회를 창설하여 2000년까지 20년 동안 후원회장을 맡아 왔다 월간 MVP선수 시상은 물론이고 승리를 위한 우승기원제공연과 1군과 2군 전체선수단 회식, 납회 식에서 연간 최우수 선수시상(투수. 타자)등 자리를 통해 선수들을 격려하고 팬들과의 결속의 장을 마련했었다. 당시에는 필자의 사비를 출연하여 후원하면서, 팬들과 혼연일체가 되어 의기 충만한 선수들을 바라보는 것만으로도 흥이 절로 나고 뿌듯하기만 했었다.

그러나 지금은 오프라인에서 구단과 감독, 코치, 선수 그리고 팬들이 함께하는 신명나는 프로그램이 드문 것으로 알고 있다. 현재 최하위에서 고전하고 있는 팀의 사기 진작은 물론이고 실망감에 떠나가는 팬들의 발길을 돌리기 위해서라도 구단의 특별한 노력이 필요한 시점이다. 한화이글스 열혈 팬의 한 사람으로서 구단과 선수들의 심기일전을 기대해 본다.

(2012. 7. 30 / 중도일보)

형설지공(螢雪之功)

대학 수능시험이 있는 11월. 우리는 어려서부터 값지고 보배로운 삶을 성취함에는 그것에 상응하는 무수한 고난을 겪어야만 된다는 진리를 수없이 들으며 자랐다. 이른바 고생 끝에 낙이 온다는 속담이나 고진감래(苦盡甘來)라는 경구는 모두가 이러한 사실을 뒷받침하는 말이라 하겠다.

가을철의 과일 나무에 탐스럽게 익은 풍요로운 맺혀지기까지는 이른 봄부터 쌀쌀한 날씨, 모진 비바람과 따가운 햇볕을 이겨내어야만 했듯이 우리네 삶에 있어 세상만사가 어찌 쉽게 얻어지는 행복이 있겠는가?

그러기에 언제부터인가 우리네 선인(先人)들은 한가지의 목표를 세우고는 10년을 최소 기간으로 설정하고 뼈를 깎는 아픔으로 그것 하나에 온몸을 바쳐 정진했던 사실을 한석봉(韓石峯) 모자의 이야기나 옛날 세상을 달관했던 도인(道人)들의 행적 등에서 쉽사리 이해하게 된다.

그런데 언제부터인가 우리 사회에서는 이러한 소박한 진리를 뒷전으로 하고 만사를 쉽게 해석하며 일을 쉽게 해결하려는 풍조가 점차 만연되어 가고 있다. 이는 과학만능(科學萬能)을 신봉하는 오늘날의 사회풍조, 즉 산업사회로의 이행과정(移行過程)에서 필연적으로 나타나는 징후라고 풀이될 수도 있겠지만, 그러나 시대가 어떻게 바뀌고 사회 구조가 어떠한 형태로 변한다고 할지라도 진리란 오직 영원한 것이지, 결코 그것은 변해도 안 되고 변할 수도 없는 것이다.

물론 우리가 세상을 살아감에 있어 고된 것보다는 편안한 것, 더러운 것보다는 깨끗한 것, 위험한 것보다는 안전한 것을 추구하는데 그 누가 수긍하지 않을까마는 그러나 우리가 냉철히 성찰(省察)하건대 그것이 진정 가치 있는 삶인가에는 의문이 제기되지 않을 수 없다.

과거의 역사를 돌이켜볼 때, 고난으로 점철된 그 역사 발전의 굽이굽이마다 우뚝 자리 매김을 한 자랑스러운 우리 선조들의 발자취가 깊이 새겨져 있다. 그러나 그 분들의 개인적인 삶은 결코 행복했다고 볼 수 없다. 오히려 불행하고 고난에 찬 삶을 산 세월이 훨씬 많았던 것이다. 그분들은 비록 자신들 앞에 고난과 불행이 닥쳐오더라도 좌절하지 않고 끈기 있게 극복해 나간다면 반드시 앞날에 밝은 태양이 머리에 비쳐줄 것이라는 확고한 신념을 가지고 살았던 것이다.

형설지공(螢雪之功)이라는 말이 있다. 이는 반딧불이와 겨울의 눈빛으로 등잔을 대신하여 공부함으로써 성공했다는 고사(故事)로, 곧 어렵게 공부를 한 사람만이 성공을 거둔다는 뜻을 지니고 있는 것이다.

중국(中國)의 고대진서(古代晉書)인 차윤전(車胤傳)에는 다음과 같은 기록이 보인다. 차윤(車胤)의 자(字)는 무자(武子)인데 그는 어려서부터 성품이 공순하고 근면하였으며 책 읽기를 즐겼다. 그런데 그의 집안 형편은 매우 가난했으므로 기름을 구할 수가 없어 짧은 여름밤에도 등불을 켜고 책을 읽을 수가 없었다. 그는 여러 가지 궁리 끝에 수 십 마리의 반딧불(螢)이를 잡아다가 호박꽃에 넣고 등불 대신에 밝혀서 글을 열심히 읽음으로써 뒤에 상서랑(尙書郎)이라는 높은 벼슬에 이르렀다고 한다.

또한 같은 책의 손강전(孫康傳)에도 이와 비슷한 이야기가 전한다. 손강(孫康)은 어린 시절부터 성격이 깔끔하고 책 읽기에만 정진할 뿐 잡스러운 친구를 사귀지 않았다. 그도 역시 집안 사정이 극도로 궁핍하였기 때문에 밤에 등불을 켜고 책을 읽으려 해도 기름을 구할 수 없어 긴 겨울밤을 그냥 보내야만 했다. 그도 역시 궁리 끝에 하얀 눈(雪)빛에 비추어 글을 읽을 궁리를 해냈다. 이러한 고행을 계속한 결과 그는 뒤에 어사대부(御史大夫)라는 벼슬자리에 올랐던 것이다.

이 두 사람의 갸륵하고 피나는 고행이 드디어 성공을 거둔 사실을 귀감으로 삼아 뒷날 사람들은 고생스럽게 공부한 끝에 성공함을 일컬어 형설지공(螢雪之功)이라 했다.

따라서 각고(刻苦)의 노력(努力) 끝에야 학문적인 성공을 거둘 수 있다는 사실은 비록 시대가 바뀌고 국민의식이 달라졌다고 하더라도 변할 수 없는 진리가 아니겠는가?

(2013. 11. 23 / 중도일보)

홍익인간 상(像)을

인간이 살아가는 동안에 '건전한 정신'을 지니고 살기란 참으로 쉬운 일이 아니다. 더욱이 청소년 시기는 감정의 지배를 받아 극단으로 치닫기 쉬우며 이지(理智)의 작용은 아직 충분히 발달되어 있지 않고 사회환경에 따라 정신과 생리상에 있어 극렬한 변화와 동요의 상태를 드러내기 때문에 '건전한 정신'을 갖기가 더욱 어려운 것이다.

그래서 청소년으로 하여금 내일의 건전한 한 인간으로 성장하게 하기 위해서는 그들 자신에게만 그 책임을 맡겨 두어서는 안 되고 가정과 학교, 사회와 정부가 공동의 노력을 기울이며 대처 방안을 모색해 나아가야 한다.

그런데 오늘, 우리의 현실을 돌아보면 어떠한가? 요즘 신문 · 방송의 사회면을 장식하는 살벌하고 황량한 사건들을 보면서 우리는 이제 우리 자신의 삶을 되돌아보고 참되고 바른 사람다운 삶의 자세가 무엇인가를 새삼 생각하고 우리 모두의 심성(心性)교육을 심각히 고려할 때가 되었다고 느낀다.

가정 내에서는 핵가족 중심이 되어 자연스럽게 효친경로(孝親敬老)의 덕성을 길러주던 우리 전래의 가정교육이 사라졌고 학교에서 입시위주의 교육풍토와 제도 속에 건전한 인생관과 국가관을 심어주는 역할이 소홀히 다루어지고 있으며 하루가 멀다 하고 학교현장에서 발생하는 학교폭력은 날로 심화되어 심지어는 피해 학생들이 견디다 못해 스스로 목숨을 끊는 사건까지 발생하고 있으니 사회는 온통 각종 사건들과 부조리한 행위가 성행하여 타락으로 몰아넣는 함정이 도처에 산재해 있다.

이런 여건과 환경들을 기성세대가 조성해놓고서 청소년이 건전하게 성장하지 못하는 책임을 그들에게만 전가한다면 그것은 모순이 아닐 수 없다.

박근혜 대통령도 지난달 15일 서울 종로의 명신초등학교를 방문, 1일 교사 체험을 하고 학부모와 학생 · 교사 · 경찰 등과 간담회를 연 바 있다.

박 대통령은 이날 CCTV와 급식시설을 돌아보고 비상벨도 직접 눌러보며 학교폭력 예방대책과 안전을 일일이 점검하고 요즘 학교폭력의 심각성에 대해 깊은 우려와 함께 근본적으로는 입시위주에 경쟁 일변도의 교육에서 벗어나 인성과 창의교육이 돼야한다면서 이 시대의 교육패러다임을 바꿔야 한다고 강조한다.

중국 전국시대의 철인 정치가 맹자(孟子)는 이런 말을 하였다.

일정한 재산(恒産)이 없어도 건전한 정신(恒心)을 소유하는 것은 선비에게는 가능한 일이다. 그러나 백성은 일정한 재산이 없게 되면 따라서 건전한 정신도 없게 되고 건전한 정신이 없게 되면 방탕하고 헛된 행위를 하게 된다. 그들에게 재산도 만들어 주지 않고서 정신이 없다고 법으로 처벌한다면 그것은 백성을 기만하는 것이며 백성들이 민란을 일으키는 원인이 되기도 하였다. 현명한 지도자는 백성을 기만하는 일을 절대로 하지 않는다.

그것은 맹자(孟子)가 제선왕(齊宣王)에게 하였던 말로, 이는 비단 오늘의 심각한 청소년 문제에 국한시켜 볼 내용은 아닌 듯싶다. 하지만 일의 선후를 분간하는데 있어 시사(示唆)하는 바가 분명 많은 내용으로 오늘의 심각한 사회병리 현상서 나타난 청소년 문제와 학교폭력 등도 전혀 무관하지 않다고 여겨지기에 인용한 것이다.

즉 백성들이 건전한 정신(恒心)을 갖도록 하기 위해서는 지도자가 재산(恒産)을 마련해 주어야 하는 것과 마찬가지로 청소년들에게 이러한 정신을 길러주기 위해서는 가정과 우리 사회, 국가가 심성과 덕성을 길러주는 건전한 문화적 여건과 풍토를 먼저 조성해 나아가야 한다는 것이다.

그러기 위해서는 예(禮)와 덕(德)을 생활화하는 가정교육이 되살아나야 하고 학교교육이 인격교육 위주로 개선되어야 하겠으며 사회에서는 물질만능의 가치보다 정신의 가치가 우위로 생각하는 풍토가 조성되어야 한다.

(2013. 4. 1 / 중도일보)

2장

예혼의 숨결

남계 조종국 칼럼집 | 내 마음의 꽃신

강소성(江蘇省)을 빛낸 인물상

역사문화의 명성도시 중국 강소성은 남경시를 비롯해 한국인에게 특히 잘 알려져 있는 소주시와 항주시 등 13개시로 나뉘어 있는 성이다. 산동성 바로 밑에 있으며 중국 상해시 옆에 위치해 있다. 인구가 5,000만 명 이상으로 남한과 비교할 때 약간 적은 정도이다.

강소성 인민정부는 2014년 처음으로 외국인을 대상으로 '강소성을 빛낸 인물상'을 제정했다. 이 상은 외국 국적을 갖고 있는 인물 가운데 강소성의 발전에 기여한 인물을 발굴해 시상하는 제도다. 2014년 제1회 시상은 누적된 공로자가 많아 경쟁이 치열하게 전개되었다. 외국인으로서 20년 이상 강소성에 거주하거나 국외에 있으면서 특정 분야에 현저하게 공을 세운 인물을 발굴해 시상하는 것이었다.

강소성의 방송 TV와 일간신문에서 공개 인기투표를 실시한 결과 1차 수상대상자는 30명이 선발됐다. 선발된 30명 중에서 최종 15명을 다시 선발하는 공개인기투표까지 실시하는 과정을 거쳐야 했다. 나는 전체

대상인원에서 5위를 차지하는 영광을 차지했다. 수상자 15명 중 나를 제외한 14명은 모두가 현지 강소성의 남경, 소주, 양주, 상주, 무석 등 각 시에서 거주하는 외국인이었다. 최소 20년 이상 강소성에 거주하면서 경제발전, 사회복지, 과학, 예술, 교육, 환경 등 각 분야에서 땀 흘려 봉사해 온 인물들이었다.

비거주자 중에 유일한 수상자는 바로 나 한 사람이었다. 대개의 수상자는 경제인과 사회복지에 봉사하는 분이었고 예술인은 내가 유일했다. 나 외에 한국인으로는 기아자동차 무석공장 현지법인 대표가 수상자가 됐다. 강소성 내 13개 지역에서 2명 이상의 후보자를 선발, 추천했고, 남경 시도 2명을 선발, 그 중에 내 이름을 올렸다. 남경 시에서 2명을 추천할 때도 경쟁이 무척 치열했다고 관계자는 전한다.

2014년 10월 20일, 수상자로 선정됐다는 통보와 함께 11월 중, 현지를 방문해 방송촬영에 임해달라는 초청장을 받았다. 본 시상식은 12월 7일에 열렸다. 촬영을 위한 방문과 시상을 위한 방문 때의 체재경비 모두 강소성 인민정부가 부담했다. 시상식은 2시간 동안 세계 각국은 물론 중국전역에 TV로 생중계 됐다. 강소성 인민정부와 강소성 TV, 그리고 현지 신문사들이 공동으로 주최하는 시상식은 그 규모가 상상을 초월했다.

시상식이 진행되는 동안 입을 다물지 못할 정도로 화려하고 웅장하게 진행됐다. 각 15명의 수상자들 한 명씩 각기의 활동영상을 5분 남짓으로 소개하고 화려한 축하 쇼가 병행됐다. 국내외 많은 시상식을 보고 다녀봤지만 이렇게 웅장한 시상식은 처음이었다. 20년 간 많은 어려운 여건 속에서 한해도 쉬지 않고 대전-남경 양 도시 간 우호증진을 위해 땀 흘려 한국의 명예와 대전의 이미지를 선양해 온 일들이 결코 헛되지 않았다는 것을 느낄 수 있었다.

동양의 예술장르 중 제일인 서화예술의 교류행사로 중국을 오래 드나들면서 느낀 것은 그들이 서화예술을 무척 존중하고 사랑한다는 점이다. 특히 그림보다 서예를 높이 평가했다. 중국을 지도하는 고위 당간부나 공직자 중에서 붓을 멀리하는 사람을 보지를 못했다. 그리고 내가 서예가라는 점에서 그들은 무척 환대해 주었다. 더구나 중국인들조차 어려워하는 전서를 주 전공으로 한다는 점에서 그들은 나의 글씨 솜씨를 높이 샀다. 한 · 중(대전-남경) 서화교류를 이어오는 동안 문화적, 정서적 어려움이 많았던 것은 불문가지이다.

대개의 지방도시 간 국제교류는 1회성 행사에 그치고 중도에 단절되는 것이 일반적인 사례다. 하지만 대전과 남경은 상호주의를 바탕으로 지속적으로 문화교류를 이어왔다. 그들이 나의 열정과 노력을 높이 평가해 주었다는 점이 무척 고마웠다. 남경시는 내게 이 상 외에도 남경시 문학예술계연합회 명예 고문패와 남경 대외문화교류사자 상패(南京市對外文化交流使者賞牌), 정동 강소걸출세계우인상(情動江蘇傑出世界友人賞)트로피, 명예남경시민증을 수여하는 방안도 검토 중인 것으로 알고 있다. 각종 문화상 등 많은 수상을 한바 있으나 이 가운데 '2014 강소 성을 빛낸 인물상'은 잊지 못할 큰 상이었다.

(2014. 12. 14 / 금강일보)

"2014 中 강소성을 빛낸 인물상" 수상

조종국 한・중 문화교류회장이 지난 12월 7일 중국 강소성TV 공개홀에서 중국 강소성 인민정부가 외국인에게 수여하는 "2014 강소성을 빛낸 인물 상"과 "정동강소세계우인(情動江蘇傑出世界友人)" 상패를 수상했다.

조회장은 남경시 인민정부와의 정서적인 교감을 바탕으로 다각적인 네트워크 형성과 우호증진에 따른 창의적인 발전 방안을 모색하는 등 그동안의 성과를 인정받았다.

그는 1992년 한・중 국교정상화 이후 1994년부터 올해까지 20년 동안 한・중(대전-남경)서화교류전을 통해 양국 간 우호증진을 다졌다.

또 대전시의회 의장 재임시 남경시인민대표대회(의회)와 의정교류협정을 체결하는 등 적극적인 활동으로 양 도시 간의 우호협력 체계를 공고히하는 계기를 제공했다.

아울러 중국 강소성 인민정부는 중국 남경시를 비롯해 소주시와 항주, 무석, 양주, 상주시 등 관내 13개시와 관련된 세계 각국 55명의 인사를 추천 받아 1차로 30인을 선정해 증서를 수여했다. 이어 강소성 TV 공개홀에서 공개투표로 최종15인을 선정한 뒤 시상식을 진행했다.

국제 문화교류지원 사업 이대로는 안 된다

한 · 중 국교 정상화 이후 대전의 서화예술인들이 앞장서 한 · 중 양국 간 우호증진과 서화예술의 세계화를 위해 지난 22년 동안 상호주의에 따라 문화교류행사로 한 · 중(대전-남경)서화교류전과 한 · 중(대전-남경-합비)서화교류전, 한 · 중(대전-소주-성도)당대서화명가전을 개최해 왔다.

(사)한국예술문화진흥회(이사장 : 조종국)가 주최해 온 이 행사는 1992년 한 · 중 국교정상화 이후 1994년 대전시와 중국 강소성 남경시와의 자매도시 결연에 발맞춰 같은 해 남경서화원과 남경시문학예술계연합회 등과 문화적 정서적 많은 어려움이 있었음에도 서화 예술인의 상호방문을 통한 문화교류행사로 서화교류전을 개최해 왔다.

이러한 오랜 기간 서화교류전을 통한 연원에 힘입어 중국 각 지역의 성(省)에서 대전과의 서화교류를 희망하는 분위기가 확산되고 있다뿐만 아니라 문화교류의 물꼬로 우리 기업이 중국에 진출하는 기반을 구축하는 계기가 되어왔으며, 나아가 한・중 FTA 가 타결되는 등 외교적으로 많은 현안문제들이 여러 형태로 복잡하게 얽혀있음에도 난제들을 풀어가는 해법이 되어 왔으며, 정치와 경제의 문제는 역시 문화의 영역과 떨어져 있지 않다는 것을 각인시켜 주고 있다.

국가 간의 정치, 경제, 사회적인 모든 문제를 같은 시각만으로 접근하는 것은 올바른 해결방법이 될 수 없기 때문에 이런 의미에서 한・중 양국 간의 문화교류는 총체적인 정치, 경제, 사회적인 많은 문제들을 풀 수 있게 하는 중요한 해법이 되었다.

한국과 중국은 역사적으로나 지리적으로 밀접해 있다. 따라서 역사적으로도 유교문화와 불교, 도교문화를 비롯해 한자문화권이라는 공통된 문화적 배경을 지니고 있어 서로 간의 문화적인 차이와 공통점을 이해하는 일은 진정한 우호의 첩경이다.

문화적 이해는 서로의 인격을 인정하고 존중하게 한다는 점에서 개인이나 국가 간에도 마찬가지로 적용되기 마련이다. 그리고 국가 간의 중요한 현안도 결국 각 개인 일들의 총화일 뿐이라는 점을 감안한다면, 사회주의 공산체제를 갖고 있는 중국과의 인적, 문화적, 물적 교류에 있어서 민간사절의 위치는 중국의 정치적인 입장에서보다는 자유민주주의 체제인 한국의 입장에서 비중이 크게 높다고 할 수 있다.

왜냐하면 한국의 경우에는 사업주체가 정부기관이나 자치단체보다는 민간인 경우가 더 많은데다 민간이 보다 많은 자발적인 인적 자원과 활력을 갖고 있기 때문이다.

올해는 대전시와 중국 남경시가 자매도시 결연 22주년을 맞는 해이다. 때를 같이해 중국 남경시 문화예술계와 문화교류행사를 개최해 온 것도 21년째를 맞는다. 중국의 경우 경제성장 뿐만 아니라 정치사회적인 문화 환경이 한국과는 너무나 차이가 많은 현실로 각 장르별 예술인들은 국가와 기업메세나의 풍족한 지원으로 개인의 예술 활동과 국제문화교류를 적극적으로 펼쳐가고 있는데 반해 한국의 경우 민간예술단체가 정부나 자방자치단체의 예산지원으로 국제문화교류행사를 치르기는 하늘에 별 따기다.

지난해 뿐만 아니라 2016년 4월 14일부터 18일까지 대규모로 대전에서 개최하는 제3차 한 · 중(대전-소주-성도) 당대서화명가전 역시 올해 대전문화재단의 국제문화교류지원 사업에서 제외돼 대전을 방문하는 22명 중국대표단 체재비 등 행사준비에 큰 차질을 빚고 있다.

올해도 역시 지역문화발전에 기여해 온 대전서화예술인들의 뜨거운 열정이 모아져 대전시와 대전문화재단의 예산지원이 한 푼 없는 상황에도 사비를 출연해 제3차 한 · 중(대전-소주-성도)당대서화명가전을 성대하게 개최하고 한국의 명예와 대전의 이미지를 널리 선양했다.

따라서 국가 간의 문화교류 트랜트가 중앙 정부에서 각 시 · 도 자치단체로 오랜 전부터 이동하고 있는 현실에 앞장서온 지역의 순수 예술단체가 추진하고 개최하는 국제 문화교류 사업은 대전시와 대전문화재단의 몫으로 대전시의 위상에 걸맞게 전향적이고 과감하게 예산지원이 뒤따라야 할 것이다.

(2016. 3. 24 / 목요저널)

예총은 내 인생의 이정표

대전 예총이 창립 50주년을 맞는다고 재임시절의 이야기를 써 달라는 주문이다. 지필을 펼쳐 놓고 그때를 되돌아보니 참으로 감개무량하다. 어쩌면 나의 청장년을 고스란히 예총에 바쳤다고 해도 과언이 아니니 어찌 감회가 깊지 않겠는가. 지금 생각해도 그 많은 일들을 어떻게 추진하고 넘겨 주게 되었는지, 다시 하라면 그렇게 할 수 있을지 의문이 들 지경이다. 더러는 박수를 받기도 했지만, 더러는 나의 의중과는 정반대로 인식해서 모략에 가까운 소리를 들었던 것이 얼마나 많았던가. 결과를 보면서 위로와 격려하는 말도 많이 들었으니 위안으로 삼을 밖에.

내가 충남예총(당시에는 대전시가 충청남도 관할의 일반 시였다.)과 인연을 맺은 것은 1980년대 중반으로, 예총의 유일한 사업이라고는 겨우 충청남도미술대전 하나로 운영을 해왔던 때였다. 나는 부여에서 이곳 대전으로 이주해 와서 오로지 나의 예술전공인 서예에 정진하고 있었다. 그런데 당시의 미술대전 운영이 여러 가지 난맥상을 드러내고 있어서 예술인들은 물론 언론에서도 말이 많았다. 나는 그때 젊은 나이에 예술에 대한 열정과 바르지 못한 것에 대하여 참지 못하고 의견을 개진하는 열혈 청년이었다고나 할까. 자연히 난맥에 대하여는 시정을 요구할 수밖에. 그래서 당시 대전의 여러 예술인들과 자주 만나 소통하게 되고 많은 회원들이 나에 대하여 많은 관심을 가지기 시작했다.

1986년 충남예총 회장의 임기가 만료되어 새로 회장을 선임하게 되었는데, 하도 예총이 복잡하니까 선배 동료 예술인들이 그 일을 맡으려 하지 않고 모두들 "당신이 맡아서 정상화 시키라."는 이야기들을 했다. 사실 그때 나는 예술단체를 맡는다거나 예술 행정에 대하여는 꿈에도 생각한 바가 없었는데. 옆에서 그렇게 권유하기도 하고 또 내 생각의 저 밑바닥에서 내 젊음을 이 고장 문예진흥과 예술발전을 위하여 힘을 보태는 것도 의미있는 일이 아니겠나 하는 의욕이 일었다. 그래서 나는 예총 회장의 일을 맡았었는데 그 소박한 인연이 이처럼 오랜 기간 동안 내 모든 열정이 여기에 녹아버릴 줄이야 어디 짐작이나 했으랴. 참으로 인생의 여정은 운명적이 아닌가 생각된다. 충남예총 회장 3년, 대전·충남예총 회장 3년, 대전예총 회장 13년 6개월, 중앙회 부회장 17년, 감사 4년, 이사 2년, 실로 23년 동안을 예총의 일에 정성을 다하였고, 1989년에 「사단법인 한국예술문화진흥회」(창립 당시에는 충청예술문화진흥회)를 창립하여 오늘까지 이사장을 맡아 오고 있으니 나의 인생 50년이 예술단체 운영에 헌신한 셈이다.

예총을 맡아 보니 참으로 암담했다. 사무실에는 직원 하나 없고 달랑 전화 한 대와 책상 두 개가 놓여 있었다. 나는 잘못 맡은 것이 아닌가 하고 잠깐 후회를 하기도 했다. 그러나 누군가는 이 일을 맡아서 해야 할 일, 나는 나의 모든 것을 바쳐 최선을 다하기로 굳게 다짐했다.

먼저 운영비의 문제였다. 지자체의 보조라는 것이 「충청남도미술대전」 행사지원금 이외에 한 푼의 지원금이 없는데다 경상비 지원은 전무하였으며, 행사비 지원조차도 지자체 책임자에 따라 천차만별이니, 정말로 사무실 하나 유지하기가 어려운 형편이었다. 나는 중앙과 연계하여 정부 부처를 발이 닳도록 드나들어 정부로부터 전국 127개의 지방예총과 문화원에 정부 정액보조단체로 지정을 이끌어 내었고, 당연히 지자체로 하여금 이에 상응하는 보조를 하도록 함으로써 미미하지만 숨통을 트이도록 하였다. 인맥이 없었던 시골 서생이 이를 위하여 이리 뛰고 저리 뛰었던 이면사를 언제인가는 이야기할 날이 있을지.

그리고 이 고장 예총의 사회적 위상이 말이 아니었다. 예술인들 자체들도 예총이 무엇을 하는 곳인지 관심조차 없는 이들이 있었다. 나는 중앙에 집중된 문화예술의 지방 확산과 균형발전을 위해 국내 정상의 예술단을 초청하여 공연하는 일을 추진하였다. 흔히들 대전은 예술문화의 불모지라는 자조적인 말들을 하는데 여기에서 탈출하기 위해서는 적어도 전국의 시, 도 수준까지는 예술의 인식을 높여야 한다는 사명감 같은 것이 일었다. 부산시향, 광주시향, 대구시향, 수원시향, 인천시향, 그리고 당시 전국적으로 각광을 받았던 국내정상의 서영희 현대무용단, 정재만 남무단 등도 초청하여 공연을 하였다. 당시 여건으로서는 이들을 초청하여 공연한다는 것이 결코 쉬운 일이 아니었다. 초청에 따르는 여러 절차와 초청 경비, 홍보, 단원 관리, 협찬, 그 어느 것 하나 어렵지 않은 것이 없었다. 그러나 나는 해냈다.

또 우리 고장 예술인들에게 자긍심을 가지게 하고 예술인들의 실력향상을 위해서는 무엇보다도 전시 행사를 가지는 것이 중요하다는 것을 나는 나의 경험을 통하여 실감하고 있었다. 그간의 '충청남도미술대전'의 내실을 위하여 노력하는 한편, '충청남도산업미술대전', '백제사진대전', '대전광역시서예대전', '전국연극제', '대전광역시디자인전' 등을 창설, 어느 정도 정상궤도에 오르면 이를 각 협회에 이관시켜 운영하도록 하여 오늘의 다양한 전시회로 발전시켰고, 16회 충청남도미술대전에서는 「충청남도미술대전 도록」을 발간하여 제1회에서부터 16회까지 역대 미술대전의 전모를 정리할 수 있었던 것은 지금 생각해도 자부심을 가질 만한 일이었다. 또한 합창음악 발전을 위해 「대통령상 전국합창제」를 창설하였는가 하면 '대전청소년교향악단'을 창단하여 20여 년간 대전음악의 저변확대와 위상을 제고시키고, 《충남의 구비전승》, 《충남의 풍속》, 《충남의 민요집》, 《대전시 대전의 노래》, 《충남문학사》 등 책을 발간하여 우리 고장의 전통을 계승하는 주춧돌을 만든 것 또한 잊을 수 없는 사업이었다. 이 모든 것이 이렇게 제목만으로 정리하기는 간단한 것 같지만 그 일을 하나하나 추진하는 데에는 말할 수 없는 사연들이 있었다는 것을 어찌 이 좁은 지면에 다 표현할 수 있겠는가. 이 또한 언젠가 기회가 되면 이면사로 남겨서 다음날 일을 하는 많은 사람들에게 참고가 되도록 할 예정이다.

또 한 가지 잊을 수 없는 일이 있다. 나는 예총 회장의 책임을 맡자마자 기관지의 발간을 추진하여 오늘에 이른 점이다. 예총이 창립된 지 20여 년이 흘렀지만 그간의 기록을 거의 찾아 볼 수 없었다. 그리고 예술활동의 바탕과 환경이 열악한 지역 여건에서 회원들의 활동을 알릴 예술정보지가 절실히 필요했고, 우리 고장 예술인들의 생각이나 연구물들을 발표할 지면이 없어 많은 애로를 느끼고 있었다. 무엇보다도 예총이나 산하단체, 예술인들의 노력을 지역 사회에 널리 알리는 길이 거의 없는 형편에서 예술지의 발간은 꼭 필요한 일이었다. 그러나 잡지 하나를 창간하여 지속적으로 발간한다는 것이 어디 그렇게 쉬운 일이던가. 이 일을 위하여 넉넉하지 않은 집안 살림에서 사재를 들여 자꾸 투자하게 되니 가족들이 곱게 보질 않았다. 처음에는 격월간으로 다음에는 월간으로, 또 발행 주체는 예총에서 한국예술문화진흥회로, 다시 예총으로 많은 곡절을 겪으면서 지속하였다. 이제는 누가 예총을 맡아도 이 기관지를 폐간할 수 없게 되어 오늘의 《대전예술》이 발간되고 있다. 물론 행정 개편에 따라 처음에는 《충남예술》로 출발했지만 《대전예술》로 개명하였다. 내 서가에 정리되어 있는 재임 시의 발간 서적과 《대전예술》지의 면면을 보면서, 여기에 어린 나의 땀과 눈물이 새삼 감회를 불러일으킨다.

이렇게 오랜 기간 예총 책임을 맡다보니 참으로 많은 예술행사를 추진하기도 하고 관여하기도 했다. 해마다 연말에는 예술인대회를 열고 예술대상, 신인상, 골로패, 감사패 등을 시상하고 예술인들이 한데 어울려 잔치를 벌였던 일, 각종 예술행사에 심사위원, 추진위원, 운영위원, 사회단체 등에 참여했던 일, 무엇보다도 「전국 30대 서예가전」, 「충청미술 청년작가전」, 「충남개도 100주년기념 충남서예가전」, 「대전—남경서화 교류전」 등 나의 전공과 관련된 행사를 가졌던 점도 잊을 수 없다. 이처럼 분주한 생활 속에서도 나의 서예 정진의 불을 꺼트리지 않고 개인전, 초대전 등을 지속했고, 2권의 수필집을 남긴 것도 보람이라면 보람이겠지.

이처럼 예총의 운영이 활발해지자 각종 시·도 단위 예술행사나 체육행사에도 여러 가지 형태로 참여하게 되었다. 지역연고의 프로야구 구단인 한화이글스의 후원회를 창설하여 19년 동안 지역공동체운동을 펼쳐왔던 일을 비롯하여 대전광역시 야구협회장의 일까지 스포츠계의 일도 맡게 되어 나의 활동 무대는 점점 넓어지게 되었다.

급기야 대전시 의원 출마를 권유받아 시의원에 당선되어 시 의정활동을 시작하였다. 결국 시 의회 부의장과 의장으로 봉사하기에 이르렀다. 예술인으로 의정의 책임을 맡는다는 것은 내가 관여해온 예술계로서는 의미 있는 일이 아닐 수 없다. 동료 의원들은 물론 공직자들의 예술에 대한 인식을 바꾸는데 좋은 기회였다고 생각된다. 나는 예술의 중요성을 강조하여 예술문화 단체 보조에 보다 적극적으로 지원할 것을 역설, 재임 중 예총과 문화원 등 문화예술 단체에 상응하는 예산의 지원을 할 수 있도록 하였고, 한밭문화제 등 문화예술 활동에 좀 더 상향지원이 되도록 노력하여 큰 성과를 얻을 수 있었다. 특히 재임기간 중에 40억 원의 문예진흥기금을 조성케 한 일은 나의 예술단체 활동에 가장 잊을 수 없는 보람으로 추억이 되었다.

할 말은 많은데 이미 주문한 원고의 분량을 넘어섰다. 그리고 쓰다 보니 사화자찬이 된 감이 있어 다소 계면쩍은 생각이 들지만 내 인생의 전부를 걸다시피 한 예총의 일을 생각하니 이렇게 쓰여졌음을 이해해주기 바란다. 이런 일들을 추진하는데 어찌 이 부족한 나의 역량만으로 가능했겠는가? 참으로 많은 분들의 사랑과 도움이 없었다면 불가능한 일이었음을 잘 알기에 그 분들에게 깊은 마음으로 감사를 드린다. 그리고 나의 전 인생이 녹아 있는 사랑하는 대전 예총, 그리고 이 고장 문화 예술계의 발전을 충심으로 기원한다.

글씨 한 폭

이럭저럭 50년 가깝게 서예에 몰두해오다 보니 이름 위에 서예가(書藝家)라는 관사(冠詞)도 붙게 됐고, 꽤 많은 글씨를 써 냈다.

어디에 갔다가 우연히 내 졸작(拙作)이 걸려 있는 것을 볼 때마다 솔직히 부끄럽기도 하고 한편 고맙기도 하다. 부끄럽다는 것은 그때 좀 더 혼신(渾身)의 노력을 기울여서 더 잘 써볼 것을 저걸 글씨라고 쓰다니 하는 자성(自省)때문이고, 고맙다는 것은 그나마 글씨라고 버리지 않고 걸어주신 분의 성의에 내 나름대로 감사해서 하는 얘기다.

그런데 서예 하는 사람으로서 가장 큰 고충 하나가 있다면 툭하면 누구나 "글씨 한 폭 주지."하는 말이다. 심지어 수인사만 나눈 사이라도 "아~ 글씨 쓰는 분이구먼, 그럼 글씨 한 폭 주시죠."하고 나오기가 일쑤다.

모르긴 해도 다른 분야의 예술인에게는 인사만 나누고 난 다음에 당장 "그림 하나 주시죠." "조각 작품 하나 주시죠." "공예작품 하나 주시죠." 이렇게 말하지는 않을 것이 아닌가. 그런데 유독 붓글씨를 쓴다면 "글씨 한 폭 주시오." 소리가 거침없이 나오니 참 난감한 노릇이다. 아마 글씨란 그저 서예인이 붓을 들고 일필휘지(一筆揮之)만 하면 쉽게 잘 써지는 것으로 착각(?)하니까 그런 부탁이 가능한지도 모른다.

그러나 천하의 대가라면 몰라도 웬만한 서예인의 입장에서 글씨 한 폭을 제대로 써서 남을 주기가 그리 수월한 노릇이 아닌 것으로 안다.

우선 글씨의 제재(題材)를 받는 분의 취향이나 인격, 혹은 연륜에 맞게 고르기도 어렵거니와 제재(題材)가 결정된 다음에도 막상 써보면 버리고 또 버리고, 하루에도 수십 장의 파지(破紙)를 내고서야 어쩌다가 마음에 드는 작품이 하나 둘, 나올까 말까한 것이 글씨다.

더구나 그날 글씨 쓰는 이의 기분, 건강상태, 먹빛, 햇살, 종이의 질, 붓의 질, 쓰는 장소, 심지어 낙관 글씨, 낙관이 찍힌 위치에 이르기까지 모든 것이 다 조화를 이루고 제대로 맞아 떨어져야만 그런 대로 작품다운 작품이 형상화된다는 것을 생각할 때 누구에게나 함부로 휘갈겨 써준다는 것은 글씨 자체에 대한 모독이 아니겠는가. "글씨 한 폭 주시지." 듣는 입장에선 늘 괴로운 숙제가 아닐 수 없다.

글씨와 인품

신언서판(身言書判)이라는 말이 있다. 그 사람의 사람됨을 평가할 때 곧잘 인용하는 말인데, 다소 고전적인 느낌이 있지만 생각하기에 따라서는 현대감각을 아주 벗어난 기준은 아니라고 본다.

다시 말하면 그 사람의 풍채, 말, 글씨, 그리고 판단력이 어떠한가에 따라서 그 사람의 인격이나 자질을 평가할 수 있다는 뜻인데, 아마 이 중에서 현대감각으로 보아 가장 문제가 된다면 글씨가 아닌가 한다. 글씨 가지고 어찌 그 사람의 인간성이나 품위를 판별할 수 있느냐. 그건 옛날 선비들이 붓 가지고 생활하다 보니 공연히 만든 기준이거나 망상이다. 더구나 요즘은 붓글씨를 쓰는 사람은 제한이 돼있고 주로 볼펜 글씨나 쓰고 인터넷으로 주로 하는데, 그걸로 어찌 사람을 점친다는 말인가 하고 항변할 사람도 있을 법하다.

그러나 필자는 반드시 그렇게 생각하고 싶지 않다. 그것은 필자가 서예가라고 해서 그런 게 아니다. 필자의 견해로는 그것이 붓글씨이든, 볼

펜글씨이든 인터넷 글씨이든 그 사람의 인격과 자질을 크게 대변한다고 믿고 있다. 흔히 우리 글씨만 봐도 그것이 남자글씨인지 여자글씨인지 알 수도 있고, 덕 있는 사람인지 재주 있는 사람인지도 판별이 가능하다. 더구나 붓글씨의 경우엔 그 쓴 사람의 심성과 의지가 대뜸 표출되는 예(例)가 얼마든지 있다고 하겠다.

글씨는 단순(單純)히 문자의 미적재현(美的再現)에 그치지 않고 작가 나름의 개성(個性)과 철학(哲學)을 드러내는 작업이고 또 명현(名賢)과 선인(先人)들의 법첩(法帖)을 스승삼아 그를 바탕으로 작가만의 독창적(獨創的)인 서기(書氣)의 조화(調和)를 모색(摸索)하는 예술이다. 따라서 후덕한 글씨, 간교한 글씨, 유창한 글씨, 중후한 글씨, 탈속한 글씨, 천박한 글씨, 그밖에도 신필(神筆), 선필(仙筆), 달필(達筆), 졸필(拙筆), 악필(惡筆), 난필(亂筆) 등등 그 글씨의 됨됨이에 따라 얼마든지 그 명판을 달리할 수 있으니 볼수록 신비한 것이 글씨의 세계다.

같은 서가의 글씨라도 그가 전성기에 쓴 글씨와 쇠퇴기에 쓴 글씨가 다르고 그의 직업, 학력, 연령, 건강, 경륜 등에 따라 자획이 달라지는 것을 보면 글씨란 인간의 심과 기에 크게 좌우되는 예술이다. 흔히 심정필정(心靜筆正)하는 말도 마음이 바르고 마음이 겸허해야 좋은 글씨가 나온다는 뜻이니, 인간평가의 기준으로 글씨를 넣은 것은 선인들의 뛰어난 예지가 아닌가 싶다.

(2016. 6. 28 / 목요저널)

기업과 예술이 윈윈하는 길

예술인 3명 중 2명은 월 100만원도 못 번다고 한다. 문화체육관광부와 한국문화관광연구원이 우리나라 문화예술인의 활동여건과 실태를 집계한 '2012 문화예술인 실태조사' 결과를 발표했다. 1988년부터 3년 주기로 실시해 온 이번 실태조사는 문학, 미술, 건축, 사진, 음악, 국악, 무용, 연극, 영화, 대중예술 등 10개 분야 200명씩 총 2000명을 대상으로 실시했다.

개인 창작활동과 관련해 월평균 수입액 조사에서는 "없다."고 답한 예술가가 무려 26.2%나 된다고 한다. 51만~100만원(15.1%), 21만~50만원(12.9%), 20만 원이하(12.3%)까지 포함하면 월평균 수입이 100만원 이하인 비율은 66.5%에 달했다. 101만~200만원은 17.0%, 201만 원 이상은 16.7%였다. 부가활동까지 포함한 월평균 수입액을 보면 100만원 이하인 사람이 "없다."(7.4%)를 포함해 29.5%인 것으로 조사됐다하니 예술인의 한사람으로 마음이 무겁다.

다만 2011년에 입법을 추진했던 '메세나 활동 지원에 관한 법률' (이하 메세나법)이나 '예술인 복지 법'과 동 시행령이 공론화되면서 문화예술에 대한 기업의 관심과 사회적 분위기가 증대되고 떠밀려서가 아닌 기업의 자발적인 지원이 점차 증가하면서 성과를 거두고 있다고 하니 다소 위안이 된다.

한편 기업메세나법 입법은 기업의 예술기부금 및 문화예술관련 지원에 대한 세액공제를 통해 기업의 보다 적극적인 참여를 장려하는 계기가 될 것으로 평가된다. 뿐만 아니라 기존의 단선적인 후원이나 협찬 등의 방식을 넘어, 기업은 예술을 지원하고 예술은 기업 발전에 기여하는 윈윈 전략의 가능성을 확대할 수 있을 것이다. 특히 필자가 지난 사설에서도 언급한 바와 같이, '협동조합기본법' 시행과 더불어 문화예술인의 활발한 조합 활동이 예상되는 현 시점에서, 기업과 경제적 주체로서의 예술인조합 및 단체가 상호 교류협력을 바탕으로 상생하는 전략적 파트너 십의 구축도 진일보하리라 여겨진다.

따라서 정부는 메세나법을 기업을 대상으로 한 조세 제도적 측면에서만 바라볼 것이 아니라, 다각적인 쌍방향 관계를 기반으로 한 경제활동이라는 전망에 입각해 구체적인 입법에 임해야 할 것이다.

올해 정부는 문화체육관광 부문에 총 정부예산의 1% 정도인 3조 6000억 원 규모를 책정하였다. 특히 일자리창출 사업과 밀접하고 영화·뮤지컬·만화 등 청년층의 관심이 높은 3D, 스마트콘텐츠 등의 첨단

문화산업 그리고 관광산업과 연계된 전통문화관련 사업을 확대하고 집중적으로 지원하고 있다.

그밖에도 고령화 사회를 대비한 지방문화원 어르신문화프로그램, 취약계층 청소년의 문화향유 확대를 위한 청소년 문화 바우처 및 청소년 토요문화학교 실시 등에 소규모나마 지원규모 확대하였다. 이와 같이 정부의 문화예술 정책은 국가의 경제발전과 기본적인 사회보장의 원칙이 우선 강조된다. 특히 요즘과 같은 경제위기 속에서 관련 산업과의 연관성은 정책결정의 중요한 요인으로 작용한다.

따라서 산업 연관성이 적고 대중성이 미약한 장르나 분야의 독립예술가 및 순수예술가에 대한 정책적 지원은 장기적인 국가발전 차원에서 이뤄져야 함에도 불구하고 현실적으로는 대단히 부진한 상황이다. 필자는 기업 메세나가 이윤창출이나 광고 차원을 뛰어넘어 정부의 손길이 닿지 않는 이런 부분에 대한 지원활동을 확대해주기를 희망해본다. 예전 사설에서 『가난한 집 맏아들 - 99%는 왜 가난한가?』라는 책을 소개하며, 국가적인 특혜와 서민의 희생을 기반으로 성장한 대기업의 역할을 촉구한 바 있듯이, 기업의 막중한 사회적 책임을 강조하고 싶다.

현재 국내에는 독창적인 실험정신으로 새 길을 도전하는 청 · 장년 예술가들이 많다. 최소한의 생계조차도 유지하기 어려운 열악한 환경에서도 가난한 예술가의 길을 포기하지 않는 이들이 많이 있다.

필자는 기업메세나가 이런 예술가들에게 안정적인 작업공간과 작업수단, 그리고 실력을 겨루고 다양한 경험을 쌓을 수 있는 국제 활동기회 등 예술가 개인의 자비로는 해결하기 어려운 부분에 대한 지원에 적극 나서줄 것을 요청한다.

예술가들은 기업의 전시효과를 노린 일회성 이벤트를 바라지 않는다. 왜냐하면 자신의 예술적 활약과 성과로 지원한 기업의 장기적인 발전에 몇 배로 보답할 것이기 때문이다. 이것이 기업가와 예술가가 윈윈하는 길이기 때문이다.

(2013. 2. 24 / 중도일보)

내 마음의 꽃신

자성예언(自成豫言)이라는 말이 있다. 자기 스스로 자신의 미래에 대하여 어떤 암시(暗示)나 예상을 미리 가져보는 것을 뜻한다. 가령 어떤 어린이가 '나는 커서 장군이 되고 싶다.'라는 자성예언(自成豫言)을 하면 알게 모르게 자신의 진로가 군인이 되는 길로 풀려나가는 교육적 성과를 얻을 수 있다. '나는 커서 정치가가 되고 싶다.'고 하면 그도 역시 어느 틈에 정당활동(政黨活動)도 하고 국회의원이나 지방의원이라도 되는 자신의 운명을 어쩌지 못하는 경우도 있다. 그러고 보니 내게도 어렴풋하게나마 어린 시절에 어떤 자성예언(自成豫言)의 조짐이 있었던 게 분명하다.

책을 좋아하고 글씨쓰기를 좋아했던 나로서는 막연하게나마 선비가 돼야겠다는 희망을 가졌었고 중, 고교생이 되면서는 그러한 선비선호는 좀 더 구체적으로 어떤 문화운동의 기수란 막연한 생각이었다.

가령, 책을 출판하는 일, 방송을 하는 일, 신문잡지를 보급하는 일, 그림이나 글씨를 선보이는 일 등 너무나 다양하고 광범위한 것이 문화운동이기 때문이었다. 그러다가 내가 가장 소질이 있고 가능성이 있다고 확신한 것이 바로 붓글씨였다.

붓글씨, 곧 서예문화의 연수와 창달도 어느 문화운동 못지않게 떳떳하고 자랑스러운 작업이 될 것으로 나는 믿었다. 드디어 나는 서예공부에 전력을 다하기로 결심했고, 그러한 결심은 나를 글씨와 대결(對決)하는데 가혹하리만큼 무섭게 몰아붙이기에 이르렀다. 나는 나를 글씨 앞에 예사로 대하지 않고 마치 사활(死活)을 건 전투태세처럼 비장한 각오로 임하게 했다. 몇 시간씩이고 먹을 갈고 팔이 아프도록 임서(臨書)를 하고 밤을 새우면서 작품을 제작하면서 글씨에 도전했다.

국전(國展)의 계절이 다가오면 거의 해마다 수백 장의 화선지를 버리면서 눈이 퉁퉁 붓고 다리에 수동이 내리도록 연서(硏書)를 했다. 실로 뼈를 갈고 피를 말리는 습작(習作)의 연속이었다. 그 결과 불혹의 나이에 국진(國展) 입선과 특선을 여러 차례 걸쳐 드디어 국립 현대미술관이 지정하는 국전초대작가(國展招待作家)가 지정된 것이다.

비로소 문화운동의 한 분야를 터득한 서예인이 된 것이다. 이는 실로 서예가라는 별을 하나 따기 위해서 수십 년을 절차탁마(切磋琢磨)한 외롭고 피나는 역정이었다. 다시 말하면 나는 내 나름의 순수한 정열을 가지고 평소 지녀온 모습인 '내 마음의 꽃신'을 신고 모든 열정을 다 바쳐 온 것이었다.

어느 예술가든 어느 학자든 그가 이렇게 순수한 목표(目標)를 세우고 그 분야에 혼신의 노력을 쏟는 계절처럼 아름답고 귀중한 세월은 없을 것 같다. 그리고 그러한 열정적인 마음으로 예술과 학문에 정진하는 사람만이 탐스러운 결실을 얻으리라고 확신한다.

그러나 조그만 목표(目標)가 달성됐다고 해서 학문이나 예술에 몸담고 있는 이들이 오늘의 성과(成果)로만 만족해서는 아니 된다. 설사 그에게 빛나는 오늘이 있더라도 계속해서 새로운 목표(目標)를 지향하지 않으면 그에게는 다시 낙후와 퇴보가 기다리고 있기 때문이다. 따라서 열정의 표상인 '내 마음의 꽃신'을 신고 온갖 정열을 다해 새로운 목표(目標)를 추구해야 할 이유가 바로 여기에 있다.

서예가로서 조그마한 입신(立身)을 한 나는 어찌 어찌하다가 문화예술의 심부름꾼인 한국 예총 부회장과 충남연합회장, 대전-충남 연합회장, 대전연합회장이라는 중책을 22년 6개월이라는 긴 세월동안 맡게 되었다.

그리고 7년 동안 대전광역시의회에 진출해 부의장과 의장을 역임하면서 지방자치 발전에 앞장선 의정지도자로, 기타 사회단체 회장으로, 실로 큰 역할을 맡았으니, 내겐 오히려 과분한 책무인지도 모른다. 예술창작에 대한 의욕과 역량은 말할 것도 없고 맡은바 각 분야에서 자신의 인격도야(人格陶冶)와 너그러운 덕성(德性) 그리고 훌륭한 심성(心性)을 지닌 지도자로서의 자세가 아니고서는 감당하기 어려운 자리가 아닌가 한다.

따라서 나는 이러한 여러 가지 중책을 맞고 나서 열정이 넘친 모습으로 '내 마음의 꽃신'을 신고 매사를 신중히, 그리고 꿈과 이상을 간직한 채 하루하루를 소중히 가꾸고 덕불고필유린(德不孤必有隣)이라는 옛 글귀를 명심하면서 살아가고 있다. 아무리 바쁘고 짜증나며 억울하고 답답한 경우가 많아도 참고 기다리며 덕을 쌓아 나아가야 한다는 각오로 임해왔다. 이 벅찬 문화예술운동의 기수와 일반사회지도자가 되기 위해서는 내게 부족한 덕성의 함양이 무엇보다 큰 과제임을 너무나 잘 알고 있기 때문이다.

작은 덕이나마 그 덕을 베풀면 내겐 반드시 이웃과 친구가 생긴다는 철학을 평범(平凡)한 진리로 믿고 살아왔다. 그리고 나는 아직도 서예가가 되기 전 그 순수한 정열과 피나는 정신으로 매일 글씨를 쓰고 내게 주어진 문화예술운동과 지역발전, 대전의 명예와 이미지 선양에 최선을 다하여 헌신할 것이다. 앞으로도 어느 경향이나 유파, 그리고 일시적인 자극이나 유행에 현혹되지 않고 꾸준히 내가 가야할 길을 '내 마음의 꽃신'을 신고 오늘도 열정적으로 살아갈 것이다.

(2016. 7. 21 / 목요저널)

문화공동체 의식 필요해

"대전지역 문화계가 공동체 의식을 가지고 문화예술 진흥이라는 대의명분을 우선하는 창작활동을 해주었으면 좋겠습니다. 저 같은 사람은 뒤에서 격려하고 후원을 해주는 역할만 하면 됩니다."

1986년대부터 2007년까지 빨간 꽃신을 신고 대전, 충남지역 문화예술계를 이끌어왔던 남계 조종국 선생(69)은 "문화 예술계의 생태 환경이 과거 중앙 집중방식에서 탈피하면서 대전지역도 다양한 장르가 들어오고 균형발전이 되고 있다."며 지역문화예술계에 '공동체 의식'과 '대의명분'을 요구했다.

27일 대전시 중구 오류동 센트리아 오피스텔에서 만난 조 선생은 "대전시민들의 문화형성층도 역시 다양해져 중요한 공연이 이곳에서 많이 이뤄지고 있다."는 말에 이어 "문화예술인들 모두가 한마음이 되어 대전시 문화발전과 시민의식 향상에 적극적으로 나서줄 것"을 강조했다.

그가 말하는 '명분'은 바로 '대전지역 문화발전'이다. 1986년 예총 회장으로 활동할 당시와는 내용에서 서로 다른 가치관이다. 그 때 '문화불모지'라는 걸 불식시키는 데 올인했다면 이제는 그 단계는 벗어났다는 것이다. 말하자면 선배들이 닦아놓은 기틀 위에서 후배들이 재도약을 위한 문화 에너지를 축적하는데 최선을 다해야 한다는 게 조 선생의 말이었다.

명분을 찾는 건 바로 '나'를 지워나가면서 '대화'로 화합을 이루는 일이다. 그는 대전, 충남 1세대 이후 80년대 중반부터 시작된 문화계 활동이 90년대 초반까지 이어지면서 '대화'를 통해 상대방을 설득하고 조화를 이끌었다는 사실을 강조했다.

대전, 충남 문화예술은 그를 빼놓고 얘기할 수 없다. 그만큼 열정을 쏟아 많은 공헌을 했다. 문화예술단체를 이끌었고 체육계, 그리고 의정활동을 거치면서 지역 문화의 균형발전과 활성화에 크게 기여했다. 특히 1999년부터 3년간 분에 진흥기금 48억 원을 예산에 반영시킨 일과 아산, 공주, 서산, 부여, 조치원, 보령, 논산 등지에 예총을 설립한 건 잊을 수 없는 일이다.

빨간 꽃신을 신고 "전국예총을 정부 보조단체로 만든 일이 가장 기억에 남습니다. 전 대전 시장이었던 김주봉 씨가 내무부 지방재정국장으로 있을 당시 일입니다. 열악한 환경 속에서 활동을 하는 전국 지역문화예술인들에게 큰 힘이 되었지요. 이와 함께 1999년에 문예 진흥기금 48

억 원을 대전시 예산으로 집행하게 결정한 것도 보람이었고 기억에 남는 활동이었습니다."

조회장의 이력은 다양하고 화려하다. 예술계 활동은 말할 것도 없고 대전시 야구협회장, 91년 한화이글스 후원회를 창설하여 21년 동안 회장에다 대전시의회 의장 등, 정치, 사회, 체육계를 두루 거쳤다. 그가 자랑하는 일은 역시 문화예술인으로서 활동 경력이었다.

"시의회 의장도 지냈고 체육 쪽에도 많은 일을 했습니다. 1995년 중국 남경과 대전시 간에 자매결연 이후 18년 동안 '한・중(대전-남경)서화교류전'의 성공적인 개최는 예술인으로서 긍지와 보람을 갖게 하는 사업이었습니다. 게다가 제3대 대전시 의장을 맡으면서 중국 강소성 인민정부 남경시와 일본 오오다시 간에 의정협정을 체결하고 공동번영을 위한 경제, 과학. 체육, 문화 교류 등 외교적인 친선 도모와 우호증진을 한 것도 기억에 남습니다."

내년이면 조 선생이 고희(古稀)를 맞는다. 그에게 나이 70은 남들과 마찬가지로 의미가 새롭다. 그래서 준비하는 게 있다. 바로 '남계 조종국 서예 2012년 전'이다.

"내 마음의 꽃신을 신고 일단 내년 전시회를 위해 시간을 쏟을 예정입니다. 고희에 한번쯤 정리를 해야 할 필요도 있고 해서요. 정치는 더 이상 안할 겁니다. 작품 활동에 전념하면서 지역문화발전을 위해 열정을 다해 정진할 것입니다. 문화 환경과 공간 조성을 통해 지역 문화를 발전시키는데 온 힘을 다해 기여하고 싶습니다."

(2010. 1. 19 / 디트뉴스 인터뷰)

병 속의 금방울을 꺼내려면

어릴 적 할아버지께서 해주신 옛날이야기가 있다. 어느 자손 귀한 가문에 뒤늦게 얻은 금쪽같은 어린 아들이 자기가 가장 좋아하는 금방울을 가지고 놀다가 그만 조상대대로 전해지던 가보(家寶)인 호리병에 빠뜨리고 만다. 아이는 호리병 속에 고사리 같은 손을 넣어 금방울을 잡고 꺼내려 하지만, 금방울을 움켜쥔 주먹이 병목에 걸려 빠지지 않자 고집스럽게 울기만 한다. 온 집안사람들이 금방울을 놓으라고 설득하면 할수록 아이는 더욱 자지러졌고, 보다 못한 아이 아버지는 어쩔 수 없이 귀한 골동품을 깨뜨리려고 한다. 이 때 마침, 출타 중이던 할아버지가 돌아와 어린 손자를 달래자 아이는 금방울을 놓고 병에서 손을 꺼낼 수 있었으며 마침내 금방울도 되찾고 집안의 보물인 호리병도 지킬 수 있었다.

이런 소소한 옛날이야기에도 현대의 갈등을 해결할 수 있는 실마리가 담겨있다. 집안의 보물을 깨지 않고도 금방울을 되찾을 수 있었던 지혜가 무엇이었을까? 그것은 움켜쥔 금방울을 놓아도 곧 다시 되찾을 수 있다는 믿음, 즉 할아버지에 대한 손자의 신뢰였다. 신뢰란 이렇게 사회 구성원 모두를 이롭게 하며 그 이익을 공유하고 상생할 수 있는 밑거름을 제공한다. 그러나 이런 신뢰는 하루아침에 그냥 쌓여지는 것이 아니다. 부단한 소통과 서로에 대한 이해의 노력을 통해서만 가능하다. 말이야 쉽지만 이를 실천하는 것은 고행과도 같은 일이다. 그럼에도 불구하고 사회 구성원이 신뢰를 쌓기 위한 노력을 외면할 수 없는 이유는 명확하다. 서로 신뢰하지 않는다면 우리 모두의 보물이 깨지고 금방울을 쥐었던 모두의 손에 생채기가 나는 것을 피할 수 없기 때문이다.

대전예총은 그동안의 우여곡절 끝에 회장 선거를 다시 치르게 되었다. 현재 절차상의 문제 등으로 내홍에 휩싸인 예총을 두고 깨질 위기에 처한 귀한 항아리를 바라보는 듯한 안타까움을 느끼는 것은 비단 필자만은 아닐 것이다. 대전이 문화 불모지라 불려졌던 지난 50년 동안 온갖 어려움 속에서도 대전의 척박한 문화 환경을 가꾸고 일궈온 예총은 우리 예술인들에게는 삶의 터전이요 울타리나 다름없다. 대전예총의 살림을 총괄하는 회장 자리가 빛나는 금방울이라면 예총을 이끌어갈 대들보인 두 후보 또한 우리 예술인들에게 소중하고 꼭 필요한 존재다. 그러기에 지금은 둘이 움켜쥐기만 했다. 항아리 밖으로 꺼낼 수 없는 금방울을 우선은 놓고 처음으로 돌아갈 때다. 이대로는 우리의 귀한 항아리가 금가고 깨질 수밖에 없다. 또 전체 예술인 공동체가 돌이킬 수 없는 상처를 입게 된다.

서로 불신에 갇혀 자중지란 속에 공멸하는 파괴적인 어리석음을 이

번 임시총회에서 막아야 한다. 우리 예술인들은 두 후보가 겸허하고 진지하게, 예총회장은 어떤 자세로 무슨 역할을 수행하는 자리인지 다시 생각해 보기를 바란다. 또한 예총이라는 터전을 발전시키고 예술인의 권익을 신장시킬 방안에 대해서도 허심탄회하게 서로 소통하기를 희망한다. 그렇게 예술인 공동의 목표를 확인하는 과정에서 비로소 그동안 쌓여 온 오해와 앙금을 해소하고 신뢰의 첫걸음을 내디딜 수 있게 된다. 이러한 작은 신뢰들이 쌓여야 상생의 길을 도모하는 방법과 역량을 찾을 수 있다.

아직도 늦지 않았다. 그동안 소송사건 등 일련의 사태로 50년 전통을 이어온 예총은 그 위상이 말이 아니다. 우리에게는 예총을 아끼고 사랑하며 무언의 지지와 끊임없는 성원을 보내고 묵묵히 실천하는 5000여 회원이 있다. 두 후보는 이 5000여 회원의 기대와 신뢰를 짊어지고 있다는 엄중한 책임을 직시하기 바란다. 예총에 대한 신뢰의 힘으로 5000여 회원이 지금 두 후보를 달래고 있음을 상기하기 바란다. 우리 5000여 회원은 두 후보가 서로를 이해하고 존중하는 노력을 기울이며, 선의의 경쟁을 펼치고 정정당당하게 결과를 수용하여 대전예총의 미래를 위해 진심으로 서로 협력할 것을 요구한다. 이번 임시총회에서 치러질 예총회장 재선거가 이러한 상생과 발전의 단단한 디딤돌이 되고 실추된 예총의 명예를 회복하고 화합하는 선거가 되기를 거듭 기대한다.

(2011. 4. 18 / 중도일보)

붓글씨의 육기(六氣)

흔히 붓글씨를 보면서 '아직 때를 덜 벗었다'든지 그만하면 '때를 벗은 글씨다'라는 평을 하는 경우가 많은데 여기서 '때'라는 말은 달리 표현하면 글씨에 있어 피해야할 어떤 기(氣) 곧 잘못된 기운, 버려야할 버릇 등을 가리킨다고 보아 무방할 것이다.

어느 예술도 그러하겠지만 서예에 있어서도 꺼리는 것이 크게 여섯 가지나 있다. 그걸 소위 육기라고 부른다.

첫째, 속기(俗氣)다. 속기는 말 그대로 속된 기운이다. 속기를 단적으로 표현한 것으로 촌녀도지(村女塗脂)라는 예 가 있다. 즉 시골여자가 억지로 분바르고 나타난 꼴이란 비유다. 자연스럽지 못한 억지화장이 웃음을 자아내듯이 붓글씨도 억지로 꾸민 듯한 속된 글씨는 가장 큰 금물이다.

둘째, 장기(匠氣)다. 장기란 '쟁이' 곧 지나친 장인의식의 발로다. 한

자른 이를 공이무운(工而無韻)이라고 표현한다. 공교하기는 한데 운치가 없다는 뜻이다. 흔히 군에서 볼 수 있는 차드 글씨마냥 제법 공은 들었지만 식상할 수밖에 없는 글씨로 특히 예서에서 주의를 요한다.

셋째, 화기(火氣)다. 너무 잘 쓰려고 덤빈 나머지 글씨 쓴 이의 심화가 화선지에까지 내비친 경우다. 필법에 있어 봉망태로(鋒芒太露)를 지적한 것이다. 곧 칼날처럼 날카로운 붓끝이 지나치게 삐죽삐죽 나타난 예가 그것이다. 예술은 평정한 마음에서 좋은 작품이 나온다. 심화가 예술에 닿으면 그 작품은 거칠어질 수밖에 없다.

넷째, 초기(草氣)다. 화기와는 반대로 별 힘도 없으면서 잡초처럼 거칠기만 하다. 가히 조솔과심(粗率過甚)의 경지다. 게다가 대체로 가늘고 문약하다. 아담한 맛은 있으나 너무 식물적인 글씨다.

다섯째, 규각기(閨閣氣)다. 규각은 규방과 마찬가지로 부녀가 거처하는 방을 말한다. 그래서 글씨의 어딘가가 여필 내음이 나고 도무지 힘이 없다. 전무골력(全無骨力)이라 할 수밖에 없다. 곧 뼈에서 나오는 힘인 건강미나 남성미가 거의 없는 글씨다. 따라서 여성일수록 이 규각기에 빠지지 않도록 유의할 일이다.

여섯째, 악착기(齷齪氣)다. 끈기 있고 모질어 너무 악착스럽다. 그러나 예술은 악착이나 강한 의욕만 가지고 되는 게 아니다. 뭘 알고 덤벼야지 그저 무지망작(無知忘作), 곧 고금의 정통적인 필법이나 체본(體

本)도 다 잊고 자신의 기분만 가지고 무지막지하게 쓰는 글씨다.

그러니 과연 이렇게 육기(六氣) 혹은 육기(六忌)를 벗어난 글씨를 쓴다는 것이 얼마나 어려운 일인가. 우리는 하루아침에 명필이니 달필이니 하는 소리를 듣고 싶어 할 게 아니라, 먼저 과연 자기 글씨의 결함이 무엇인가를 깨달아야 할 것이다.

(2016. 8. 7 / 목요저널)

서예인과 자기실현

서예를 공부하고 가르치다보면 많은 사람들이 왜 붓글씨를 쓰게 되었는지 그리고 앞으로도 왜 계속 써야만 하는지 많은 회의와 갈등을 느끼고 있는 경우를 보게 된다.

대체로 초심자의 경우는 자신의 시간을 선용하며 심신을 단련하고 정신적인 수양에도 도움이 될 것으로 믿기 때문에 시작했다고 하지만 앞으로 얼마나 쓸지는 잘 모르겠다고 한다.

다음으로 글씨가 웬만한 경지에 이르거나 연륜이 쌓인 사람들은 자신의 예술적 재질을 최대한 발휘하고 기왕이면 서예가로서의 명예를 얻기 위해서 쓰고 있다고는 하나 도전이나 국전에 몇 차례 실패하고 나면 회의와 갈등을 일으키며 괴로워하는 것은 초심자와 큰 차이가 없다.

국전에 몇 번 입선하거나 특선까지 거쳐 초대작가 혹은 완전히 서예가로서 틀이 잡힌 이들은 보다 나은 명작 혹은 대작을 창작하여 굴지의 대가로 인정을 받음은 물론, 이러한 자기실현을 통하여 후세에 남을 만한 서가(書家)가 되는 것을 이상으로 알고 있다.

마침 이렇게 서예가에게도 자기실현의 이상을 추구함이 당연하다고 말하고 보니 에이브람 마즈로우의 인간욕구 5단계 설이 생각난다.

그는 사람은 제일 먼저 의식주의 문제를 해결하기 위한 생리적 욕구가 가장 근본적인 것이고, 젊어서는 이 욕구 달성을 위해 시간과 정력을 할애함이 당연하다고 본다. 그러나 그 단계가 지나면 안전이나 안정의 욕구가 생긴다. 이는 자신의 재산이나 과업을 앞으로도 계속 안정성 있게 유지해 나가려는 욕구이다. 사람은 자신의 입지가 위험이나 위협을 벗어나 안전하게 살아가기를 희구함은 거의 본능에 가깝다고 할 것이다.

다음으로 친화의 욕구로서 인간이 웬만큼 생활에 자신이 있으면 사회적 동물로서 여러 집단에 가입, 혹 은 소속되어 다른 사람들과 뜻있는 관계를 유지하려는 욕구가 바로 이것이다. 서예학원에서도 회원끼리 동호인회를 만들든가, 그밖에 자신의 모교동창회에 나가 옛 친구들과 교유하는 경우도 다 여기에 속한다. 그 다음으로 오는 것이 승인과 존경의 욕구다. 이는 많은 사람에게 존경과 인정을 받고 싶고 자신의 자존과 권위를 은근히 내세우며 자기 자신은 유능한 인물로서 주위에 많은 영향력을 끼친다고 스스로 평가하는 단계이다. 서예가로서 초대작가의 관문을 통과하고 몇 번의 개인전을 거쳐 글씨 꽤나 쓴다는 명성이 날 때가 아마 이쯤의 단계가 아닌가 한다.

마지막으로 〈인간은 전력적인 자기가 아니면 안 된다.〉라고 전제하며 자기실현의 욕구를 강조하고 있다. 이는 곧 자신의 잠재력이나 예술적 창조력을 극대화하는 것으로 가령 문인이 불후의 명작을 창작했거나, 장군이 적과의 대첩을 대승으로 이끌었거나, 스님이 성불의 경지로 열반했거나 서예가가 후세에 남을 만한 명품을 창작하여 자신의 꿈과 이상을 달성한 경지 등을 말한다. 그러나 이 얼마나 지난(至難)한 경지인가.

따라서 처음 먹을 갈고 붓을 든 초심자가 마지막 자기실현의 경지까지 정진한다는 것은 정말 장구한 시간을 거쳐 피나는 정진과 백절불굴의 의지가 아니고서는 거의 불가능한 일이 아니겠는가. 따라서 서예뿐 아니라 모든 예술에 있어 자기실현의 이상이 얼마나 큰 고행인가를 새삼 느끼게 된다.

서예인의 자질

날이 갈수록 서예인구가 늘어난다고 한다. 서울이나 지방 할 것 없이 서예학원도 많이 생겨나고 그러다 보니 국전(미술대전)은 말할 나위도 없고 각 시도 미전이나 기타 공모전에도 입상의 경력을 위해 출품하는 서예인의 숫자가 증가일로에 있는 것은 서예인구의 저변 확대를 위해서도 반가운 일이 아닐 수 없다.

아무튼 글씨를 쓴다는 것은 자신의 심신을 단련하며 정신수양에도 더없이 좋은 예술활동인 바에야 어찌 서예인구가 많아지는 것을 염려할 수 있겠는가.

게다가 글씨를 부지런히 쓰다 보면 글씨 자체에서 얻는 수확 말고도 또 하나의 부차적 큰 수확이 있다. 그것은 한글도 좋은 글귀를 많이 쓰지만, 한문의 경우 대체로 중국이나 한국의 뛰어난 고전이나 명시, 명구, 경구 등 대체로 우리 삶에 큰 교훈이 되거나 감동을 줄 수 있는 문학작품을 붓으로 쓰게 되는데 글씨를 쓰면서 이런 고전이나 명시를 감상

한다는 것은 실로 일석이조의 기쁨이 아닐 수 없기 때문이다.

그러나 문제는 그 많은 서예인 가운데는 실로 가소로운 사람들이 있어 뜻있는 사람들의 지탄을 받고 있다는 점이다. 그것은 다름이 아니라 글의 내용은 전혀 모르고 글씨만 써대는 서예인이 많다는 사실이다.

다시 말하면 자기가 쓰고 있는 한문글씨가 도무지 무슨 소린지 알지도 못하면서 그냥 선생이 체본(體本)을 써주니까 그걸 그대로 그리기만 하고 있는 서예인이 흔하다는 얘기다. 이런 서예인을 양산한다면 이는 서예인 전체의 자질이나 교양에 적신호가 아닐 수 없다.

그리고 그것보다도 더 한심한 일은 자신의 정신수양을 위해 글씨를 쓴다는 서예인들이 비록 그 일부이기는 하지만 그 언어나 행동에 있어 시정잡배만도 못한 욕을 함부로 한다든가 술을 마시고 못된 행패를 부린다든가 하는 사례도 우리는 종종 들어 알고 있다. 말하자면 서예는 고사하고 인간적, 도덕적 기본 수양도 제대로 갖추지 못한 불량배가 붓을 들고 앉아 뭘 끄적이고 있는 꼴이다.

심정필정(心正(靜)筆正), 마음이 바라야 글씨가 바르다. 혹은 마음을 비워야 글씨가 바르다는 말이다. 서자심화(書自心畵), 글씨는 곧 자신의 마음을 그린 것이다. 이런 표현이 다 서예인의 기본 수양과 자질을 강조한 내용이라고 본다.

어쩌다 자기 동료는 입상이 되고 자신은 낙방이 됐거나 그만 못하게 되면 공연히 동료를 비방하거나 심지어 자신의 은사에게까지도 등을 돌리는 사례가 허다한 서예계의 난맥상이다.,

‘글씨를 쓰기 전에 사람이 돼라.’
‘글씨를 쓰기 전에 공부나 해라.’
너나 할 것 없이 우리 서예인 모두에게 경종을 울리는 경구가 아닐 수 없다.

서예저작권과 '내 아들을'

지금은 특허나 저작권, 상표권, 초상권 등에 대한 개념이 비교적 잘 정립돼 있지만 불과 20여년 전만해도 그런 개념들은 참으로 미약했다. 타인이 오랜 세월 노력해서 만들어낸 작품을 별다른 죄의식 없이 모방하고 대가를 치르지 않고 사용했다.

예를 들어 눈 내리는 날 아침 산 정상에서 바라본 일출 사진을 한 장 찍기 위해 사진작가는 때로 목숨을 담보로 산 정상에 텐트를 치고 밤을 보낸 뒤 새벽에 촬영에 돌입한다. 성공하면 다행이지만 날이 흐려 촬영에 성공하지 못하면 몇날 며칠을 산속에서 추위와 사투를 벌이며 작품이 완성될 때까지 모진 시간을 보낸다.

이렇듯 목숨을 위협받으며 촬영한 사진을 아무런 대가 없이 타인이 마구 사용한다면 이는 분명 잘못된 일이다. 이 같은 사례는 비단 사진 분야에만 국한되지 않는다. 한 폭의 그림을 그리기 위해 화가는 사진작가 못지않게 위험을 무릅쓰는 경우가 많다. 대략 90년대 이후 들어서면서 우리나라에도 저작권에 대한 개념이 보급되기 시작했고 정착된 것은 이보다도 수년 뒤의 일이다. 인터넷이 보급되고 자료 축적이 디지털화 되면서 저작권의 개념은 더욱 공고해졌다. 예술인의 한 사람으로서 퍽이나 다행스러운 일이라고 생각한다.

서예 작품에 대한 저작권 개념이 정립되기까지 내 역할은 적지 않았다. 무단으로 복제되어 사용된 내 작품을 발견하고 이에 대해 법적으로 대응해 승소한 일이 있다. 내가 승소 판결을 받으면서 국회에서 '서예작품 저작권법'이 만들어졌고, 관련 시행령이 만들어져 서예작품의 무분별한 도용이 저지되는 길이 열렸다. 이는 전국적인 이슈로 부상했고, 서예인들은 나의 승소에 대해 쌍수로 환영했다. 서예뿐 아니라 예술분야 전반에 걸쳐 저작권에 대한 개념정립이 확산된 것은 나의 저작권법 승소에서 비롯된다.

1984년 국전 초대작가 지정을 받고 이후 왕성한 서예활동을 하던 때이다. 1989년 우연히 책받침 한 장을 발견하고 크게 놀랐다. 내가 개인전에 출품해 가장 큰 인기를 얻었던 작품 「내 아들을」이 책받침에 새겨져 있었다. 자세히 살펴보니 내 작품이 확실했지만 내 이름과 낙관은 감쪽같이 빠져 있었다. 오디오와 TV 등을 주로 생산하는 국내 굴지의 A산업이 작가 이름과 낙관을 빼고 내 작품을 복제해 책받침을 만들어 전국의 초, 중, 고 학생들에게 뿌린 것이다. 모르긴 해도 수십만 장의 제품이 만들어 뿌린 것이 분명했다. 나는 놀라지 않을 수 없었다.

사전에 어떠한 협의도 없었다. 더욱이 작가의 이름과 낙관을 삽입했더라면 나 역시도 달리 문제 삼으려 하지 않았을 것이다. 하지만 동네 구멍가게도 아닌 국내에서 손꼽히는 대기업에서 남의 작품을 사전 협의도 없이 무단으로 복제해 사용한다는 것이 용납되지 않았다. 그냥 이해하고 넘어갈까 하는 생각도 들었지만 그건 아니라고 판단을 굳혔다. 나 개인이 아닌 국내에서 활동하는 모든 서예가들의 권익을 찾는 차원에서 마땅히 짚고 넘어가야 할 문제라고 생각했다.

그래서 변호사를 선임해 대전지방법원에 공식 소장을 접수했다, 당시 이 저작권 송사는 전 국민적으로 관심을 모았다. 지방은 물론이고 중앙일간지를 비롯해 지방신문과 방송들이 송사의 진행과정을 실시간 뉴스를 통해서 보도했고, 많은 예술인들이 눈여겨 지켜보았다. 송사의 결과는 당연한 결과로 귀결됐다. 〈서예작품도 당연히 저작권의 보호를 받아야 한다.〉는 판결이 내려져 나의 승소로 끝났다. 이로 인해 유명무실했던 서예작품에 대한 저작권이 실용화되기 시작했고, 이를 계기로 저작권법과 시행령 등이 개정되고 보완돼 그 효력을 발휘하게 되었다.

이 무렵 대전의 S제과점과 광주의 K제과점도 A산업과 같은 홍보물을 제작해 배포했다. 이들 두 제과점 역시 나의 작품 「내 아들을」을 복제해 홍보용 책받침을 만들어 무차별 배포했다. 물론 이들도 작품을 복제해 책받침 홍보물을 만들 때 작가의 이름과 낙관을 삭제시켰다. 이들 업체들과는 송사를 벌이지 않고 문제를 슬기롭게 해결할 것을 요구했다. 당시 나는 천주교 신자였고, 대전의 S제과의 사장도 독실한 천주교 신자였다. 그래서 대전 대흥동 성당 백 모 신부가 나서 문제 해결을 위해 중재에 나섰다.

당초 나는 이 S제과점이 대전의 유명한 향토기업이고, 고의성 없이 판촉을 하다가 실수를 범했다는 사실을 알고 〈작가의 작품을 사용하려면 사전에 양해를 구하고 반드시 작가 이름과 낙관을 사용해야 한다.〉는 메시지만 전달하는 선에서 사태를 마무리 지었다.

이후 대전S제과는 모 일간지에 원본작품을 넣어 전면광고를 게재했다. 이를 통해서 S제과와의 작품복제 문제는 일단락 됐다. A산업과 S제과, K제과점의 홍보용 책받침으로 인해 서예작품의 저작권에 대한 인식이 국민들에게 빠르게 확산, 인식되고 이 작품으로 인해 1989년 12월 30일(법률제 4183호), 1990년 12월 27일(법률제 4268호), 1991년 3월 8일(법률제 4352호) 등 3차례에 걸쳐 저작권법을 부분적으로 개정케 한 유명한 작품이다.

선진국민이 되는 길

선진국으로 발돋움하기 위한 번영은 무엇보다도 경제력의 성장과 과학기술의 발전에 의한 물질적 풍요에 있음은 재론의 여지가 없다. 그러나 진정한 의미의 선진국이란 물질적인 강대국인 동시에 도덕성이 높은 문화국가(文化國家)여야 할 것이다.

우리가 보통 알고 있는 문화란 미술전시나 음악회, 또는 연극이나 무용공연 등 문화행사이다. 또 국악· 판소리· 농악 심지어는 사물놀이와 같은 전통적 문화유산이 있다. 그리고 고분에서 나오는 유물, 또는 석기시대의 거주지(居住地)까지도 우리의 문화이다. 이러한 의미의 국민문화를 복구 재현 또는 진흥키 위해 다른 나라에서는 흔히 볼 수 없는 문화체육관광부라는 정부 기관까지 창설되었다. 국가의 재정지원으로 많은 문화행사와 전통문화의 활성화가 시도되었다.

그 결과 국민문화(國民文化)의 발전이라는 과제는 지난 여러 해 동안 정부가 문예진흥원(문화예술위원회) · 예술의전당 · 현대미술관· 국립

극장·국립박물관 등 많은 기관들을 만든 것으로 어느 정도 그 노력은 가늠될 수 있다. 또는 독립기념관 정신문화연구원이나 국사편찬위원회 등도 아마 문화 창달의 기관이라고 규정될 수 있을 것이다.

그러나 문화란 이것보다 또 다른 넓은 뜻을 담고 있다. 공동체 전체의 행위 양식을 결정하는 가치관이 곧 문화이다. 이때 문화란 행위양식에 영향을 끼치는 생활풍토이다. 예를 들면 최근 신촌의 대학문화(大學文化)를 보자. 이 경우 대학문화란 말은 학생들이 어떠한 생활태도를 갖고 있는가. 어떻게 행동하는가를 알려주는 이른바 대학생들의 생활풍토를 의미한다. 이 풍토는 오랜 시일에 걸쳐 형성되며 일단 형성되면 쉽사리 바뀌지 않고 선배에서 후배로 이어지는 것이다. 문화는 공동체 구성원들이 서로 보고 배움으로써 전달되는 전통이다.

문화란 하나의 습성(習性)이다. 문화가 다르다는 것은 관습이 다르다는 것을 의미한다. 물론 문화 역시 역사적 변화를 겪는다. 그런데 중요한 것은 역사직 변화와 도덕성이 조화 있게 맞물려야 한다는 것이다.

이런 의미에서 한 나라의 문화는 국민의 도덕적 위상(道德的位相)을 가리키는 이정표이며 국민의 선진성(先進性)을 가늠하는 지표(指標)라 할 수 있다. 프로야구 경기장에서 구경꾼들이 버린 쓰레기는 바로 우리의 경기문화(競技文化)의 현주소를 대변해 주고 있다. 또 전국의 명산에서 나오는 엄청난 양의 오물은 바로 등산문화(登山文化)의 수준을 가리켜주며 외국 나들이에서 이른바 고스톱 판을 떠들썩하게 벌이는 것은 국제적으로 망신스러운 놀이 문화의 실상을 말해 주고 있다. 우리는 함부로 가래침을 뱉고 아무데나 담배꽁초를 버리고 지각없이 휴지조각을 내던진다.

문화국민이란 하루아침에 되는 것이 아니다. 오랜 세월에 걸친 일관된 여러 차원의 교육이 필요하다.

첫째, 어릴 때 버릇을 바로잡도록 한다. 왜냐하면 문화는 하나의 학습(學習)이기 때문이다. 어릴 적 버릇이 여든까지라는 속담과 같이 문화국민의 자질은 무엇보다도 가정교육을 비롯하여 유아원·유치원·초등학교 등 어린이교육을 통해 그 바탕이 다져지는 것이다.

둘째, 어른들이 모범을 보이도록 하는 성인 교육(成人敎育)이 또한 중요하다. 왜냐하면 어린이들은 어른을 그대로 흉내 내기 때문이다. 이것이야말로 문화체육관광부가 해야 할 중요한 일이다. 문광부는 문화국민(文化國民)을 위한 성인교육 프로그램을 편성하여 체계적으로 추진해야 한다. 심지어 필요하다면 경기장법이든 산악보존법이든 혹은 공공질서 유지법이든 관계법령을 제정하여 적절한 형벌로 가르쳐야 할 것이다.

선진국민이라면 잘 먹고 잘 입고 큰집에 사는 것만이 아니다. 사람답게 사는 인간다운 품위를 지닌 문화국민이야말로 진정한 선진국민인 것이다.

(2016. 6. 16 / 목요저널)

식소사번(食小事煩)

크게 내세울 만한 재주나 역량도 없는 사람이 어찌어찌 하다 보니 몇 가지 일을 도맡아하게 되어 솔직히 힘들 때가 많다.

빨간 꽃신을 신고 서예가로서 글씨를 쓰는 일이 주업이니 이 한 길로만 정진해도 좋은 서가(書家)가 될지 큰 걱정인데 벌써 수십 년째 크든 작든 많은 일들에 빠져 있으니…. 게다가 나름대로 지역예술인의 권익과 발전을 위하여 앞장서온 지난 22년 6개월 동안의 예총일…. 비록 부덕하고 부족할지 모르나 이 일 또한 막중한 책임이 아닐 수 없었다.

어디 그 뿐인가. 제2대~3대 대전광역시의회에 진출, 부의장과 의장 감투(?)까지 얻게 되어 분주하게 펼쳐온 7년간의 의정활동…. 지금은 1992년 한 · 중 국교정상화 이후 1994년부터 올해까지 문화적, 정서적 많은 어려움을 무릅쓰고 지난 21년 동안 한 · 중 양국 간 문화교류를 통해 우호증진과 문화적 정서적 교감을 증진시켜온 일 등, 이럭저럭 일인삼역(一人三役) 내지 오역(五役)쯤 되어 눈코 뜰 새 없는 게 필자의 하루하루다.

그러면서도 집에 가면 가장노릇, 친구를 만나면 친구노릇, 학교 선후배를 만나면 선후배 노릇, 도무지 단 하루도 편하고 빤한 날이 없는 것이 필자의 일과(日課)다.

남의 속도 모르는 사람들은 혹은 칭찬도 하고, 혹은 객담(客談)도 하고, 혹은 부러워하고, 혹은 터무니없이 오해도 하고 있지만, 필자의 경우 솔직히 일만 바쁘고 이렇다 할 성과(?)나 세속말로 실속은 없으니, 한마디로 식소사번(食少事煩)…. 말하자면 먹을 것도 없이 엄청나게 바쁘기만 한 것이 필자의 현실이다.

흔히 대인관계를 원만히 하라든가, 사람을 사귀되 인상 깊게 사귀라든가 그런 말을 모르는 바는 아니지만, 아무리 원만히 하고 인상 깊게 하려고 애를 써도 워낙 시간이 없고 일이 많다 보니 어느 누구에게도 많은 정담(情談)을 나눌 기회가 적고 자주 만나 인간적인 혹은 허심탄회 진심을 보여줄 계기가 부족하다 보니, 때로는 본의 아닌 오해나 억측을 사기도 쉽고, 때로는 푸대접을 받는 경우도 적지 않다.

친구가 많다는 것은 친구가 없다는 얘기도 된다. 빨간 꽃신을 신고 너무 많은 사람을 만나고 헤어지고 하다 보면, 아닌 게 아니라 이 각박한 세상에 진심으로 나를 이해하고 아껴주는 친구가 과연 누구인가 회의가 생기고 서글퍼질 때도 많다.

그러나 어찌하겠는가. 당분간은 벌여놓은 일이 많고 만나야할 사람도 많은 것이 내 운명이요, 팔자이고 보면 비록 식소사번(食少事煩)이라도 그런 대로 내 운명을 사랑하면서 열정적으로 살아갈 수밖에….

(1990. 7. 16 / 대전매일)

신중히 다뤄야 할 전통문화

근래 우리 전통문화 예술에 대한 관심이 갑자기 확산되고 있는 현상은 의미 있는 일이다. 어떤 면에서 그 같은 관심은 '우리'의 궁극적 모습이 우리 문화의 전통과 현실에서 확인된다고 하는 너무나 당연한 자각의 소산이다.

'우리 생활양식과 사고방식의 총화'인 문화의 변화와 오늘의 모습을 통해서 인간적이고 민족적인 삶의 문제를 해소하려는 자각된 의지도 결국 우리전통문화 예술에 대한 관심에서 비롯된다고 할 수 있기 때문이다.

문화체육관광부와 문예진흥원이 주최한 '전통문화의 자주적 현대화 방안'이라든가, 한국 문화재보호협회의 '전통예술의 현대적 계승과 활성화 방안'을 주재로 한 모임 등도 그 경향의 반영이다.

그러나 이 같은 논의들은 우리 전통문화에 대한 관심이 높아지고 있다는 우리사회의 현실을 반영하는 한편 전통문화의 계승발전을 중심적으로 추진해야 하는 정부의 문화정책에 대한 깊은 관심이 팽배하고 있는 현실을 다시 확인시켜 주고 있다.

첫째로, 우리가 주시해야 할 것은 종래 전통문화정책이 그릇된 문화인식을 기반으로 추진되었다는 점에 대한 반성이 절실하다는 점이다. 근대화와 발전 논리만을 최선의 가치로 보고 우리의 전통문화를 퇴보와 낙후의 상징처럼 그릇 인식한 불도저식 개발로 전통문화를 몰아내려한 잘못을 이제는 되풀이해서는 안 된다는 절실한 요구다. 한번 손상되거나 소멸된 문화는 다시 복원될 수 없는 것이기에 정부의 섣부른 문화진단과 수술은 삼가야 한다.

둘째로, 전통문화 보존과 계승은 지속적인 정책의지로 추진되어야 한다는 점이다. 한 정권의 문화업적 과시용이나 문화의지를 표현하는 도구로서의 전통문화 예술지원이 일시적으로 또 부분적으로 이루어지는 것은 바람직하지 않다. 민족문화의 보존과 계승발전 노력은 곧 민족의 생활양식과 정신적 삶의 자취의 중요성에 대한 확고한 인식을 전제로 하는 만큼, 체제나 정권의 필요와 요구를 초월하는 지속성이 요구되지 않으면 안 된다. 이를테면 민족 생활사와 민족에 대한 관리부서가 정부의 직제에서 사라진 후에 과연 우리의 민속자료들을 체계적이고 지속적으로 수집, 정리, 보전, 연구할 수 있는 토양이 제대로 온존한다고 믿을 사람은 없다.

셋째는, 전통문화에 대한 관심은 예산이 충분히 반영되어야 의미가 있다는 점이다. 형식적인 논리의 중요성은 그것이 실질적인 결과를 가져오는 토대가 될 때 분명해진다. 전통문화의 중요성을 강조하면서 실제 예산배분에서 소홀히 취급한다면 앞뒤가 맞지 않는 것이다.

민속박물관의 유물구입 보전예산이 5천만 원에도 미치지 못하는 현실이 타개되지 않고는 전통문화의 활성화 논의는 무의미하게 된다. 다행이 정부는 문화체육관광부의 문화발전 10 개년 계획수립 추진을 통해 지속적이고 일관된 문화정책에 대한 관심을 보이고 있다.

때문에 이번 전통문화에 대한 고조된 관심이 실제 지방자치시대의 새로운 전개와 함께 기질적이고 고유성이 강조된 전통문화와 예술에 대한 지방정부의 정책입안과 실천에서도 문화체육관광부와의 정책과 병행하여 유루 없이 구체화되기를 기대한다.

예(銳)와 둔(鈍)

당경(唐庚)이 쓴 고연명(古硯銘)에 보면 서가(書家)의 애용품인 붓, 먹, 벼루에 대해서 재미있게 구분하여 말한 대목이 눈에 띈다. 이 세 가지는 종이와 더불어 문방사우(文房四友)라 하여 늘 문인 묵객의 애완(愛玩)을 받고 항상 같이 있는 점에서는 상근(相近)이라 할 수 있지만, 그 수(壽)는 서로가 다르다는 것이다.

가령, 붓의 수명은 단 하루일 수도 있고 먹의 수명은 한 달일 수도 있으나 벼루만은 특수한 경우가 아니면 대를 물리고 계속 쓸 수 있다는 것이다. 그 이유인즉 다소 상식적인 이야기지만 그 몸체의 특성 때문이라는 것이다. 그 중에 붓은 그 몸체가 가장 날카롭고, 먹이 그 다음이며, 벼루는 아예 둔하기 이를 데 없지만, 그래 그런지 붓처럼 예리한 자는 단명하고, 벼루처럼 둔한 자는 장수한다는 것이다.

세 가지는 그 쓰이는 빈도를 보아도 붓은 제일 자주 쓰이고, 먹은 그 다음이며, 벼루는 아예 자기 몸체를 내맡기고 조용히 누워만 있다.

그런데 움직이는 동(動)자는 단명하고, 가만히 있는 정(靜)자는 오히려 장수한다는 것이다. 이렇게 보면 예(銳)와 동(動)은 불가피하게 하나의 연결 고리를 이루고, 둔(鈍)과 정(靜)도 불가분의 관계로 맺어져 있다고 볼 수 있다.

따라서 설사 붓을 예(銳)하다고 쓰지 않고 그대로 놔둔다고 (靜)하여도 그 붓은 결국 정(靜)을 바탕으로 하고 있는 벼루만큼은 오래 가지 못하기 때문에 예의 숙명은 한계가 있다고 지적하고 있다.

이러한 이치를 당경(唐庚)은 이 세상을 모든 사물이나 인간관계에 까지 확대해서 생각했는데 결국은 무엇이든 둔(鈍)에 바탕을 두고 정(靜)을 작용으로 삼는 것만이 영구히 오래 갈 수 있다고 설파하고 있다.

필자가 굳이 고연명의 예(銳), 둔(鈍)을 인용해 본 이유도 이와 같은 당경(唐庚)의 생각이 우리 인간사에도 너무 절실하게 나타나기 때문이다. 약삭빠르고 요령 좋은 사람을 예(銳)라 할 수 있고, 미련하고 머뭇거리는 사람을 둔(鈍)이라 할 수 있다면, 우리 사회에서 과연 어떤 사람이 장수할까는 뻔한 이치가 아니겠는가. 여기에서의 장수는 물론 단순한 생명의 길이, 즉 나이의 장단을 두고 하는 얘기는 아니다. 어떤 직장이나 어떤 분야를 놓고 볼 때, 아니 가장 솔직한 예로 정치가를 놓고 볼 때도 정치생명의 장단과 그 인간의 예(銳), 둔(鈍)과는 불가분의 관계가 있다고 한다.

어디 정치인뿐이겠는가. 예술가도 마찬가지고 공무원도 마찬가지다. 너무 자신의 재주만 믿고 정신없이 날뛰다가는 결국 어느 사이엔가 그 인생의 전성기는 다 가버리고 실추의 쓴 맛을 보는 예는 우리 주변에 허다하다.

요즘 18대 대통령선거 등 주요 뉴스에 가려 덜 비춰지고 있는 이명박 대통령의 내곡동 사저부지 매입의혹 사건 등 온통 사회를 시끄럽게 하고 있는 친인척을 비롯한 권력층의 비리 사건을 저지르고 재주 좋게 날뛴 인사치고 편안하게 지낼 사람이 드물게 된 것도 다 같은 이치다.

인간은 나이 들면 백발이 되고 결국 산속에 묻히지만, 청산(靑山)은 나이가 들수록 더 푸르고 싱싱하게 장수하는 것도 산이 이 세상 그 무엇보다도 둔(鈍)과 정(靜)의 속성을 가장 많이 지니고 있기 때문일 것이다.

(2012. 12. 24 / 중도일보)

예술 향수층의 개발

10월은 문화의 달이다. 인간을 인간답게 살게 하기 위해서는 모든 인간에게 예술을 향유할 수 있는 능력을 길러주는 것이 국민교육의 의무이기도 하다. 외형상으로 오늘을 살아가는 우리들은 지극히 풍요롭고 편리한 삶을 누리고 있는 것이 사실이다.

이와 같은 풍요로움과 편리함을 긍정적으로만 평가할 수 없는 요소들도 많이 있다. 사실 우리들의 가정과 사회에서 인정이 고갈되고 사랑마저 기능화 됐다면 이는 인류가 심각한 정신적 위기에 봉착했음을 말해주는 것이다. 이 원인이 기능과 지식중심의 교육, 과학편향의 발달에 있음을 상기하면 문제는 더욱 심각하다.

지식과 과학중심의 획일화된 사회는 자본주의 사회제도와 결부되어 모든 인간관계를 경쟁 속에 몰아넣었다. 개인의 욕망추구가 자본주의적 이윤의 추구라는 말로 미화되어 수단과 방법을 가리지 않고 자본의 축적에 이성과 도덕을 상실해 버린다. 이런 자본주의의 거대한 수레바

퀴 속에서 도시의 소시민조차도 인간의 소외의 상징이라 할 수 있는 화폐의 노예가 돼 인간 본래의 삶을 잃은 채 기계의 부품처럼 살아간다.

조금 극단적인 논리이긴 하나 이런 경쟁의 결과는 필연적으로 불신과 증오를 낳기 마련이다. 이 위기를 슬기롭고 신속하게 극복하는 길의 하나는 예술의 향유다. 예술의 법칙은 경쟁으로 허영심과 증오심을 유발시킨 인간의 정신을 화해시킨다. 그리고는 더 나아가서 인간의 창의력을 혁신시키고 기계관계인 인간구조를 도덕적이고 정서적인 차원으로 순화시킨다.

모든 것을 획일화하고 소유화하려는 현대사회에서 인간성을 회복하고 사랑을 꽃 피우는 길은 문화예술의 향수를 통해서다. 특히 대전 시민들의 경우는 각 지역에서 모여든 사람들로 구성돼 있어 이 고장에서 사는 긍지를 지니지 못하는 경우가 있었던 것이 사실이다. 많은 시민들이 돈만 벌면 이 고장을 떠나고 있으며, 고위 공직자마저도 일단 관직을 떠나면 거의 이곳을 떠나는 경우가 허다했기 때문에 소비성 도시, 거쳐 가는 도시가 돼 버린 감이 있다.

이런 점에서 이 지역의 전통적 기반에 바탕을 둔 고유한 민속놀이 등을 주축으로 하는 문화행사를 주최하고 향유함으로써 이 지역민들이 동질감과 유대감을 확인할 수 있도록 유도돼야 한다. 물론 이런 문화행사는 시민들이 자발적으로 참여해 신명을 발산하고 화합단결할 수 있어야지 행정력에 의해 인위적으로 계획되거나 강제동원 된다면 문화행사를 통해 거두려는 자긍심과 애향심, 단결과 협동은 이루어질 수 없는 것이 불을 보듯 뻔한 사실이다. 자신이 태어나고 성장하고 생활하고 있는 지역에 대한 강한 애착과 귀속감을 끌어낼 때 문화는 그 지역발전의 원동력이 될 수 있다.

이러한 지역 중심의 문화 활성화는 중앙정부의 정책방향과 지방자치단체의 계획과 지시만으로 결코 이루어질 수 없다. 이들 기관은 보조적인 후원의 입장에 머물러 있고, 결국 그 주도적 추진 세력은 지역 문화예술인이 되어야 할 것이다. 그들은 대부분이 고장에서 성장해서 살고 있기 때문에 시민의 의식수준, 취향, 그리고 이 고장의 전통적 특성과 문화의 미래지향점에 대해서 누구보다도 더 잘 알고 있다.

또한 향토에 대한 이러한 이해는 그만큼 애정과 열정을 지니고 지역문화의 활성화를 위하여 헌신하게 되는 것이다. 지역문화에 대한 모색과 창달을 다른 지역에서 유입되어온 시민이라 할지라도 곧 자신들이 현재 살고 있는 고장에 대한 이해와 정감의 폭을 넓히게 될 것이고, 이를 계기로 하여 자기가 사는 고장에 애착을 지니게 될 것이다. 문화 예술의 창달은 이렇게 시민의 의식을 공동체로 아우르는 웅혼(雄渾)한 힘을 지닌 것이다.

국민들의 예술향유능력은 보통교육에서 충분히 이루어져야 하지만 우리나라 교육제도상 불충분하다면 지역에 있는 시민대학이나 주부대학, 청소년 캠프 등에서 예술 감상능력을 배양할 수 있다면 일반 국민의 삶의 질을 높이는데 기여하게 될 것이다. 물론 이때 간과해서는 안 될 것이 그들로 하여금 예술은 엄숙하고 고절한 것이 아닌 그들 곁에 항상 함께 할 수 있는 것이며 즐겁고 유익한 것이란 인식이 들도록 해야 한다.

정책적으로 배려된 국민교육을 통하여 문화감수성의 질을 향상시키고 그 감각을 대중매체들이 자극하고 충전시킴으로써 자발적인 수요증대가 일어나야 한다. 이러한 수요증대를 통하여 지역마다 고유한 문화를 개발하여 자연스럽게 접하도록 하는 것이다. 이는 그들로 하여금 지역공동체 의식을 공고히 함은 물론이거니와 시민의식을 고양시켜 보다 밝은 사회 환경을 이끌어낼 것이다.

(2013. 10. 20 / 중도일보)

예술과 정열(情熱)

흔히 예술은 소질이 있어야 대성한다고 한다. 결코 틀린 말은 아니다. 가령 글재주가 있어야 문인이 될 수 있고, 필재(筆才)가 있어야 서예가가 될 수 있고, 타고난 그림 솜씨가 있어야 화가가 될 수 있다고 보아도 무방할 것이다.

그 밖에도 음악이나 무용, 조각, 공예 등 천부적인 소양과 재질이 있는 예술인이 크게 두각을 나타내는 것은 당연한 사실이다.

그러나 우리는 냉철하게 한 번 생각해볼 필요가 있다. 과연 진실한 그리고, 위대한 예술인이 되는데 재주나 소양만 가지고 가능할 것인가를 말이다.

그것은 진실로 의문이 아닐 수 없다. 왜냐하면 우리 주변에는 상당한 재주나 소질이 있는 어린이나 청소년들이 결국 그 방면의 예술가로 대성을 하거나 대가가 되는 경우를 그리 많이 보지 못했기 때문이다. 대개

재주 있는 사람치고 초년 혹은 데뷔 초에 남보다 번쩍하는 섬광(閃光)을 보이는 것은 상례이다.

그러나 그런 사람이라고 반드시 일관성(一貫性) 있게 정진하는 예는 드물다.

다시 말하면 자신의 한 평생을 그 한 가지 예술에만 혼신의 정력을 쏟아 꾸준히 매진(邁進)하는 예가 재주 있는 사람치고 제 재주에 치어 매우 드물다는 통계다. 그렇다면 결국 그 방면에 최후의 대가는 누가 될 것인가? 소양이나 재주도 중요하지만 그보다는 한 평생을 한 눈 팔지 않고 그 업(業)에만 집착하는 끈기 있는 예술인이 바로 대성한다는 것이다.

가령 필자의 전공인 서예만 해도 그렇다. 전, 예, 해, 행, 초 오체(五體)가 있는 것이 상식이지만 이 오체(五體)도 각체마다 또 대가의 작품이나 명품이 따로 있다. 행서만 해도 왕희지가 있는가 하면 안진경이 있고, 그 밖에도 황산 곡, 조맹부, 소동파 등 얼마든지 대가(大家)가 있다.

예서에도 예기비, 조전비, 사신비, 을영비, 광개토대왕비 등 너무나 많다. 따라서 오체(五體)에 평균 4가지 명품만 써 보려고 해도 20체가 된다. 적어도 서예를 하려면 이 20여체의 글씨를 우선 정성을 다하여 임서하고 섭렵할 필요가 있다.

그리고 나서 자신의 적성과 취향, 그리고 장래의 발전 가능성들을 참작하여 오체(五體) 중 한두 가지 서체를 집중적으로 연마해야 한다. 그 후에야 이를 바탕으로 창작의 세계에까지 정진해야 하는 것이다. 이렇게 어렵고 힘든 것이 예술의 세계인데 어찌 가벼운 잔재주만 가지고 도전이 가능할 것인가.

일생일업(一生一業)이란 말도 있고 우공이산(愚公移山)이란 말도 있다. 평생을 한 가지 예술에만 미련한 소처럼 덤벼드는 정열을 가진 예술인만이 영원한 예술가가 될 것이다.

예술인 공간 되면 OK

대전시가 2011년 예산에 예총회관임대 지원 사업을 위해 11억 원을 책정하였다는 소식을 접하였다. 그러나 이를 반가워할 겨를도 없이 느닷없이 터져 나온 편파지원 시비에 예술인의 한 사람으로서 안타까움을 금할 수가 없다.

대전은 타 광역시와 비교해 제반 문화예술 환경이 상대적으로 열악하기 때문에, 여러 예술단체가 각자의 개성 있는 목소리를 내면서도 상생을 도모하는 태도가 절실히 요구된다. 소모적인 특혜 시비와 예술인의 편 가르기로 분열하는 모습은 대전 문화예술계의 전체적인 발전을 추구하기보다는 답답한 현실 안에 정체될 뿐이다.

필자는 과거 척박한 환경 속에서 18년여 동안 대전 · 충남 예총회장직을 역임하며 예술단체의 지원금을 확보하기 위해 중앙을 비롯한 행정기관을 문턱이 닳도록 드나들었다. 때문에 이번 예총회관 임대 지원 사업이 대전 예술인의 한층 안정적인 창작활동을 보장해주고 일반시민의 보다 적극적인 참여를 이끌어내, 더불어 문화예술을 호흡할 수 있는 기반 마련에 큰 역할을 할 것이라고 확신한다.

대전예총은 1962년 한국예총 충남지부로 설립된 이래 산하 10개 예술 단체 5000여명 예술인의 각고의 노력으로 오늘날 대전문화예술계의 면모를 갖출 수 있었다. 행정기관이 그러한 대전예총의 위상과 대표성을 인정하고 예총 활동을 지역의 사회간접자본으로 평가하고 있다는 것은 매우 고무적인 일로, 그 동안의 노고가 헛되지 않았음을 증명하는 것이다.

따라서 지난 50년 동안 사무실을 확보하지 못한 채 셋방살이를 전전하며 고전해 온 대전예총을 대전시가 적극적으로 지원하여 보다 수준 높은 문화예술 환경을 조성하는 것은 명분과 실리를 고루 만족시키는 행정이라고 할 수 있다.

한편 한정된 예산으로 인해 모든 문화예술단체가 당장 고른 지원 혜택을 받지 못하고, 여러 소수 단체가 많은 어려움을 겪고 있는 현실 또한 직시해야 할 것이다. 예술단체가 순수 예술 활동을 넘어 행정기관과 긴밀한 관계를 유지하며 협력을 이끌어낼 수 있는 인프라를 갖추기는 결코 쉬운 일이 아니다. 시간과 노력 그리고 오랜 경험의 축적이 바탕이 되어야 비로소 예술인의 목소리를 효과적으로 전달하고 영향력을 행사할 수 있게 된다.

대전예총은 지난 50년 동안 그런 역량을 쌓아왔고 대전의 문화예술을 주도한 결과 지역의 예술계가 다원화, 다변화될 수 있는 토양도 만들 수 있었다고 생각한다. 또한 대전예총은 예총에 소속되지 않은 단체라 하더라도 같은 예술인의 길을 살아가는 공동체라는 철학을 견지해왔기 때문에, 예총의 활동이 궁극적으로는 대전지역 전 예술가의 권익과 안정된 창작 활동을 개선하는 많은 성과를 거둘 수 있었다고 생각한다.

예총회관 건립은 대전예총의 50년 숙원사업임에는 틀림없고 행정기관의 적극적인 지원이 절대적으로 필요하다. 그러나 필자는 예총회관 건립과 행정지원이 기타 소수 예술단체를 배제하는 배타적인 것이라고 생각해 본 적이 없다.

이미 알려진 바와 같이, 부산시가 시비 70여억 원을 들여 올 연말 완공하는 부산예술회관은 부산예총과 부산민예총이 함께 사용하기로 하였고, 광주시가 추진하는 광주예술인센터 건립 또한 광주예총회관을 포함한 전 예술인의 센터라고 한다. 특히 광주는 작가들이 모금활동 뿐만 아니라 센터의 벽돌 한 장이라도 직접 마련하자며 작품을 기증하고 각종 전시와 공연으로 수익을 창출하는 등 단결된 모습을 보여주고 있다는 훈훈한 소식이 전해지고 있다.

대전예총 역시 회관건립 문제를 이러한 상호협력과 공존의 대승적인 관점에서 접근하고 있다는 사실을 다시 한 번 강조하고 싶다. 또한 대전예총은 다른 예술단체를 포용하면서 회관건립을 주도하는 대표성과 역량을 적극 발휘할 수 있다고 자부한다. 물론 각 예술단체와의 대화를 통하여 공감대를 형성해야 할 것이고, 이를 위해서 모두의 노력과 기다림이 필요할 것이다.

한술에 배부르지 않다는 진리를 우리 모든 예술가들은 누구보다 더 뼈저린 경험으로 체득하고 있지 않은가! 우리 대전 예술인들은 소모적인 편파지원시비가 아닌 건강하고 신명 나는 전망을 만들어나갈 능력을 이미 지니고 있지 않은가! 이에 필자는 대전시 예술인의 공간 마련을 위한 첫발걸음이라고 할 수 있는 이번 예총회관 임대지원을 계기로 모든 예술단체가 한자리에 모여 허심탄회하게 소통의 장을 만들고 이야기를 나눌 것을 적극 제안하며, 대전 예술계가 새로운 미래설계의 거시적인 청사진을 성취할 수 있기를 기원한다.

(2010. 11. 25 / 디트뉴스)

예술인 복지법과 협동조합

작년 '최고은' 작가의 안타까운 죽음이 계기가 되어 국회에서 '예술인 복지법'이 통과되었고 올 11월 시행을 앞두고 있다. 우선은 문화체육관광부 장관이 정하는 예술분야에 표준계약서가 개발 · 보급되고 예술인 경력증명에 관한 조치가 마련되며, 예술인 복지재단도 설립될 예정으로, 기본적인 생계마저 위협받는 예술인의 직업적 권리보호 및 복지지원 등이 강화될 전망이다.

그러나 각 부처 간에 시행령을 조율하는 과정에서 산재보험의 적용 등과 관련하여 진통을 겪고 있는 것으로 전한다. 현재 예술인은 특수고용노동자로 분류되어 산재보험이 적용되지 않는데, '예술인 복지법'은 산재 보상과 관련된 규정이 단지 선언적인 의미로 담겨 있을 뿐이고, 영화나 공연 스태프처럼 현장인력의 산재보험에 머무르는 수준이어서 알맹이가 없다는 지적이다. 이는 예술인이라는 직업을 어떤 근로 형태로 규정할 것인가 하는 가장 원론적인 부분부터 보편적인 합의가 이뤄지지 않았기 때문일 것이다. 그러나 OECD 국가들이 근로자의 정의를 따지기보다 사회보장 차원에서 특수고용노동자에게 산재보험을 확대 적용하는 추세라는 사실을 정부가 주목해야 할 것이다.

한편 예술인복지재단 설립 등에 책정된 예산이 고작 10억 원 남짓에 불과한 사실도 드러났다. 그 마저도 행정부의 재정지원이 법적인 강제규정이 아닌 임의규정 형태이기에 안정적인 재정을 뒷받침하기 어려운 현실이다. 또한 정부 및 공공기관의 부채증가와 재정악화, 정략적 정책사업을 위한 비효율적 예산책정 등으로 인해 정작 필요한 복지사업의 재원 마련도 요원하다. 이런 상황에서 예술인을 위한 고용보험 등 4보험 적용이나 국민연금 가입 등의 복지혜택 확대 가능성은 어둡다고 할 수 있다.

그렇다면 '예술인 복지법' 시행을 앞두고 예술인이 취할 수 있는 방안은 무엇인가? 물론 예술인들이 창작에 전념할 수 있는 제도적 환경과 장치를 마련하기 위해 홍보와 여론형성 및 적극적인 정치활동 등이 필요할 것이다. 그러나 다른 한편으로는 예술인이 경제활동의 한 구성원이자 직업인으로 자립하기 위한 특화된 자구책을 스스로 개발하고 주도해야 할 시점에 이르렀다. 마침 오는 12월 시행되는 '협동조합 기본법'에 의해, 기존의 조합설립의 족쇄가 제거되어 5인 이상만 모이면 다양한 형태의 협동조합 설립이 가능해진다. 이 조합 설립을 통해 예술인 자립을 향한 경제활동이 탄력을 받을 전망이다.

협동조합은 이윤극대화를 목표로 하는 기업과는 달리 조합원이 주인이 되어 조합원의 이익과 복지를 추구하는 민주적 · 비독점적 시스템이기 때문에, 안정적 경제성장을 가능케 하는 건강한 사회적 기업으로 평가된다. 뜻이 맞는 엄마들이 만든 공동육아나 방과 후 학교, 먹 거리 산지직거래 협동조합 등은 이미 성공적으로 운영되고 있는 사례들이 있다. 현재 예술계 또한 젊은 작가들 중심으로 각 분야별 특성에 입각한 협동조합 준비를 활발하게 논의하고 있다고 들었다.

예를 들어, 독립 음악가들이 만든 '자립음악생산조합' 의 경우, 조합원이 공연장과 장비, 기획자, 스텝을 공유하고 조합원의 음반 제작비를 지원하며, 저렴한 가격의 장비대여나 합동공연 수익으로 운영비를 마련한다고 한다. 시각예술분야 또한 협동조합을 통해 예술인과 기업을 직접 연결하고, 창작준비 단계부터 홍보마케팅, 공정거래를 위한 계약서 작성과 객관적 인건비 산출 등 실무를 공동으로 처리하며 이익을 함께 나눌 수 있을 것이다.

그러나 협동조합의 장점과 다양한 발전가능성에도 불구하고 한편으로는 우려 또한 공존하고 있다. 충분한 준비 없이 문화예술 협동조합을 설립할 경우 출자비용을 낭비하거나, 영리만을 앞세우다 오히려 기존 문화예술 활동의 근본이나 미약한 자생력마저 와해시킬 수 있다는 지적도 있다.

사실 협동조합의 성패는 조합의 주인인 조합원에 달려있기 때문에, 조합원 교육을 통한 조합 설립철학의 공유와 네트워크 관리가 관건일 것이다. 비록 지금은 걸음마 단계이지만 젊은 예술가의 참신한 아이디어와 추진력, 그리고 중견예술인의 경험이 어우러진다면, 협동조합을 통해 예술이라는 특수한 경제활동을 펼치는 직업인으로 거듭날 수 있으리라 기대해본다.

'예술인 복지법'은 예술을 직업으로 삼은 근로자 즉, 예술인의 권리와 복지를 제도적으로 지원하는 첫걸음에 불과하다. 현재 노정된 많은 미비한 부분은 예술인이 스스로 보완해나가야 할 것이다. 또한 예술인이 경제적 자생을 통해 힘을 길렀을 때 비로소 진정한 '예술인 복지법' 을 완성할 수 있을 것이다. 이러한 문화예술인의 경제활동과 밀접한 협동조합의 활성화를 위해 정부 또한 홍보 및 교육, 세제혜택, 행정적 지원 등에 적극 나서야 할 것이다.

(2012. 8. 23 / 중도일보)

예술인과 고독

새삼스런 이야기일지 모르지만 인간은 고독한 존재다. 그것은 인간이 개별자적인 존재이기 때문이다. 다시 말하면 사람은 어느 누구와도 같지 않고 다 자기 나름대로의 개성과 특성을 지니고 있어서 그 자체가 유일무이(唯一無二)한 존재라는 의미와도 상통한다.

흔히 천상천하유아독존(天上天下唯我獨尊)이라는 표현도 부처님만이 오직 천하에 위대한 존재라는 의미보다는 누구나 자신의 치열한 수도정신(修道精神)으로 깨달음의 경지에만 이를 수 있다면 또한 부처님 못지않게 위대한 개별자적인 존재가 될 수 있다는 뜻에 더욱 접근한 표현이라고 하겠다.

이렇게 본다면 종교인도 무한히 고독한 존재다. 이러한 종교인 못지않게 고독한 일군(一群)의 존재가 바로 예술인들이다. 다른 어떤 직업을 가진 사람들보다 예술가가 하는 직업이야말로 개별자적인 자기만의 직업이기 때문이다.

여러 사람이 모여서 정치도 할 수 있고 회사도 운영할 수 있으며 공사판 일도 다함께 해낼 수 있다. 그러나 예술창작 행위만은 오직 고독의 산물이다. 우리는 시(詩)나 소설을 여럿이 썼다든가, 그림을 여럿이 그렸다든가, 붓글씨나 조각을 여럿이 함께 했다는 이야기를 들어본 적이 없다. 혹 학문에는 공동 연구가 가능한 것으로 알지만 예술행위만큼은 전혀 독창적인 고독한 작업이다.

따라서 그가 위대한 예술가라면 그는 누구보다도 고독한 상황에서 시간과 대결하면서 오로지 예술창작에만 몰두해 온 사람이라고 해도 좋을 것이다.

가령 우리나라의 위대한 서예가로 추사 김정희(秋史 金正喜)선생을 꼽는데 그의 생애만 보아도 그의 엄청난 고독을 우리는 쉽게 발견할 수 있다. 당시 안동 김씨(金氏)의 세도에 밀려 제주도에까지 10년간 귀양을 간 추사(秋史) 선생이야 말로 그 외딴 섬에서 평범한 사람으로서는 상상도 할 수 없는 절대 고독을 짓씹으면서 독서와 서화(書畵)로 그의 학문과 예술을 이룩한 인물(人物)이 아닌가.

이렇게 본다면 예술인에게 있어 외적(外的)인 핍박이나 가난은 오히려 내적인 탐구와 정진을 불러일으키는 자극제가 되면서 그 심령의 고독에 위대한 예술의 경지를 창조하게 하는 원동력이 될 수 있다. 따라서 고독하지 못한 예술인이 생명 있는 예술작품을 창조하기란 거의 불가능하다.

연말연시가 되면서 예술인 세계에도 행사가 많다. 필자도 그 행사들에 떠밀려 눈코 뜰 새가 없다. 따라서 이런 일들의 홍수 속에서 헤어나지 못하고 있는 한 필자도 진정한 예술인이 아님을 잘 안다. 언젠가 고독한 직업에 몰두할 수 있는 그날이 그립기만 하다.

오류동(五柳洞) 연가(2)

대전시의 많은 지명 가운데 오류동이란 동명처럼 시적(詩的)이고 전원적(田園的)인 이름도 아주 드물 것이다.

글쎄, 과연 누가 오류동(五柳洞)이란 이름으로 동네 이름을 지었는지는 몰라도 이는 그 때만 해도 오류동(五柳洞) 어딘가에 버드나무가 대여섯 그루 서 있었거나, 아니면 버드나무도 몇 그루 보였겠지만 그 이름을 지은 분이 특히 도연명(陶淵明) 선생의 어떤 사상이나 정신을 너무 좋아해서 기왕(旣往) 오류동(五柳洞)이란 이름을 지은 것이 아닌가 한다.

그렇다면 우리는 도연명(陶淵明) 선생에 대해서 대강 알아볼 필요가 있을 것이다.

진(晉)나라 말, 송(宋)나라 초의 전원시인인 선생은 한 때 현령(縣令) 벼슬을 살았으나 오두미(五斗米), 당시의 현령 봉급 때문에 소인배(上

官)에게 허리를 굽히기가 싫다며 벼슬을 포기하고 고향으로 돌아갔다. 이때 지은 것이 만고의 명문인 귀거래사(歸去來辭)이거니와, 선생은 고향에 돌아간 뒤에도 청빈(淸貧)속에서 자연을 벗 삼아 시(詩), 주(酒), 금(琴)을 즐기며 밭갈이하는 농부요, 전원시인으로 지내다가 63세를 일기로 일생을 마쳤다.

그의 저서 도연명집(陶淵明集)에 오류선생전(五柳先生傳)이 나온다. 우리 마을의 동명은 이 오류선생전의 어떤 대목을 즐겨 읽은 분이 거기서 따다가 지은 것이 아닌가 싶다.

그러면 그 가운데 한 대목을 보자.

〈조용하고 입이 무겁고 영리를 즐기지 않고 독서를 좋아하며 천착(穿鑿)을 좋아하지 않는다. 납득할 수 있으면 음식을 잊는다.〉 이런 대목이 그것인데 여기서 재미있는 것은 천착(穿鑿)이란 말이다. 한자에 천착(穿鑿)이라고 쓴 것으로 미루어 아무래도 성생활을 그리 표현한 것이 아닌가 한다.

선생은 노자(老子) 장자(莊子) 사상에 영향을 받은 바 크며 인생을 자연의 추이에 맡기고 살려는 자연복귀의 인생관이 기반이 되어 있다. 그러나 선생은 인생을 부정하거나 인간사회를 피해서 산으로 들어간 것이 아니고 전원의 농부와 함께 생활한 것이며 속악(俗惡)한 관계를 싫어한 분이다.

선생의 귀전원거(歸田園居)란 작품에도 버드나무가 나온다.

〈느릅나무 버드나무는 뒤란 처마를 덮었고, 복숭아 오얏은 집 앞에 늘어서 있다.〉

이러한 도연명 선생의 시 정신을 볼 때 우리 동네 동명을 지은 선비는 당시만 해도 대전의 변두리인 이곳이 웬만한 시골 못지않게 한적하고 전원적이어서 자신도 낙향한 기분으로 아마 오류선생 기분을 내겠다고 오류동이라 명명했을 것이다.

그러나 이제 우리가 사는 이 오류동에선 버드나무도 찾아보기 힘들고 전원의 풍치도 온데간데 없다. 전원은 고사하고 오류동은 이제 대전의 중심부로 대형아파트가 즐비하고 백화점에다 각종 유흥 음식점까지 즐비하니 격세의 느낌이 그 어느 곳보다 현격한 마을이다.

하기야 이렇게 복잡한 아파트 단지에서 살수록 옛날의 전원풍경과 자연을 동경하며 도연명 선생을 흠모하는 오류동의 연가를 찾아보는 것도 뜻 깊은 일이 아닐 수 없다.

일류와 삼류

프랑스 파리의 뒷골목에는 전국의 각 지방에서 찾아온 무명의 화가 지망생은 물론, 세계 여러 나라에서 청운의 꿈을 안고 그림공부를 하러 온 수많은 미술인들이 싸구려 아파트를 얻어 놓고 혼자 자취를 하면서 오직 그림에만 몰두하고 있는 사례가 허다하다고 한다. 그들의 연령은 20~30대의 젊은 미술학도도 있지만, 개중에는 50~60대의 무명 노화가도 엄청나게 많다는 것이다.

그러면 그들은 왜 50~60대까지 살면서 아직 화단에 데뷔도 하지 않은 채 오직 그림에만 몰두하고 있는 것일까? 이유는 간단하다. 보다 더 좋은 그림을 그려서, 보다 더 권위 있는 등용문을 통하여 데뷔하고, 데뷔한 뒤에도 보다 더 완벽한 작품으로 누구도 추종하지 못할 위대한 화가가 되기 위해서 계속 작품만을 가다듬고 있는 것이라 한다.

말하자면 조금만 더 잘 그려보자, 이보다는 더 위대한 작품을 완성해 보자, 하는 작가로서의 무궁한 욕망 때문에 50~60이 되도록 누구에게 보일 생각도 없이 화필(畵筆)을 들고 전전긍긍하기가 일쑤이고, 개중에는 그러다가 혼자 뇌졸중이나 심장마비를 일으켜 유언 한마디 못한 채 쓸쓸이 죽어가는 노무명화가(老無名畵家)도 흔하다고 한다.

뒤늦게 아파트의 관리인이나 어느 화가가 그의 아틀리에를 찾아가 보면, 노화가(老畵家)는 정말 어디에 발표해도 추호의 손색이 없을 만큼 걸출한 작품을 무수히 그려 놓은 채 그냥 불귀(不歸)의 객이 된 사실을 알게 된다고 한다.

필자가 굳이 이런 이야기를 장황하게 늘어놓은 것은 파리의 이러한 무명 화가들이야말로 진정한 예술인이 아닌가 싶어서다. 이상하게 우리나라에는 그 작가가 작품자체로 작가의 우열을 가리기 보다는 오히려 작품 외적인 여건으로 소위 일류와 삼류를 구별하려고 하는 사례가 너무 많아서 큰 문제가 아닌가 싶다.

가령 누구의 제자냐, 어느 관문을 통해 데뷔하느냐, 서울에서 활동하느냐, 지방에서 활동하느냐, 그의 동인은 누구누구이며 학연(學緣) 지연(地緣)은 어떻게 되느냐 등등에 따라서 어떤 사람은 데뷔와 동시에 일류(一流)작가로, 또는 자칭 일류작가(?)로 부상되고, 어떤 사람은 작품이야 좋든 말든 10년, 20년이 지나도 내내 삼류작가로 푸대접을 받는 이 풍토를 어떻게 이해해야 할지 딱한 노릇이다. 그러나 다행한 것은 인생은 짧되 예술은 길다는 진리이다.

아무리 당대에 일류작가 소리를 들어도 작품이 시원치 못하면 언젠가는 사장(死藏)되게 마련이고, 비록 지방의 삼류작가라도 좋은 작품을 창작하면 언젠가는 위대한 작가로 재평가될 테니 말이다.

정치가 문화의 정을

여소야대(與小野大)가 된 20대 국회는 문화에 대해 얼마나 관심과 열의를 가지고 있는지 궁금하다.

문화는 그 자체가 지닌 뜨거운 체온과는 달리 정치마당에서는 언제나 소외되게 마련이어서 역대 어느 정권에서도 일반인의 주목을 끌지 못하는 사각지대에 감추어져 왔고, 박근혜 정부 역시 문화예술 진흥에 관한 계획이나 시책 등을 살펴보면 이의 범주를 벗어나지 못하고 있다.

지금 우리나라에서 절실한 것은 정치가 문화에 정을 주는 일이다. 정치가 경제를 편애해오는 동안 국민의 문화교육과 문화의식이 비뚤어질 수밖에 없었다. 우리나라에서 '가장 필요하면서 가장 없는 것'이 옛날에는 돈이었다. 지금은 문화다. 정치적인 힘이 지금까지는 경제를 키워왔지만 지금부터는 문화를 키울 차례다. 한 나라의 문화가 그 나라의 역사를 개척해 나갈 수 있는 슬기요, 잠재력이라면 문화는 곧 정치의 추진력도 된다.

정치더러 문화를 사랑하라고 하는 것은 문화만을 위해서가 아니라 정치자신을 위해서이기도 하다. 문화발전은 곧 정치발전이다.

옛 왕조시대에 우리의 정치가들은 모두 문화예술인이었다. 시를 쓰고 서화를 즐겼다. 문화발전이 정치발전이듯이 오늘의 시대에는 문화적 소양은 정치인의 자질을 높이는 일이다. 그리고 정치가가 극장에 가야하는 까닭은 또 있다.

당나라 시인 장열(張悅)의 시에는 송시문국정(誦詩聞國政)이라는 구절이 나온다. 옛날 중국의 조정에서는 각지에 채시관(採詩官)을 파견하여 민요를 수집했다. 천자는 이 민요를 듣고 백성들의 민심을 알았다.

프랑스에서도 파리의 세느강에 걸린 다리 중 가장 오래된 것이 퐁네프요, 중세 때 이 다리에는 전국 각지의 음유시인들이 모여 민정을 반영하는 노래를 불렀었다.

현대에는 시가 여러 예술형태로 다양화되었을 뿐이다. 모든 예술은 사회현실의 엑스다. X선 촬영의 사진이라고도 할 수 있다. 현실의 투시다. 정치가 귀를 기울여야 할 모든 목소리가 예술작품 속에 어떤 형태로든 다 들어있다. 예술은 귀 담아 듣지 않아도 괜찮을 소리를 노래하지 않는다. 예술은 현실의 모방에 그치는 것이 아니라 발견이기도 하다. 그리고 예술가는 사람들에게 세계를 바라보는 눈을 빌려준다.

국회의원이 선거구에 가서 민의를 살피는 것과 마찬가지의 비중으로 정치인은 문학작품이나 무대를 통해 세상을 읽어야 한다. 이것은 곧 정치가 문화에 정을 주는 지름길이 되기도 한다.

지방문화 재창조

문화란 바로 생활양식의 총화라는 관점에서 이해할 때 우리 민족문화의 동질성(同質性)은 아무도 의심하지 않을 것이다. 그런 의미에서 해방 60여년이 지난 오늘에 있어서도 남 · 북 간에 이루어지고 있는 문화의 이질화(異質化)현상을 심각하게 우려하는 까닭은 민족분단의 아픔을 더해주기 때문이 아닐 수 없다.

그러나 한 문화의 형성은 지역적 풍토와 깊이 관련되어 있기 때문에 그 지역이 가지고 있는 특성이 지방문화라는 이름으로 돋보이게 됨은 다시 말할 나위도 없다. 근래에 와서 우리 충청권 주변에 있어서도 세종시의 탄생과 충남도청 이전에 따른 내포신도시 형성 등 지방의 이름을 머리에 이고 있는 새로운 문화권의 이름이 날로 불어나고 있음은 이 까닭이 아닐 수 없다.

이러한 문화권의 다양한 형성은 우리 민족문화의 내실을 더욱 풍요하게 해주는데 크게 기여할지언정 결코 이질화라는 부정적 요소로 작용하지 않을 것임은 다시 말할 나위도 없다.

그러나 이렇듯 긍정적 요인을 다분히 내포하고 있는 지방문화권의 존재도 오랜 전통적 역사 현장으로서의 중앙집권적 정치체제하에서 과연 얼마만큼의 명맥을 이어왔을까. 실로 중앙중심의 독선적 사고에 밀린 지방경시의 풍조도 요즈음 와서야 비로소 다소 수그러지고 새로운 문화균형시대의 도래라는 명제와 더불어 겨우 그 명맥의 소생을 기대할 수 있게 된 것은 그것이 비록 시대적 요청의 당위성에 힘입은 바라 하더라도 다행한 일이 아닐 수 없다.

문화란 그 사회의 발전과 정비례하여 단계적으로 새로운 문화를 창조하면서 변천한다는 점을 생각한다면 그 지역의 지방문화는 새로운 시대요청에 따른 문화 창조의 기본적 요인으로서도 결코 과소평가할 수 없음은 다시 말할 나위도 없다. 그럼에도 불구하고 외형적인 경제성장의 그늘에 가려진 채 아무도 챙기는 이 없이 버려둔다면 이 시대의 문화적 후진성의 극복이라는 막중한 책임은 누가 져야 할 것인가. 문화란 항상 전통문화와 외래문화와의 오묘함에 의한 창조적 기능을 그의 생명처럼 간직하고 있다는 점에서도 새로운 지역권문화의 재창조는 이 시대의 절실한 요청이 아닐 수 없다.

그러므로 이제 우리들은 소위 지방문화의 재창조를 위해서는 적어도 최소한의 기본 여건이 갖추어지지 않으면 안 된다는 사실을 여기서 또 다시 지적하지 않을 수 없다.

첫째 앞에서도 잠시 언급한 바 있듯이 우리 충청지역에 세종시의 탄생과 더불어 중앙집권적인 문화정책의 대폭적이고 특단적인 지방이양을 지적하지 않을 수 없다. 소위 지방자치제의 실시에 따른 제도적 개선뿐 아니라 그에 따른 모든 시책에 있어서도 지방시대라는 명목에 알맞도록 지방우선주의가 선행되어져야 할 것이다.

지금 서울은 인구의 포화상태에 놓여 있을 뿐 아니라 정치경제적 과잉현상은 그만두고라도 모든 문화적 시설이나 행사에 있어서도 절대적인 우위를 점하고 있음은 다시 말할 나위도 없다. 그와는 상대적으로 문화적 빈곤에 처해있는 지방에 있어서는 비록 일일생활권이라는 미명아래 국토는 이제 하나가 된 양 일컬어지고 있기는 하지만, 아직도 도비(都鄙)간의 불균형은 좀처럼 시정되지 않고 있는 것이다. 이러한 문화생활권의 균등화를 가져오기 위해서는 대담한 정책변화에 따른 새로운 지방문화 재창조의 육성방안이 짜여지지 않으면 안 될 것이다.

둘째로 지적하고 싶은 지방문화의 재창조를 위한 시책으로는 지방자치제의 실시라는 구실 아래 지방의 책임으로만 미루지 말고 각 지방의 지방대학과 박물관들이 국립(國立)이 있듯이 적어도 지방문화의 육성이라는 관점에서 국립, 다시 말하면 국가의 전폭적인 책임 하에서 이루어져야 하리라고 믿는다. 그리하여 지금까지의 지방문화는 적어도 벽지에 버려진 고아가 아니라 본가의 장손처럼 민족문화의 총아가 되어야 한다. 그리하여 국가의 문화적 유산을 온통 상속받는 위치에서 국가의 전폭적인 보호육성을 받아 마땅하리라고 본다.

셋째 지방문화의 재창조를 위한 국가의 투자는 균등주의를 버리고 지금까지의 문화적 취약지구에 우선적으로 투자하여 스스로 전국적인 문화시설의 균질화(均質化)와 문화행사의 능률화를 기하도록 하여야 마땅할 것이다. 따라서 지난해 충남도청 이전과 올해 말 정부 각 부처의 이전이 완료되는 세종특별자치시의 새로운 모습과 함께 지방문화 재창조의 원년이 되기를 바라는 마음이다.

(2013. 12. 30 / 중도일보)

텃세 考

몇십 년 전까지만 해도 농경사회의 구조 속에서 살아온 우리 민족에게는 대체로 개방성보다는 폐쇄성이 강하기 마련인 것은 너무나 당연한 특성이라고 하겠다.

더구나 그 농경사회의 기본틀이 대개 집성촌의 동성동본들끼리 살아온 형태이거나 몇 가구가 오밀조밀 모인 취락구조의 특성이 그대로 남이서 배타성을 조장시켜온 것도 사실이다.

더 구체적으로 본다면 들보다는 산이 많은(70% 이상) 우리나라에서는 산 너머 저쪽 마을이 늘 생소하기만 하고 두렵기만 했다. 생소하고 두려운 것은 적대시하게 마련이고 적대시하다 보니 이쪽에서 그 쪽에 가기도 싫고 그쪽에서 이쪽에 찾아오는 것도 전혀 반갑지 않다. 이러한 산간취락 형태는 결국 오늘날에까지도 지역감정 형성을 조장해 왔으며 이는 최근 민주화의 열기와 병행해서도 큰 문제점으로 지적되고 있다.

비근한 예로 우리 충남이나 대전도 이러한 폐쇄성과 배타성이 비교적 강하다는 점에서는 예외일 수가 없지 않은가 한다. 더구나 충남은 좋은 의미로 보면 양반의 고장, 선비의 고향으로 그 전통성이나 역사성이 크게 부각되고 있는 고장이요, 나쁜 의미로 보면 쓸데없는 아집과 보수적인 배타성이 아직도 엄존하고 있는 지방이라 하겠다.

이러한 폐쇄성 내지 배타성은 그 반작용이 자신들끼리만의 밀착성 내지 편애성을 낳게 되고 이는 어느 지방 어느 고장 할 것 없이 소위 '텃세'라는 기형적 자기애와 이질적 대상에 대한 배신감을 나타낸 것이라 하겠다.

이와 같은 편파성은 우리나라 국민 전반의 의식구조에서도 엿볼 수 있다. 그것은 우선 우리 민족이 소위 한민족이라고 하는 단일혈통의 민족인 점에서도 심한 편파성 내지 편애성을 나타낼 수밖에 없다. 그러나 우리는 배달민족이니 백의민족이니 해가면서 민족전체의 순수성과 단일성을 자랑하다 보니 알게 모르게 배타와 반외세니 하는 구호를 많이 내세우는 것도 결코 우연일 수만은 없다고 본다.

따라서 우리는 알게 모르게 동족애, 동포애, 동향애, 동지애 등의 의식에 투철하고, 이는 지방의 향토애, 도시농촌의 텃세 등으로 발전(?)하게 마련이다. 그리고 이러한 성향은 소위 동일집단의 편애 내지 과보호의 결과를 낳아 흔히 말하는 그룹 파~워 형태로도 나타나게 된다.

그 단적인 예가 지연, 학연, 혈연 등이고 그밖에도 같은 사업, 같은 학문, 같은 예술에 종사하는 이들에게도 이러한 그룹파워가 위세를 떨치기 마련이다. 행이든 불행이든 필자가 문화예술계에 몸담고 있다 보니 이러한 텃세 내지 그룹파워는 문화예술계에도 전반적으로 나타나고 있고 타지방 시 · 도는 말할 것도 없지만 필자의 활동 무대인 대전이나 충남에서도 문화예술인들의 텃세나 배타성도 무시 못 할 만큼 내재되어 있다고 해도 과언이 아닐 것이다.

그렇다고 해서 필자가 이러한 동향애(同鄕愛) 내지 텃세가 무조건 나쁘다는 이야기는 아니다. 자기 고향을 사랑하고 자기 고향 특유의 문화예술인 내지 자신들과의 학연, 혹은 인연 등이 다른 문화예술인에 대해 의도적으로 배타하고 백안시하려고 하는 경향은 결코 바람직하지 못한 일이 아닌가 한다. 하물며 개인적으로 누구를 가깝게, 혹은 멀게 대하는 것이야 흔히 있을 수 있는 일이지만 집단적으로, 다시 말하면 그룹 파~워를 이용해 특정인을 매도하거나 비방하는 사례는 더욱 딱한 텃세의 횡포가 아닌가 한다.

예술은 오로지 개인적 창조 작업이요, 개인의 재기와 역량으로 표출되는 창작행위다. 백사람이 똘똘 뭉쳐도 어느 위대한 예술가 한 사람의 창작세계를 무시하거나 폄하할 수는 없는 노릇이다. 예술은 작품 그 자체의 우열로 그 가치가 판단되기 때문이다. 우리 충남이나 대전에서도 지방색도 좋고 지방에서 오랜 인연을 맺은 분들의 그룹 파~워도 좋지만 이제는 다른 어느 분야보다도 문화예술 분야에서부터 폐쇄적이거나 배타적인 성향을 지양해 나아가야 할 때가 온 줄로 안다.

문화예술은 국가 민족도 초월하여 범세계적으로 초국가적으로 발전해 나가고 있기 때문이다. 따라서 보다 폭넓은 인간애와 예술애(藝術愛)를 갖고 사소한 텃세에 안주하기보다는 진정한 예술창작을 위해 우리 지방 문화예술인들부터 확 트인 예술관을 보여주었으면 하는 마음 간절하다.

(2012. 9. 27 / 중도일보)

토끼와 거북이

우리나라 전통동화인 '토끼와 거북이' 이야기가 새삼 떠오른다. 대체로 토끼를 재치 있고 유능하지만 지나친 과시욕(誇示慾)이나 자기만족에 빠져 경망스러운 짓을 잘하는 대상으로 본 반면에, 거북이는 느리고 둔하지만 쉬지 않고 꾸준히 노력하는 성실한 유형으로 대조시킨 것이 재미있고, 결국 전자보다는 후자가 최후의 승리자가 될 수 있으니 바람직하다는 교훈이 들어 있다.

그러나 이런 동화는 서양 사람들에게는 전혀 설득력이 없고 아무 감동을 주지 못한다는 것이다. 그 가장 큰 이유는 뒤늦게 따라온 거북이가 잠자는 토끼를 보고도 깨울 생각을 하지 않고 그냥 자기 혼자만 경주를 해서 일등을 한 것이니, 그것은 경기의 기본적인 즉, 파인플레이 정신에 어긋난다는 것이다.

그렇게 보면 서양 사람들의 지적도 일리가 있는 것 같다. 그야 어떻든 필자는 굳이 우리의 전래동화를 무시하고 싶은 생각은 추호도 없고, 오히려 이 동화를 곰곰이 생각하다 보면 그것이 문득 우리나라 예술인의 어떤 성향이나 판도와도 일맥상통하는 면이 있는 것이 아닌가 하는 생각이 들 때도 있다.

가령 중앙(서울)무대에서 민첩하게 활약하는, 그래서 자타가 우수하다고 평가하는 많은 예술인들이 토끼의 어떤 특성과 같다면, 지방에서 활동하는 다소 우직한 예술인들은 거북이의 어떤 이미지를 닮은 것이 아닌가하는 생각이 들기 때문이다. 이렇게 비유하고 보니 결국 언젠가는 지방예술인이 중앙예술인을 꼭 앞설 것이라는 암시가 될 수도 있겠는데, 필자가 강조하고 싶은 것은 그런 승부의 결과에 있는 것이 아니라, 대체적인 예술창작과정이나 그 활동의 기본양상만을 비교해 본 것뿐이니 그 점은 오해 없기 바란다.

아무리 중앙무대에서 예술적인 재능이나 역량을 인정받은 유능한 예술인이라 할지라도 보다 겸허하고 자중자애(自重自愛)하는 자세를 보일 때 더욱 많은 성가(聲價)도 높아질 것은 자명한 일일 것이며, 비록 지방에서 활동하는 예술인일지라도 추호도 자격지심을 갖거나 피해의식을 갖지 말고 자신의 예술창작에 전념하고 부지런히 연구 노력한다면, 오히려 중앙무대의 예술인보다도 높은 인정을 받을 것은 당연한 귀결이니 말이다.

우리 모두 토끼처럼 뛰고 거북이의 집념처럼 정진한다면 무엇이든지 이루어낼 수 있지 않을까.

포도가 영그는 계절에

내 고장 7월은 청포도가 익어가는 계절! 해마다 이맘때가 되면 이런 시(詩)를 읊었던 육사(陸史)의 음성이 들리는 듯하다. 아닌 게 아니라 7월과 8월은 온갖 과일이 풍성하게 익어가는 계절이며 특히 8월은 우리 민족에게 여러 가지로 뜻 깊은 달이다.

그 중 가장 먼저 뇌리에 떠오르는 것은 광복의 이미지다. 36년간이나 일제의 시슬에 얽매였다가 감격의 민족해방을 맞은 1945년 8월, 그 8월 이후 우리 민족이 좀 더 냉철히 자각하고 현명하게 대처했더라면 조국분단의 엄청난 비극과 오늘의 현상들을 막을 수 있었을 텐데 하는 안타까움이 남는다. 그러기에 우리는 해마다 8월이 오면 조국의 독립과 민족의 통일이 왜 소중한가를 더욱 절실히 느끼는 달이라고 하겠다.

그밖에도 우리 속담엔 '여름농부, 가을신선'이란 말이 있다. 그 어느 해보다도 더 무더웠던 올해 7, 8월에 구슬 같은 땀을 흘리며 일하는 농부만이 결실의 10월이 오면 풍요로운 수확과 더불어 신선같이 편안히

지낼 수 있다는 비유일 것이다.

40° 에 가까운 예년에 없는 폭염과 전국의 극심한 가뭄피해에 비해 우리고장의 가뭄 피해는 더 극심한 편으로 특히 부여, 서천, 논산 지방의 대부분의 농민들은 가뭄에 시달리고 농토를 바라보며 애타는 마음을 금할 길이 없게 되었다. 다행히 그런 대로 관계 당국이 삼위일체가 되어 가뭄피해를 극소화하는데 최선을 다하고 있음은 정말 가슴 뿌듯한 일이 아닐 수 없다.

우리 고장 예술인들도 이러한 농촌의 가뭄피해를 조속히 치유하는데 개개인은 물론 각 예술단체가 할 수 있는 최대한의 동포애를 발휘하는 데 동참해야 할 것으로 믿고 있다. 아울러 글머리에 8월은 온갖 과일이 풍성하게 영그는 계절임을 밝힌 바 있다만 우리 문화예술인들도 지금부터 땀을 흘리고 자신의 창작활동에 전념해야 다가오는 10월 문화의 달에 보다 알차고 풍성한 수확과 영광을 얻으리라고 믿는다.

뙤약볕 아래 일하는 농부가 초인적인 힘으로 자신의 괴로움을 이겨내듯이 예술창작에 전념하는 우리 문화예술인들도 이 무더운 계절에 자신의 작품을 위해서 자신과의 싸움, 자신의 고독을 참고 이겨내야 할 것이다. 그리하여 오는 가을에 보다 더 풍요로운 대전과 충남, 아니 전국 어느 지방보다 앞선 위대한 창작열을 과시할 수 있도록 지금부터 각고의 노력을 경주해 나가야 할 것이다.

한밭문화 정책의 전환

1991년 지방자치제가 실시되면서 그 동안 침체 내지는 거의 실종단계에 이르렀던 지역문화가 그 지방의 특성에 걸맞게 꽃피워질 수 있으리라는 큰 기대가 있었다.

그러나 작금에 와서는 아직도 그 단계를 벗어나지 못하고 머물러 있어 만족스럽게 정착하자면 다소 요원한 느낌이 들기도 하지만 그것이 차츰 뿌리가 내려진다면 지금까지 수도권에만 집중되어 있는 문화예술이 지방으로 분산될 것이며 그렇게 될 때 낙후된 한밭문화도 크게 활성화될 것으로 점쳐볼 수 있는 것이다.

하지만 이 같은 기대나 전망은 우리 대전의 문화현주소를 확인해 볼 때 지극히 막연한 것임을 부인할 수 없다. 그것은 지방 자치제가 실시된 지금 당장 우리 한밭문화예술이 발전하리라는 기대를 걸기에는 여러 가지 여건상 어려운 일이며 지방자치제에 있어서 제도적 재정적 보완 조치가 뒤따르지 않으면 한밭문화의 창달을 꾀할 수 없기 때문이다.

따라서 지방자치제의 실시를 낙후되고 획일화된 우리 한밭문화에 활력을 불어넣는 계기로 삼기 위해서는 대전시가 본격적인 지방화시대에 상응하는 문화정책의 전환과 한밭문화를 육성하기 위한 다각적인 지원 시책이 선행되어야 할 것이다.

이 같은 제도적, 재정적 뒷받침이 수반되지 않을 때, 지방자치제가 한밭문화의 활성화를 위한 전제로서 가능성을 열어주는 계기가 될 것은 틀림없지만 그것이 한밭문화의 발전적 활성화에 필요충분조건이 되지 못할 것이다.

이와 관련해서 가장 시급한 문제는 날로 심화되었던 문화의 중앙 집권화의 폐해를 해소시키고 우리 한밭특성에 알맞은 문화예술을 육성하기 위한 여건을 조성하는 일이라 볼 수 있다. 그동안 문화의 중앙 집권화의 심화는 모든 경제활동, 금융기관, 교육기관, 사회문화시설, 각종 편의시설 등이 수도권에 집중되어 있는 현재와 같은 여건을 조성하기 위해서는 무엇보다 먼저 다음과 같은 시책이 추진되어야 한다.

1, 우리대전의 문화유산과 문화예술의 고유성 및 가치의 발굴
2. 시민의 가치 의식
3, 한밭 문화예술의 발전을 위한 지방재정 및 금융지원 확충
4. 문화예술 체계의 다양화, 분권화를 통한 한밭문화발전의 효율화

이 같은 시책들이 효과를 거두기 위해서는 대전시가 우리 한밭의 특

수성과 실정에 알맞은 문화예술 개발계획을 수립하여 추진할 수 있도록 현재의 중앙집권식 행정체계를 과감히 한밭위주로 전환하는 개혁이 선행되어야 할 것이다.

그러나 이 같은 한밭문화의 활성화 대책도 결국 현재와 같은 체계가 해소되지 않는 한 실효를 거두기 어렵다. 그러므로 중앙과 대등한 사회간접시설, 지방교육기관 및 문화시설, 재정금융지원의 확대, 등 대폭적인 확충 노력이 함께 병행되어야 할 것이다.

이러한 선결 조건과 함께 먼저 우리 시와 시민들이 해야 할 일은 이지역의 정신적 뿌리와 우리가 지향해야 할 정신문화의 가치를 새롭게 창출하여 인식하는 일이다. 문화는 결국 하나의 정신체계이다. 물질문화를 창조할 수 있는 힘과 질서가 바로 정신이요, 예술품의 생명도 바로 정신의 소산이라고 할 수 있기 때문이다.

대전 지방에는 신석기시대부터 인류가 정착한 이래로 각종 많은 유물과 산성(山城), 유적지가 산재해 있다. 또한 이 지역에는 충절정신, 선비정신 등의 뿌리인 수많은 선열들이 탄생하여 이 지역 문화체계의 정신적 근간이 되기도 했다.

이처럼 대전에는 역사의 유물과 문화재가 산재해 있고 정신적 뿌리가 될 수 있는 훌륭한 선열들이 많음에도 불구하고 흔히 시민들조차도 대전에 무슨 문화재가 있으며, 정신적 뿌리와 전통이 있느냐고 반문하면서 대전을 뿌리 없는 지역으로 비하시키기도 한다.

이는 대전을 교통도시, 상업도시 혹은 신흥도시로 인식했던 과거의 인습 탓이기도 하지만 그보다도 문화재와 정신유산에 대한 발굴미비, 보존 부실, 더 나아가 그 가치에 대한 홍보의 미비에서 기인했음을 부인할 수 없는 사실이다.

한 · 중 민간문화교류의 중요성(1)

1992년 한 · 중 국교정상화 이후 1994년 대전시와 중국 강소성 인민정부 남경시 간의 자매도시 결연에 발맞춰 1995년부터 사단법인 한국예술문화진흥회는 남경시서화원과 남경시문학예술계연합회 등 두 예술단체와 자매도시 간 문화교류행사로 한 · 중(대전-남경)서화교류전을 개최하기로 업무협약을 체결했다. 지금까지 20년 동안 서화교류전은 성공적으로 개최돼 왔다.

한 · 중 양 도시 간 우호증진과 공동번영을 위한 교류의 물꼬는 우선 경제교류에 앞서 동양예술 장르 가운데 제일이라 할 수 있는 서화예술교류를 통한 문화교류행사로 시작돼 이미 많은 우리 기업들이 중국에 진출해 경제활동을 하고 있다.

정치적으로 아주 민감한 시점인 작금에 와서 한 · 중 FTA 타결 등 최근 정치상황을 보듯이 많은 정치, 경제, 사회, 문화 등 외교적 현안들이 여러 가지 형태로 복잡하게 얽혀있기도 하다. 이러한 많은 국가 간의 난제들을 풀어갈 좋은 방법은 없을까? 이는 바로 문화에 있다는 것을 그 누구도 부인하지 않을 것이다.

정치와 경제의 문제는 문화의 영역과 떨어져 있지 않다. 우리는 정치, 경제, 사회적인 모든 문제를 같은 시각만으로 접근하는 것은 올바른 해결방법이 될 수 없다는 것을 잘 알고 있다. 이런 의미에서 한 · 중 양국 간의 문화적인 교류는 총체적인 정치, 경제, 사회적인 많은 문제들을 풀 수 있게 하는 근본적인 중요한 해법의 하나가 될 수 있다.

한국과 중국은 지리적으로 인접해 있다. 따라서 역사적으로도 유교문화와 불교, 도교를 문화를 비롯해 한자문화권이라는 공통된 문화적 배경을 지니고 있다. 서로 간의 문화적인 차이와 공통점을 이해하는 일은 진정한 우호의 첩경이다. 문화적 이해는 서로의 인격을 인정하고 존중하게 한다는 점에서 개인이나 국가 간에도 마찬가지로 적용되기 마련이다. 그리고 국가 간의 일도 결국 각 개인들의 총화일 뿐이라는 점을 감안한다면, 사회주의 공산체제를 갖고 있는 중국과의 인적, 물적 교류에 있어서 민간사절의 위치는 중국의 정치적인 입장에서보다는 자유민주주의 체제인 한국의 입장에서 비중이 높다고 할 수 있다. 왜냐하면 한국의 경우에는 사업 주체가 정부기관이나 자치단체보다는 민간인 경우가 더 많고, 민간이 보다 많은 자발적인 인적 자원과 활력을 갖고 있기 때문이다.

올해는 대전-남경 자매도시결연 21주년을 맞는 해다. 대전시의회와 남경시 인민대표자대회는 의정교류협정 15주년을 맞는 해이기도 하다. 이러한 오랜 기간의 연원과 우호협력 속에 지난달 15일부터 21일까지 남경시에서 서화교류 20주년 기념으로 개최한 제20차 한 · 중(대전-남경)서화교류전을 성황리에 마쳤다.

하지만 예년과 달리 대전시로부터 예산지원이 끊겼다. 이처럼 예산지원이 중단된 황당한 상황임에도 지역문화발전에 노력하고 있는 서화예술인들의 뜨거운 열정이 모아져 80명의 작가가 작품을 출품하고, 20명의 작가가 대표단을 구성해 현지를 방문해 교류전을 성공적으로 치러냈다. 당당히 한국의 명예와 대전의 이미지를 선양하는 문화대사로서 그 역할을 톡톡히 수행한 것이다.

아이러니하게도 대전시는 지난해 9월 24일 자매도시 결연 20주년을 맞아 권선택 시장이 직접 남경시를 방문해 무서림(繆瑞林) 남경시장과 양 도시는 여전히 기존 서화교류, 체육교류, 학생교류, 과학기술교류 등 프로젝트를 계속 확대 추진하는 동시에 더욱 다양성과 실질적인 내용의 우호교류 프로젝트를 모색하고 추진하기로 업무협약을 체결한 바 있다.

양 도시 간 상호주의 관행에 따라 내년 대전에서 개최하는 제21차 한 · 중(대전-남경)서화교류전은 이미 개최 일정(10월 13~19일)이 확정됐다. 이는 양 도시 간 우호증진과 공동번영은 물론 서화예술의 세계화를 위한 새로운 20년을 열어가는 문화교류행사가 될 것이며, 이 같은 문화교류의 장은 계속 지속되어야 한다.

정치적으로도 아주 민감한 시점에 정신적, 문화적인 많은 어려움을 무릅쓰고 지난 20년 동안 한해도 거르지 않고 개최해 온 한 · 중 서화교류전에 향후 대전시의 적극적인 배려와 특별한 지원이 뒤따라야 할 것이다.

(2015. 11. 22 / 중도일보)

한 · 중 민간문화교류의 중요성(2)

— 스타이펑 장쑤성(江蘇省)장 방한

이달 초 중국 장쑤성(江蘇省) 스타이펑 성장이 5박 6일 간의 일정으로 한국을 방문한다는 언론보도에는 방한기간 중 정몽구 현대그룹회장을 비롯해 구본무, 최태원 회장 등 재벌 총수들을 면담하고 한국기업 주요공장들을 돌아볼 계획이라고 했다.

이 때문에 삼성과 현대, SK, LG 등 국내 4대 그룹 회장들은 지난 6일, 한국을 찾는 스타이펑 성장을 영접하랴 연휴기간인데도 쉬지 못하고 그를 만나려고 총 출동하는 현상이 빚어졌다.

주인공인 스타이펑 성장은 시진핑 중국 국가주석도, 리커창 국무원 총리도 아니다. 그동안 중국에서 국가주석이나 총리 같은 중앙정부 최고위급 인사가 한국을 찾을 때 재벌 총수들이 줄지어 만나기는 했지만 지방 성(省) 단위 수장까지 일일이 만난다는 것은 이번이 처음이다. 스타이펑 성장은 장쑤 성의 1인자도 아니고, 당서기 다음인 2인자다.

중국 공산당 내 파~워 엘리트그룹인 중앙위원도 아니다. 웬만한 국가의 정상도 보기 힘든 그룹총수들이 중국 지방정부의 2인자를 만나는 이유는 과연 무엇일까. 한마디로 장쑤성이 한국 경제발전에 전략적 가치를 지닌 지역이기 때문이다.

장쑤성은 면적이 중국 전체의 1% 남짓하지만 '경제 허브도시'로 급부상하고 있다. GDP(국내총생산) 규모가 중국 31개 성, 시, 자치구에서 광둥성에 이어 2위다. 대(對) 한국과의 교역량도 2위다. 장쑤성에는 한국의 4대 그룹을 포함해 우리 기업 상당수가 생산 거점을 두고 있다. 양자강을 끼고 있어 물류유통이 편리하고 상하이가 인접해 배후시장도 크기 때문이다.

삼성전자는 쑤저우에 반도체 공장이 있고, 기아자동차와 하이닉스의 반도체 공장은 무석에서 가동 중이다. LG의 경우 난징에서 디스플레이, 화학 두 계열사가 생산 라인을 돌리고 있다. 이러한 지리적인 여건 속에 대전시는 1992년 한·중 국교정상화 이후 1994년 전국지방자치단체로는 제일 먼저 중국 장쑤성의 성도 난징시와 자매도시를 결연했다.

이에 발맞춰 (사)한국예술문화진흥회는 남경시 정부의 남경서화원과 남경시문학예술계연합회 등 두 예술단체와 문화교류로 한·중(대전-남경)서화교류전을 개최하고 지난해까지 21년 동안 한해도 쉬지 않고 교류전을 성대하게 개최해 왔다.

한 · 중 양국 간 우호증진을 위한 교류의 물꼬는 우선 경제교류에 앞서 동양예술장르 중 제일인 서화예술교류를 통한 문화교류를 계기로, 많은 우리 기업들까지 중국에 진출케하는 문화적, 정서적 디딤돌이 되었고 현재에 와서는 한 · 중 FTA 타결 등 외교적으로 많은 현안들을 풀어가는 단초가 바로 문화에 있다는 것과 정치와 경제의 문제는 문화의 영역과 떨어져 있지 않다는 것을 확인해 주고 있다.

따라서 우리는 정치, 경제, 사회적인 모든 문제를 같은 시각만으로 접근하는 것은 올바른 해결방법이 될 수 없다는 것을 확인시켜 주고 있기 때문에 그런 의미에서 한 · 중(대전-남경) 간의 문화교류는 총체적인 정치, 경제, 사회적인 많은 문제들을 풀 수 있게 하는 근본적인 중요한 해법의 하나가 될 수 있는 것이다.

올해는 대전-남경 자매도시 결연 22주년을 맞는 해로 대전시 의회와 남경시 인민대표자대회와는 의정교류 16주년을 맞는 해이기도 하다. 이러한 오랜 기간의 우호협력 속에 오는 9월, 대전에서 제21차 한 · 중(대전-남경)서화교류전을 개최한다.

중국의 경우 경제성장뿐만 아니라 정치사회적인 문화 환경이 한국과는 너무나 차이가 많은 현실로 예술인들은 국가와 기업메세나의 풍족한 지원으로 예술 활동과 문화교류를 실시하고 있는데 반해 우리의 경우 민간예술단체가 국가와 자치단체의 예산지원으로 교류행사를 치르기는 하늘의 별 따기다.

지난해의 경우 지역문화발전에 기여해 온 대전미술인들의 뜨거운 열정이 모아져 자치단체의 예산지원이 한 푼 없는 상황에도 사비를 털어 중국 남경에서 한국의 명예와 대전의 이미지를 선양한 바 있다.

오는 9월 22일부터 28일까지 대전에서 개최하는 제21차 한・중(대전-남경)서화교류전을 계기로 기업총수들처럼 한・중 관계의 중요성을 재인식해 전향적이고 강력한 교류확대 증진방안 마련과 문화교류 사업에 대한 과감한 예산지원이 뒤따라야 할 것이다.

(2016. 5. 22 / 중도일보)

향토(鄕土) 예술인을 사랑하자

다른 지방보다 우리 충청도는 본시 선비의 고장이며 전통문화와 예술이 온존되어 오는 고장이다.

우리나라 최고의 명필이며 실학자이기도 한 추사 김정희(秋史 金正喜) 선생이 충남인이며, 독립운동가로 33인 중에 한 분이며 〈님 의 침묵〉 등 불후의 명시를 남긴 시인 만해 한용운(萬海 韓龍雲) 선생도 충남인이다.

백제는 활달한 문화를 신라는 물론 일본에까지 전파했는데 백제의 도읍지 공주와 부여였다는 것을 생각하면 충남문화는 일찍이 그 찬란한 빛을 사해(四海)에 떨친 것이다.

굳이 요즈음 우리 대전과 충남이 낳은 시인, 작가, 화가, 서예가, 음악가, 조각가, 무용가를 일일이 들지 않더라도 우리 대전과 충남의 예술인들이 향토의 명예와 긍지를 높이 선양한 예는 얼마든지 찾아볼 수 있을 것이다.

한 가지 아쉬운 것은 최근 우리나라 문화예술이 지나치게 중앙집권적 양상을 탈피하지 못하고 더 비대해 가고 있는 것도 사실이지만 서울에서 활략하는 우리 대전, 충남 출신 예술인도 허다함을 생각할 때 우리는 더욱 분발하고 정진해야 할 것으로 생각한다.

따라서 비록 향토의 예술인이지만 참신하고 우수한 작품을 지속적으로 발표하는 분은 언젠가 그 명성과 권위가 중앙인 못지않게 드러날 것으로 믿고 싶다.

다만 이 문제는 비단 우리 고장에 국한된 일은 아니지만 요즈음 사회가 극도로 산업화되고 국민들의 의식이 물질주의 내지는 배금주의 풍조가 농후해지면서 문화예술에 대한 인식이 부족하고 문화예술인에 대한 예우와 존중이 결여되고 있는 사실은 안타까운 노릇이라 하겠다.

문화예술을 외면하는 민족은 우민(愚民)이라고 해도 과언이 아닐 것이다. 이런 현실일수록 뜻있는 분들이 매스컴이나 기타 문화매체를 통해서 문화예술인에 대한 새로운 이해나 대우를 회복할 수 있도록 앞장서야 할 것이다.

그런 의미에서 최근 관계당국의 시책이나 지역의 지도층에 있는 책임 있는 인사들이 공, 사석에서 지역예술발전에 큰 관심을 표명하고 있는 것은 대전, 충남 예술뿐만 아니라 지역예술의 장래를 위하여 매우 고무적인 일이라고 하겠다.

국민들이 권력과 돈에만 맹종을 하고 문화와 예술을 등한시한다면 그것은 마치 몸만 있고 정신이 없는 사람과 같다. 따라서 그 민족의 위대한 혼(魂)이나 정기가 소멸될 것은 자명한 일이다.

레저의 봄이나 스포츠를 봄을 타고 운동경기에 몰두하는 TV공해들을 감안할 때 국민들의 건전한 정신문화가 지극히 아쉬운 것이 현실이다. 그러나 고향을 지키고 가꾸어 온 향토 예술인들은 비록 가난하고 당장은 빛나지 않아 보이는 예술창작의 고달픈 길이지만 훗날의 명예와 대성을 꿈꾸며 노력해야할 것이다.

아울러 누구보다 우리 예술인 스스로가 상호이해와 존중 속에서 서로 아끼고 존경하는 풍토를 조성함으로써 보다 위대한 문화예술의 발전을 이룩할 수 있도록 협력해야 할 것이다.

흙의 신비

1988년 12월 서예를 곁들인 '남계 조종국 도서전(陶書展)'을 열면서 그때 느낀 소감이 주마등처럼 스쳐간다. 흙처럼 신비롭고 영원한 존재가 없는것 같다. 아무리 위대한 예술품이나 아무리 웅장한 구조물도 결국 오랜 세월이 지나고 나면 다 풍화하여 흙으로 되돌아간다는 생각이 들기 때문이다.

가령 폼페이 시의 최후 같은 것을 생각해도 그 영화와 번성이 결국 흙속에 묻히고 만 게 사실이다. 중국의 만리장성이 어떻고 이집트의 피라미드가 어떻다 해도 언젠가는 결국 흙에 반환되고 말 것은 뻔한 운명이다.

그러나 흙은 되돌려 받기만 하는 무지한 존재가 아니라 그 속에서 뭔가를 되돌려 주는 매력 또한 대단하다. 가령 흙속에서 풀과 나무, 곡식 등을 비롯한 삼라만상이 움트고 자라는 것은 두말할 나위도 없고, 석유나 석탄 온천수나 금, 은, 보화까지 나오는 것을 보면, 흙은 가져가기만

하는 무법자가 아니라 되돌려줌을 아는 위대한 시혜자(施惠者)임이 분명하다.

이러한 흙의 영원성을 어느 화가는 자신의 서과(도료)에 흙가루(粉沙) 같은 것을 섞어서 그림을 그리는 경우도 있다고 한다. 그는 자신의 그림이 단 몇 백 년 만이라도 더 오래 남기를 바라는 뜻에서 그러했을 것이다.

그러나 그러한 예술품도 수천 년, 수만 년은 가지 못할 것이 뻔한 노릇이다. 하물며 필자가 쓰고 있는 붓글씨나 그밖에 수많은 공간예술품이 유한한 존재임을 생각할 때, 이는 한편 섭섭하면서도 한편 다행한 일이 아닌가 한다. 왜냐하면 이 지구상에 그 수많은 예술품이나 구조물이 영원히 흙에 귀의하지 못하고 그냥 멍청히 남아 있기만 한다면, 도무지 우리의 오랜 후손들은 그 너절한 점유물들 때문에 얼마나 번거롭고 답답해할 것인가를 생각해서 하는 말이다.

따라서 적당히 남아있을 것은 남아있고, 그 뒤로 적당히 사라질 것은 사라진다는 이 생멸(生滅)의 섭리가 사실은 너무 고마운 노릇이 아니겠는가. 모처럼 흙의 신비를 생각하면서 천년 만년 살아남을 줄 아는 욕심많은 인간들에게 새삼스럽게 연민의 정을 느끼는 것은 나만의 독선일까?

(2015. 4. 17 / 목요저널)

3장

정치의 허실

남계 조종국 칼럼집 | 내 마음의 꽃신

21세기 대전, 고향적 공동체를 꿈꾸며

'고향'하면 필자는 떠오르는 노래가 하나 있다. 한명희 작사 장일남 작곡의 가곡 〈비목〉이다. 요즘은 매스컴에서 우리 가곡을 들을 기회가 많지 않아서인지, 국경일이나 특별한 날에 가곡을 접하게 되면 유난히 진하고 복잡한 만감(萬感)이 폐부 깊숙이 파고들곤 한다. TV를 장식하는 신나는 아이돌그룹의 노래에서는 찾아보기 힘든 한국적 정서와 고단했던 역사가 배어있기 때문이리라.

비목은 전쟁의 포화 속에 스러져간 이름 없는 병사의 허물어져가는 묘비를 노래하며 한국전쟁의 참상을 애절하게 담고 있다. 먼 고향에 대한 그리움 마디마디 그리고 그 옛날 추억 속에 서러움 알알이 이끼가 되고 돌이 되었다는 노랫말을 들으며, 피 흘리며 죽어가던 젊은 병사와 그의 눈앞에 환영처럼 스쳐갔을 고향 풍경을 상상하면서 순간 가슴이 울컥하지 않는 이는 드물 것이다. 고향, 우리 한국인에게 고향이란 그렇게 '차마 꿈엔들 잊혀질 리' 없는 애절한 존재가 아닐까.

그러나 고향은 이렇게 서정적인 감성을 자극하는 대상으로 끝나지는 않는다. 때로는 고향이 엉뚱하게 부각 되고 지역감정의 원인이 되어 나라를 분열시키기도 하고, 혹은 반대로 고향에 얽매이는 것은 온라인 네트워크와 교통수단이 발달한 요즘 같은 시대에 뒤떨어진 구태(舊態)한 발상이라는 양 극단이 존재한다. 모든 사람들 저 마다의 고향도 그 중간 어디쯤에 위치해 있을 것이다.

얼마 전 지인들과 대전의 주민구성에 대한 이야기를 나누면서 대전에서 독특하게 나타나는 고향의 특성이 무엇일까 생각해보게 되었다. 대개 사람들이 말하기를, 대전은 말 그대로 한밭인데 밭전(田)자의 4구역을 충청도 토박이와 전라도, 경상도 이북5도 등 타 지역의 이방인이 각각 차지하고 있다고들 한다. 그런 탓에 타 지역 출신은 대전에 뿌리를 내렸어도 적극적인 애향심을 표현하지 못하는 반면, 특정학교 출신 소수가 대전을 좌지우지한다는 볼멘소리가 들리곤 한다. 또 지역사회가 출신지역별로 제각각 분열되어 한 목소리를 내지 못하여 궁극적으로는 지역발전을 저해한다는 걱정도 들린다. 대전은 진정 대전시민의 고향 잣대 어디쯤에 위치해 있을까?

그런데 사람들이 그리워하고 잊지 못하는 고향은 단순히 어떤 물리적인 땅이나 지명이 아니라 그 땅에서 어우러져 살며 만들어낸 사람들의 히스토리이고 추억이라는 점이다. 우리가 기억하는 고향은 어릴 적 개구쟁이 친구들과 어깨동무하고 뛰놀던 놀이터이고, 부모님 몰래 군것질하던 학교 앞 구멍가게이며, 자식들 뒷바라지에 힘겨운 줄 모르시던 어머님의 손때 묻은 집안이자, 결혼하고 자식 낳고 만원버스에 시달리며 출퇴근하면서도 신 바람나게 일했던 직장이다. 바로 이런 것들이 고향의 실체인 것이다. 그렇다면 대전에서 이런 히스토리와 추억을 쌓은 사람이라면 조상 묘를 어디에 모셨던 본관이 어디든 상관없이 대전을 고향이라 부를 수 있지 않을까!

대전은 사통팔달(四通八達)하는 독특한 지역성을 기반으로 성장한 도시다. 사방에서 여러 사람들이 모여들고 또 팔방으로 뻗어나갈 수 있는 지리적 특성 덕분에, 당연히 여러 지역의 다양하고 새로운 문화와 지식이 자연스럽게 도입되고 융화되어 대전만의 독특한 개성으로 다시 태어나 다른 지역으로 퍼져나갈 수 있는 힘을 지녔다. 따라서 대전은 지리적으로 개방과 포용의 미덕을 바탕으로 역동적인 힘을 발휘할 수 있는 저력을 지닌 열린 도시라고 할 수 있다. 대전에서 나고 자란 토박이뿐만 아니라 타지에서 대전으로 옮겨온 사람들도 굳건히 뿌리내릴 수 있는 21세기 고향 적 사회의 원형 같은 도시인 셈이다.

그러나 대전을 진정한 고향 적 사회, 열린 도시로 만드는 것은 우리 대전 시민 각자에게 달렸다. 대전의 모든 어린이가 건강하게 자라고 양질의 교육을 받을 수 있도록, 사회에 첫발을 디딘 젊은이가 건전한 희망과 담대한 포부를 펼칠 수 있도록, 성실한 가장의 수고가 정당하게 평가되고 인정받을 수 있도록, 연장자들의 경험과 지혜를 살려나갈 수 있도록, 시민과 행정기관과 각 사회단체 모두가 마음을 합하고 노력하는 과정에서 고향이 만들어지는 것이 아닐까. 그래서인지 대전에서 '복지 만

두레'같은 사업이 활성화되고 있다는 소식이 반갑고, 또 다방면에서 이런 지역공동체 사업이 적극 진행되기를 기원한다.

필자는 대전의 밭 전(田)자를 좋아한다. 각 지역출신의 분열을 뜻하는 밭이 아니라, 신뢰할 만한 든든하고 커다란 울타리의 보호 속에 각각의 영역에서 각자의 독특한 개성을 발휘하여 균형과 조화를 이룬 열린 사회를 상징하는 잘 정돈된 밭을 좋아한다.

이중환(李重煥, 1690~1752) 선생이 택리지(擇里志)에서 산불고수려, 수불심청징(山不高秀麗, 水不深淸澄) 〈산은 비록 높지 않으나, 아름답고 물은 깊지 않으나 맑다.〉하여 경향의 사대부들이 몰려와 사는 곳이라 하였으며 대전 갑천(甲川) 일대는 사대부가 터를 골라 살기에 명당이라고 한 것은 바로 이런 대전의 개방적 특성을 꿰뚫어봤기 때문이리라.

필자는 비록 대전에서 태어나지 않았으나, 지난 40여년을 대전에서 빨간 신발을 신고 자식 키우고 일하고 지역문화발전을 위해 열정을 다해 봉사하고 정성을 쏟으며 살아온 대전 토박이라고 자부한다. 필자는 오늘도 여전히 대전의 고향적 공동체를 꿈꾼다.

(2011. 2. 22 / 디트뉴스)

광복 71년

2016년 올해가 우리나라가 일제의 사슬에서 풀려난 지 꼭 71년이 되는 '광복 71년의 해'이다. 그러나 이 71년은 광복과 동시에 남북으로 갈린 한반도의 운명을 생각하면 그대로 분단 71년, 장벽 71년, 이산 71년으로 표현될 만큼 우리 민족에게 시련과 고통을 안겨준 한 많은 50년이기도 하다.

필자는 개인으로 봐도 네 살 때 광복을 맞아 아직까지도 남북이 대치하고 있으니 70평생을 분단의 나라에서 살아온 불우한 세대가 아닐 수 없다.

그동안 남한이야 한때 자유당정권이나 군사정권의 등장으로 국민의 자유와 민주의식을 유보당한 적도 있었지만 4.19, 6.3, 6.29 등의 값진 민주화를 위한 희생과 대가를 치른 나머지 결국 정통성 있는 정부의 탄생을 보게 되었고, 국민이 언론. 집회. 결사 등의 자유를 구속받는 일 없이 세계 어디에 내놔도 부끄럽지 않은 자유민주주의 국가를 이룩했다고 본다.

그러나 같은 71년 동안 38이북의 북한은 과연 어떠했나. 김일성과 김정일 사망 이후 북한의 독재자 김정은의 일인독재, 일당독재, 군사독재로 북한 국민들을 완전히 사병화(私兵化) 내지는 노예화한 사실을 생각할 때 남북의 이질감 내지 차별화는 새삼스러운 것이 아니다.

그들은 소위 주체사상이니 우리식 사회주의를 신봉하면서 6. 25라는 동족상잔의 남침전쟁을 일으켰고, 기회 있을 때마다 남한을 무력적화하려는 야욕에 불타 그동안 이루 헤아릴 수 없이 남한을 괴롭혀온 장본인들이다. 더구나 최근에는 전 세계의 공산주의 퇴조와 사회주의 국가의 붕괴를 보고 북한의 존립이 위기에 봉착하고 있음을 직감한 나머지 유일한 배수진인 핵을 담보로 IAEA 탈퇴 선언 등 갖은 비인도적 처사를 감행하고 있다.

다시 말하면 비록 일제에서 해방된 지 71년이란 장구한 세월이 흘렀어도 북한정권의 모든 양상과 정책은 추호도 남한 적화 통일에의 집념을 포기하지 않은 채 김일성과 김정일보다도 더 강경한 노선을 획책하는 김정은 체제와 대결하고 있는 셈이다.

더구나 김정은은 남한의 주사파, 한총련 등을 뒤에서 조정선동하며 소위 좌파운동의 혁명적 정신으로 한국의 사회폭발에 기대, 이를 바탕으로 남한을 적화하려는 야욕을 추호도 버리지 못하고 있는 것으로 우리는 보도를 통하여 알고 있다.

이렇게 본다면 우리의 통일 노력과 의지는 김정은의 집권으로 다시 원점으로 돌아가 근본적으로 재검토 재조정되어야 할 것이며 저들이 설혹 북미회담을 추진하거나 남북정상회담을 원한다 해도, 그 시기, 장소, 토의안건 등을 사전에 예의 검토하여 결코 저들의 장단에 놀아나서는 아니 될 것이다.

우리는 물론 광복 71년, 다시 말하면 해방 반세기를 맞아도 남북이 분단되고 있는 비극을 뼈저리게 통감하고 있는 게 사실이다. 그러나 한반도의 평화적 통일이 아니고 저들이 적화통일을 부추길 바에야 광복 후 71년 아니라 100년을 기다린다고 하여도 우리는 그런 통일을 원할 수는 없다.

진정한 자유와 평화, 그리고 국민의 정당한 생존권이 보장되지 않는 어떠한 통일도 그것은 분단의 비극보다 더 큰 질곡이기 때문이다.

(2016. 8. 13 / 목요저널)

국기유감(國旗有感)

국가가 나라의 존립(存立)을 상징하고 민족의 얼을 표시함에는 재언의 여지가 없을 것이다. 따라서 국가와 민족을 소중히 아는 국민이라면 국가의 권위와 위용은 존중하여 마땅할 것이다.

한 학교가 폐교되면 그 학교의 교기마저 없어지듯이 국기는 그대로 그 국가의 존망(存亡)과 운명을 같이한다. 따라서 국기는 국가의 부끄럽지만 우리가 일제(日帝)에게 나라를 잃은 그 때에 우리의 태극기는 빛을 잃고 지하에 숨겨졌거나, 국내외 독립 운동가들의 억울한 가슴에 묻혀 있었다. 가히 국기가 치욕의 세월을 겪은 시기다.

다행히 조국이 광복되면서 한반도는 때 아닌 태극기의 물결로 가득했고 비록 분단의 비극으로 이북에는 색다른 또 하나의 국기가 생겼지만 태극기야말로 우리의 전통성과 민족의 자존을 지켜온 자랑스러운 표상이 되어왔다.

특히 지난 1992년 바르셀로나 올림픽에서 우리의 태극기가 세계만방의 국기와 어깨를 나란히 하고 하늘에 나부낄 때, 이 국기의 파란만장한 영욕과 상처를 아는 국민이라면 누구나 감격 깊게 태극기가 게양되는 모습을 지켜보면서 우리는 얼마나 국기의 권위와 가치를 실감 있게 체험했던가.

그런데 최근 우리나라에 이상한 풍조 하나가 생겼다. 바로 이 소중한 국기를 경시하는 풍조가 그것이다. 가령 모든 공공기관에서 매일같이 거행되던 하기식(下旗式)도 슬그머니 사라지고, 국경일에도 국기를 내거는 가정보다 내걸지 않는 집이 더 많아지고 있다.

그래도 아무런 행정지도나 문책이 없으니 국기를 게양하지 않는 것이 부끄럽거나 잘못된 줄도 모르고 있다.

꼭 국기에 대한 경례를 해야 할 만 한 의식에서도 국기배례를 아예 식순에서 빼버리거나 생략하는 경우도 많고, 국기의 제작에 있어서도 그 규격이나 특히 건, 곤, 감, 리 표시 색채의 선정이 일정하지 않다.

우리는 군국주의(軍國主義)처럼 지나치게 국기를 남용하거나 획일적으로 국기를 우상화하는 체제를 원하는 것은 아니다. 그러나 소위 민주화니 자율화니 하는 미명(美名)아래 국기를 무시하거나 아예 망각해 버리는 태도도 지양해 나아가야 할 것이다.

올림픽과 월드컵 등 각종 국제경기에서 상위권에 입상한 국가들의 응원석에 나부끼던 그 위대한 국기들, 그들은 조국과 민족을 아끼는 자부심으로 국기를 게양하지 않았던가.

우리도 국기에 대한 존엄성이나 긍지를 빨리 회복하는 국민이 되어야 할 것이다.

(2015. 12. 23 / 목요저널)

국민정신이 병들고 있다

우리 사회는 어느 사이엔가 벼랑 끝으로 밀려나 있는 듯한 느낌을 준다. 경제와 정치, 사회질서가 차례로 망가지더니 드디어는 개인의 생명까지 흉포한 범죄 앞에서 무방비가 된 최악의 상태가 되어 버렸다.

일반 시민에게는 언제 어디고 안전한 데가 없다. 길을 걸어 다녀도, 차를 타고 다녀도, 자기 집에 있어도 안심을 못하게 된 지경이라면 더 말할 것이 있겠는가.

단독주택은 물론이고 아파트라고 안전지대는 아니다. 낮에는 안전할 것이라는 통념도 대낮에 버젓이 벌어지는 강력 범죄를 보면 이 또한 안전지대가 아니다.

최근 경향각지에서 성폭행, 살인 등 각종 강력사건이 연일 발생하고 사건의 발생시간과 장소를 가리지 않고 그 방법도 잔인하고 대담해진 것을 보면 오늘 우리사회의 병든 모습을 잘 설명해 주는 상징적 현상들이다.

6공화국의 때다. 이른바 '10.13 특별선언' 즉 범죄와의 전쟁선포와 문민정부 출범과 동시에 각종 범죄의 근절에 나섰던 때도 있었다. 범죄의 온상이라 할 각종 사회병리(社會病理)현상은 한마디로 크게는 군사독재와 정치부패, 경제제일주의와 파행적인 산업화 과정에서 빚어진 도덕성과 사회정의의 파탄, 사회의 가치질서 황폐와 자제기능이 부족하여 생겨난 것들이다.

그저 남이야 굶든 자신만은 수백 년을 살 것 같은 환상 속에서 축재만 하고 싶은 욕심과 소비 심리를 제어하지 못한데다 우리 사회에 만연돼 온 정경유착현상에서 그 뿌리를 찾을 수 있다.

구체적으로는 빈부격차와 상대적 박탈감, 배금주의(拜金主義)와 한탕주의, 절약과 근면정신의 퇴조, 과소비와 퇴폐풍조, 이기주의와 공동체의식의 결여 등 각종 병리(病理)현상을 들 수 있을 것이다. 또한 치안대책 미흡과 범죄수법의 발달도 지적되어야 할 것이다. 이러한 각종 범죄사건에서 느껴지는 것은 무엇보다도 지금까지 우리나라 각계 지도자와 당국이 한답시고 해온 일들이 너무도 허망하다는 점이다.

특히 정치지도자들이 벌이고 있는 정치라는 것이 정부당국이 하고 있는 범죄 예방 수사(捜査), 교도행정(矯導行政) 등 각종 대책이라는 것이, 종교인들의 교회 사업이라는 것이, 교육자들의 학교교육이라는 것이, 대중매체 등의 사회교육기능이라는 것이 모두 그러하다.

어떻게 보면 오늘의 정치상황은 범죄를 없애고 살기 좋은 사회로 만드는데 기여하지 못하는 정도가 아니라 오히려 흉포화되는 강력범죄의 원인 일부를 제공하고 있다.

왜냐하면 오늘의 정치에 있어 집권(執權)은 싸움의 구도로 타락함으로써, 또 권력(權力)과 금력(金力)을 상징함으로써 우리 사회의 도덕수준의 저하에 한몫을 하고 있기 때문이다.

정치권은 민생에는 관심이 없어진지 오래다. 끝없는 싸움 구도는 민생은 뒷전인 채 권력과 자신들의 명분을 위해 싸움을 하고 있다.

세계에서 가장 교회가 많은 나라에서 이렇게 범죄가 창궐하는 것은 무엇을 뜻하는 것일까. 또한 지구상에서 가장 교육열이 높다는 나라에서 이렇게 사회규범이 무너진 것은 무엇을 의미하는 것일까.

6월은 호국 보훈의 달이다. 나라를 위해 목숨 바친 호국영령들의 숭고한 애국정신을 기리고 이어받아 나라사랑의 애국정신을 새롭게 다짐해야 할 때다.

정치 · 경제 · 사회 각 분야 지도자들의 허황된 행동들이 국민정신을 병들게 하고 있다. 피켓을 들고 노상캠페인을 벌이거나 막연한 도덕재무장(道德再武裝) 운동차원을 넘는 우리 사회의 건강한 재출발을 위한 종합적 전략을 모두가 모색해야 할 때다.

(2013. 6. 17 / 중도일보)

김승연 회장 다시 한 번의 기회

우리나라는 전통적으로 연고를 중시해왔다. 요즘 활성화되고 있는 지역공동체의 각종 나눔이 이런 연고의식의 긍정적인 모습이라 할 수 있고, 지역의 스포츠 팀 또한 지역정서의 공유와 단결에 기여하는 연고 활동의 하나라 할 수 있다.

특히 지역에 기반을 둔 굴지의 대기업의 존재는 단순히 그를 통한 경제적 혜택을 넘어 지역민의 자긍심을 높여주는 삶의 활력소 역할을 한다. 충청인에게 한화그룹이 바로 그런 존재다.

김승연 회장은 IMF외환위기 직후 사지로 내몰렸던 한화그룹을 과감한 결단력과 시의 적절한 정확한 판단력으로 강도 높은 구조조정 끝에 회생시킨 기업인으로 지금까지도 높이 평가되고 있다. 당시 타 기업의 구조조정과 달리, 계열사를 매각하는 과정에서 김 회장이 100% 고용승계를 계약서에 명문화하여 고용안정을 보장받았던 사례는 경제민주화의 단초가 된 일화로 유명하다. 한화의 임직원이 단순히 고용주와 피고

용인의 관계를 뛰어넘어 지금까지 김 회장에게 특별한 신뢰를 보내는 것도 이런 사연이 있기 때문일 것이다.

지금과 같은 세계화와 자유무역의 총성 없는 무한전쟁터에서 기업이 어떻게 경쟁력을 유지하는가는 필자와 같은 필부의 상상을 넘어서는 일일 것이다. 다만 뉴스 등을 통해, 판단착오로 기업의 운명이 곤두박질 친 사례를 접하면서 기업 총수가 짊어진 막중한 책임의 크기를 가늠해 볼 뿐이다.

예를 들어, 외환위기 당시만 해도 일본의 소니는 기술과 디자인에서 타의 추종을 불허하는 명품 전자제품을 생산하는 기업이었다. 그러나 10여년이 지난 지금 소니는 애플이나 삼성과의 경쟁은커녕 여러 해 적자에 허덕이며 침몰하고 있다고 전한다.

현재 한화그룹은 충청도내에 40여개 기존사업 분야의 내실을 다지는 한편 과감한 태양광산업 진출과 한화금융 완성 등으로 다음 세대를 준비하고 있다고 들었다. 기업의 비전을 세우고 시시각각 변화하는 세계시장에 대응하는 전략을 수행해야 하는 중대한 시기일 것이다. 그런데 그 사업을 진두지휘하던 기업 총수의 손발을 묶어버려 놓았으니, 충청인의 한 사람으로서 그 안타까움은 이루 말로 다 할 수 없을 정도이다.

김 회장은 IMF 외환위기 당시 기업을 살리기 위한 불가피했던 선택이 지금 문제가 되어 법정 구속되어 있고 12월 5일 담당 재판부로 부터 보석신청 마저 기각된 상황이다. 현재의 충청인과 출향인사. 재경상공인과 문화예술계, 종교계 등 각계각층에서 김 회장에 대한 재판부의 선처를 탄원하고 있다.

필자 또한 재판부가 전후 상황과 지역의 정서, 그리고 김 회장이 그간의 국가경제발전을 비롯한 체육, 문화예술진흥, 지역에 대한 경제적 공로를 십분 고려하여, 다시 한 번 세계경제불황 등 국내 경제 불황의 시기에 기업인의 역량을 더 크게 발휘할 수 있는 기회를 줄 것을 간곡하게 요청하는 바이다.

(2012. 12. 6 / 중도일보)

나라는 백성을 근본으로 삼고

얼마 전 필자가 15년 만에 서예개인전을 열면서 〈농가월령가(農家月令歌)〉를 출품했었다. 땀 흘려 농사일을 돌보는 농부의 정성과 노력으로 월령가를 쓰면서 새삼 농사에 대해 다시 생각해보는 기회를 가질 수 있었다. 농사라고 하면 〈길고 긴 하루, 쉴 새 없는 밭일에 땀으로 흙을 적시고 숨 막혀 기진하다가도, 변변한 반찬 하나 없지만 새참막걸리 한 잔에 잠시 시름을 잊는〉(6월 령) 근면하고 소박한 농부의 모습을 떠올리곤 한다. 별난 욕심 없이 그저 익어가는 벼와 작물로 가득한 평화로운 논밭을 바라보는 해맑은 웃음의 농부가 연상되곤 한다.

그러나 막상 현재 우리나라 농촌을 눈여겨보면, 고단한 삶에 쫓겨 피폐해진 실상을 발견하게 된다. 올해 통계청이 발표한 '2011년 농림어업 조사 결과'에 따르면, 현재 우리나라 농민 인구는 300만 이하고, 농민의 연령은 50대 이상이 무려 64.2%를 차지하며 평균연령은 63.7세로 고령화가 빠른 속도로 진행 중이라 한다. 더구나 농축산물 판매에 의한 연간 농가소득이 1000만원 미만인 농가가 무려 65.4%에나 이르러 또 다른

88만원 세대의 빈곤하고 서글픈 단면을 보여준다. 이러한 농촌의 노령화와 노동력 부족은 농가 빈곤과 맞물려 악순환을 되풀이하고 있는 실정이다.

더구나 OECD회원국 중 국민, 노인, 청소년 자살률 1위의 오명 속에 농촌 노인의 자살도 증가하고 있다. 이런 추세대로라면 머지않아 농민이 씨가 마르지 말란 법이 없다. 우리나라는 수출 위주의 급속한 경제성장과 산업화를 위해 산업현장의 저임금 구조를 만들면서, 이 저임금 구조를 유지하기 위해 낮은 농산물가격 정책을 고수하여 농업을 희생시켜왔다고 전한다.

그 결과 지금 시장에서는 우리 농산물이 자취를 감춰버리고 원산지 불분명의 수입농산물이 넘쳐나는 심각한 먹거리의 위기상황이 초래되었다. 심지어 국가안보와 직결되는 식량 자급 도는 25% 안팎으로 OECD국가 중 최하위 수준이라 한다. 이런 현실을 외면한 채 수출만이 살길이라고 일방적으로 몰아가는 것은 이미 설득력을 잃었고, 수출에 의존한 경제성장은 오히려 한계에 봉착했다는 주장이 대두되고 있다. 이제는 공존, 공생을 위해 진정 무엇이 필요한 지 원점에서 다시 진지하게 고민해야 할 시점에 와있다.

최근 『가난한 집 맏아들 99%는 왜 가난한 가?』라는 책이 출간되었다. 이 책은 혼자 대학가서 성공한 가난한 집 맏아들을 예로 들어, 맏아들이 나머지 가족에 대해 어떤 의무를 지는지에 대해 경제 원리로 따져

보았다고 한다. 이는 국가적인 특혜와 근로자, 농민 등 서민의 희생을 통해 현재의 부를 축적한 한국의 대기업과 산업계에 일종의 경종이 되어 시사(示唆)하는 바가 크다.

필자도 가난한 집의 7남매 중 맏아들로 태어나 파란의 삶을 살아왔고 칠순을 넘긴 지금까지도 맏아들로서의 도리를 지키기 위해 노력하고 있다. 일개 필부도 이러할 진대, 하물며 대기업의 국민에 대한 사회적 의무와 도리의 막중함은 아무리 강조해도 지나치지 않을 것이다.

세종대왕은 권농교본(勸農教本:1444년)에서 〈나라는 백성을 근본으로 삼고(國以民爲本), 백성은 식량(먹는 것)을 하늘로 삼는다(民以食爲天). 농업은 의식(衣食 입고 먹는 것)의 근원이므로 나라는 반드시 농업을 우선하여 다스려야 한다.〉고 강조했다. 몇 백 년의 세월이 흘러도 나라의 근본이 백성이라는 진리는 변하지 않는다.

국가를 지탱하고 기업의 부를 창출하는 서민들의 먹고 사는 문제, 건강문제가 정치 · 경제의 최우선 과제여야 함은 두말할 필요도 없다. 이런 이유로 우리나라 농업이 안고 있는 절박한 문제를 소홀히 할 수 없는 것이다. 장기적인 금융위기와 경제적 불안정 속에서 서민들이 고통 받고 있는 요즘, 정치와 경제계의 리더 들은 세종대왕의 말씀을 더욱 깊이 새겨주기를 희망해 본다.

(2012. 6. 29 / 중도일보)

대도무문(大道無門)

인간(人間)이 대자연(大自然) 속에서 울타리를 치고 대문(大門)을 높이 세우고는 그 기둥에다 왜소하기 이를 데 없는 자기 자신의 이름 석 자를 문패로 다는 생활을 누려온 지가 얼마나 많은 세월이 흘렀던가?

전지전능(全知全能)하시기 이를 데 없는 창조주(創造主)의 깊은 뜻에는 아랑곳없이 땅 위에다 멋대로 울타리를 쳐 놓고 대문을 세워야만 직성이 풀린다고 생각한 인간들은 지금에 와서는 한걸음 더 나아가 다시 바다와 하늘에까지 경계선을 치고 자기의 소유욕을 채우려고 발버둥치고 있다. 그뿐 아니라 자연 파괴에 이골이 난 人間들은 더럽고 탁한 것을 모르는 우주 공간가지도 이처럼 탁하게 오염시켜 이제 얼마 안 가서 끔찍한 재앙을 불러들일지 모른다고 뜻있는 사람들은 크게 걱정하는 지경에 이른 것이다.

따라서 〈울타리를 높이 치고 대문을 세우고 빗장을 걸어 잠그는 인간의 속된 문화〉는 이제 자신의 보호본능(保護本能)의 수동적(受動的)

차원에서 벗어나 어느덧 극히 이기주의화(利己主義化)된 공격적인 문화의 길로 줄달음질치고 있는 느낌마저 들게 한다.

이러한 혼탁(混濁)한 이기주의(利己主義) 문화 속에서는 대범하면서도 이타주의적(利他主義的)인 가치(價値)나 문화는 크게 뒷전으로 물러설 수밖에 없게 되었다. 눈 곱 만큼의 양보도 모르는 극히 비타협적(非妥協的)이고 공격적이기까지 한 문화가 앞으로 판을 치게 된 것은 명약관화(明若觀火)한 일인 것이다. 따라서 우리의 선인(先人)들이 이상(理想)으로 여겨온 호연지기(浩然之氣)라는 선비 정신은 이제 영원히 없어질는지도 모른다.

대도무문(大道無門)이란 말이 있다. 이는 곧 〈큰 길에는 문(門)이 없다.〉는 말이니 당초 하늘과 바다처럼 큰 길에 어찌 감히 문을 세울 엄두도 내기나 했겠는가? 이처럼 큰 도리(道理)란 울타리를 친 문안에 갇혀 있을 수가 없는 것이었다.

큰 진리(眞理)란 어떤 특정한 학파나 특정한 인물이 제정한 교조(敎條)에 매어있는 것은 아니다. 그럼에도 불구하고 사람들은 곧 잘 특정한 인물의 교조(敎條)를 절대시함으로써 진리라는 보배를 바라볼 자유로운 시각을 차단해 버리기 쉽다. 인간이 설정해 놓은 계율에 속박되어 우리가 진정 보아야 할 값진 것을 놓치고 마는 경우를 우리는 종종 보게 된다. 작은 것에 집착하여 정작 큰 것을 놓치는 경우가 우리에게 흔히 있다. 〈나무를 보고 숲을 보지 못한다.〉는 우리의 속담도 이러한 사실을 일러서 한 말인 것이다. 그러나 진리는 하늘에 떠 있는 태양(太陽)처럼 광명정대(光明正大)하여 사방팔방(四方八方)으로 열려 있지 결코 문이라는 좁은 공간만을 통해서 들어가는 것은 아니다.

정치를 펼치는 대도(大道)도 정치를 업으로 삼는 정객(政客)들이 농단할 수 있는 전유물이 아니다. 오히려 정치에서 초연한 사람이야말로 참 정치의 큰 길을 갈 수 있기 때문이다.

신라 때 원효(元曉)대사는 비록 법의(法衣)를 걸친 승려이었으나 소절(小節)에 매이지 않고 대국(大局)을 보고 행동한 위대한 인물이었다. 어느 날 그는 신라의 서울 경주 시가지를 노래를 부르고 지나갔다. 〈그 누가 나에게 자루 없는 도끼를 주랴? 하늘 받칠 기둥을 깎으련다.〉 그런데 사람들은 원효 대사의 이 노래를 듣고도 도무지 그 뜻이 무엇인지 아무도 몰랐다. 다만 임금 태종만이 그 뜻을 알아차리고 혼자 고개를 끄덕였다.

'오호라! 대사께서 귀부인을 만나 귀한 자식을 두고 싶다는 것이로구나!'하고 사람을 보내어 대사를 궁궐로 불러 오게 하였다. 궁궐에 들어오는 도중 원효 대사는 물에 빠져 옷이 함빡 젖었다. 태종은 이를 보고 과부로 있는 요석공주의 거처(居處)로 보내어 옷을 갈아입게 하였는데 이것이 인연이 되어 원효 대사는 요석공주의 몸에서 신라의 큰 학자 설총을 낳았다.

그가 요석공주를 가까이 한 것은 애정을 탐한 결과는 결코 아니고 다만 설총과 같은 훌륭한 인물을 세상에 끼치고자 한 데 그 동기가 있어 결코 그의 행적을 두고 불가(佛家)의 파계(破戒)로 논죄하지 않는다.

원효 대사와 같은 큰 인물의 경우는 모든 것이 허락되고 있다. 그는 이른바 계율 따위에 매이지 않은, 그러나 결코 세속적이지 않은, 자재(自在)하는 위대한 인간의 모습을 우리 앞에 보여주고 있는 것이다.

(2015. 3. 3 / 목요저널)

대도불기(大道不器)

예부터 우리네 선인(先人)들은 큰 도리를 깨치고 있는 이는 잔꾀와 잔재주를 부리지 않는 법이라고 우리에게 일깨워 주었다. 이를 일러 대도불기(大道不器)라고 했다.

우리가 이 경구(經句)속에 내포되어 있는 뜻을 조용히 음미해 볼 때 큰 인물(人物)이란 역시 작은 재주나 기술에 얽매이지 않음을 알 수 있다. 즉 넓은 바다에 비유되는 큰 도리(道理)라고 하는 것은 기술이나 재주에 의해서 좌우되는 것이 아니고 보다 월등히 높은 차원의 열정이 존재하는 것이다.

엄밀히 따져볼 때 이 뛰어난 기술이나 재주가 드러나지 않는다고 할지라도 그 섬세한 원리(原理)를 지배하는 것은 바로 큰 도리(道理)일 수밖에 없는 것이다. 따라서 우리가 기술이나 재주의 우열을 가지고 참 도리, 큰 도리(道理)를 가늠할 수는 없는 일이 아니겠는가? 그러므로 우리는 큰 도리(道理)를 닦는 일을 허술히 하고 재주에만 집착하는 것을 경계하지 않아서는 안 될 것이다. 왜냐하면 지엽적(枝葉的)이고 자질구레한 일에만 얽매여 대국(大局)을 보지 못해서는 큰일을 도모할 수 없기 때문이다.

이와 유사한 어구(語句)에 대덕불관(大德不官)이 있다.

역사(歷史)속에 성인(聖人)이라고 일컬어지는 인물(人物)들은 모두 다 큰 덕을 지니고 살았다. 그들은 한 결 같이 어떤 특정한 직무에 국한된 능력만 가진 보통의 인물(人物)들과는 다른 것이다. 그들은 특별한 직책이나 직무에는 비록 돋보이게 능하지 않더라도 그리고 유난스럽게 하는 일이 없어도 그들에게서 풍기는 덕과 열정으로 말미암아 사람들은 크게 감화(感化)되고 나라는 저절로 다스려진다. 이와 같은 것을 일러 우리는 대덕불관(大德不官)이라고 하는 것이다.

옛날 중국이 요(堯)임금이나 순(舜)임금은 결코 정치가라고 이름 붙일 만한 위인들은 아니었다. 그들은 한결같이 별다르게 통치철학(統治哲學)을 연마한 일이 없고 임금 자리에 오르고도 백성들의 인기(人氣)를 의식하여 유별나게 정치의 치적을 올리려고 애쓴 흔적을 보인 일도 없다. 그럼에도 불구하고 후대 사람들은 그들을 가장 이상적인 정치를 편 성군(聖君)으로 추앙하고 있다. 그들의 통치(統治)는 이른바 무위지치(無爲之治)라 하여 정치를 안 하는 것이 정치라고 할 세상에서 매우 독특하고 기이한 정치철학을 폈던 것이다. 여기서 무위(無爲)란 '하지 않는다는 것'이니 무위지치(無爲之治)란 곧 '하지 않는 정치'라는 뜻이 된다.

통치자가 앞서 나가며 백성들에게 이래라 저래라 하는 것이 아니라 백성들의 순진한 마음 바탕을 좇아서 거슬리지 않는 정치를 한 것을 이름이다.

이들과는 반대로 상앙(商鞅)과 같은 사람은 변법(變法)을 제정하여 백성들의 사생활을 낱낱이 간섭하고 감시하면서 벌로써 다스린 정치가였다. 그로써 그는 권력을 한 손에 쥐게 되었고 그에 따라 법의 위엄은 세울 수 있었는지 몰라도 그 결과는 백성을 극도로 곤란한 지경으로 빠뜨리고 그 자신도 백성들의 원한을 산 끝에 비참한 최후를 맞고 말았던 것이다. 그는 구습을 타파하고 혁신정치를 편다고 그 나름으로는 무엇인가 새로운 정치 구상을 가지고 의욕적으로 실천해 나갔지만, 그 과정에서 백성들의 뜻이 어디에 있는가를 전혀 고려하지 않고 자신의 생각만을 일방적으로 고집하면서 밀고 나간 정치가이었던 것이다.

정치는 물 흐르듯 순리적으로 행하여지는 법이다. 법(法)이란 글자가 암시하는 바처럼 물이 흘러가듯 순리적으로 펴나가는 것이 정치요 법인 것이다.

더위 가중치

요즘 무더위가 그것도 35도를 오르내리는 불볕더위가 맹위(猛威)를 떨치고 있다.

오죽 더위가 무섭고 어마어마했으면 옛날부터 염제(炎帝)란 표현을 쓸 정도로 대단했을까. 아닌 게 아니라 불꽃의 황제와도 같은 요즘 더위는 대서(大暑)가 지나고 보름 뒤면 입추(立秋)날이 돌아오고 있어 그 더위는 맹위(猛威)를 떨치지 못할 것 같다.

이러한 폭서 속에 지난날은 휴가 한 번 못가고 일에만 매달려 있었으니 이 또한 한심한 노릇이 아니었던가. 하긴 누군가의 푸념처럼 일하는 사람은 더위 아니라 천재지변이 나도 일만 하게 마련이고, 노는 사람은 휴가철이 아니라도 늘 노는 게 본업인 양 놀러만 다닌다니 일이나 노는 게 다 팔자소관이 아닌가도 싶다. 아무튼 일복도 좋지만 이 폭염 속에 정장을 하고 동분서주(東奔西走)했던 날들이 주마등처럼 스쳐간다. 그 때 이런 정황들은 때로는 보람도 느끼고 때로는 서글픈 생각도 들었던

게 사실이다.

하긴 말하기 좋아 지겹도록 덥다고는 하지만 연중 길어야 한 달 정도의 불볕더위는 농작물을 위한 일조량(日照量)으로 보아서나, 한 달 벌어 일 년 먹고 산다는 해수욕장의 상혼(商魂)으로 보아서도 있음직한 필요악(必要惡)인지도 모른다.

솔직히 우리나라 사람들이 사시사철 자꾸 변화는 변덕 날씨만 대해서 그렇지 일 년 내내 혹서(酷暑)가 계속되는 열대지방이나 줄 창 혹한(酷寒)만이 계속되는 남북극의 주민들을 생각하면, 덥다든가 춥다는 표현은 감정의 사치에 불과하다고 보아 과언이 아니다.

따라서 자연의 섭리에 따라 한래서왕(寒來暑往)하는 기후의 변화는 차라리 아름다운 질서인지도 모른다. 문제는 자연의 더위가 야속한 게 아니라 사람들이 만드는 인위적인 더위가 더욱 야속하고 짜증나니 그게 탈이다. 다시 말하면 고위공직자와 재벌들, 그리고 사회지도층 스스로가 온갖 부조리와 모순으로 더위를 자초하고 있으니 그저 너무 답답하고 짜증이 난다.

가령, 18대 국회에서 한참 입씨름에 난투극으로 민생현안 입법하나 처리하지 못하더니 결국엔 여소 야대의 정국에다 20대 국회역시 펼쳐지는 정치판도 그렇거니와, 관광지나 유원지의 바가지요금에다 바닷가나 관광지할 것 없이 산처럼 쌓이는 쓰레기 공해, 도심(都心)을 꽉 메운

자동차로 인한 교통지옥, 바다까지 오염시키는 공장의 폐수, 하늘을 뒤덮는 매연 등등 모두가 이 더위를 아니 이 찜통더위를 더욱 가열시키는 주범들이다.

세상이 이 지경이니 솔직히 어디 함부로 쉬러가기도 끔찍하고 무얼 사먹기도 겁이 난다. 제발 머지않아 찬바람이 불면 위에 열거한 정치공해로부터 하나하나 모두 정상화되어 이 강산이 빨리 청량(淸凉)해졌으면 하는 마음으로 올여름 '내 마음의 꽃신'을 신고 마음속 깊은 여행으로 스스로를 관조(觀照)하고 싶다.

(2016. 7. 25 / 목요저널)

마음 놓고 살 수 있는 사회를

지금부터 15년인 서기 2000년의 1인당 GNP가 1만 6천 달러를 넘어 지금의 영국 이탈리아 수준에 이르고 국민 대부분이 각종 연금혜택을 누리는 복지사회로 진입한다고 한국개발연구원은 내다보기도 했었다.

하지만 지금 우리나라의 경제전망은 전망은 여간 어두운 것이 아니다. 거기에다 온 사회는 각종 흉악범과 경제사범, 부정, 불신, 불안으로 뒤범벅이 되고 계층 간 빈부간의 위화(違和)와 갈등(葛藤)이 이미 위험 수위에 와있는 느낌이다. 따라서 사회 일각에서 한 결 같이 인간성 회복, 도덕심회복 등을 강조하고 나오는 것부터가 결코 우연한 일이 아니다. 이것이 곧 민심(民心)이요, 천심(天心)인 것이다.

오래전에 실시한 '범죄와의 전쟁'은 이렇다 할 성과도 못 거둔 채 해마다 숙제로 이어져 왔는가하면 이제는 식수(食水)나 숨 쉴 공기마저 수준 이하라 하여 도처에 푸념이 무성하다.

정치가 국민의 불신 속에 허우적대고 사회는 심화된 빈부의 격차와 사회 부조리로 오염돼 있는 판에 민생치안(民生治安)인들 온전할 리가 없다. 여자들이 마음대로 걸어 다닐 수 없고 어린 생명이 하찮은 탐욕의 재물이 되는 사회는 아무리 물질적 풍요가 있다 해도 결코 우리가 이상으로 하는 사회라 할 수 없다.

아니, 이대로 가다가는 사회공동체의 와해가 우려된다는 막말까지 나오고 있다. 정치권에 도덕성이 없고, 공직사회에 부패가 판을 치며 가진 자의 경제윤리, 거리의 교통질서 그리고 사소한 공중도덕에 이르기까지 가치와 규범이 실종돼가고 있는 것 또한 부인하기 어렵다.

크든 작든 범죄에 대한 공포를 평소에 느끼며 산다는 국민이 전체의 8할 이상 된다는 한 여론조사결과는 우리 모두에게 참 으로 섬뜩한 느낌을 준다. 잘못을 저지르고도 죄의식을 느끼기는커녕 '어차피 막판인데 뭘!'하는 식의 자학(自虐)이 죄의식을 마비시키고 있는 것이다.

이른바 가진 자들이 공동체 속에서 더불어 살 생각을 안 하는 것부터가 문제다. 그동안 사정(司正)당국에서 여러 모로 메스를 가하곤 했지만 롯데, 대우 등 대기업의 부도덕한 경영과 호화 과소비풍조가 날로 더해가고 있는 것은 어찌된 까닭인가.

이런 사회병리(病理) 못지않게 공해(公害)가 많은 국민의 목을 죄고 있는 것도 이제는 더 간과 못할 한계상황에 이르고 있다. 민생치안 다음으로 시급히 해결해야할 과제가 '환경보전'이라 할 만큼 전국이 공해에 찌들고 있으나 정부는 여전히 대책수립에만 급급하고 있는 모습이 역력하다. 그동안 환경부가 '환경보전에 관한 국민의식조사'를 한 결과 '환경오염으로 심각한 피해를 받고 있다.'고 응답한 사람이 전체의 64.4%에 달하는 것으로 발표한 적이 있다.

더욱 놀라운 것은 정부의 환경보전노력이나 오염 수치발표 등에 대해 76%가 불신하는 대답을 하고 있다는 사실이다. 우리 사회가 안고 있는 병리(病理)현상을 이대로 방치할 수는 없다. 하기에 따라서는 영영 구제의 가망이 없는 것도 아니다.

제20대 국회출범과 함께 30여 년 동안 쌓여온 군사문화의 적폐를 씻어내고 〈밝은 사회〉를 약속하는 한 가닥의 희망을 가져본다. 진작부터 국민의 눈높이에 맡는 정치를 펼쳤더라면 정치의 간단없는 파행(跛行)과 관(官)의 부패, 이로 인한 민관(民官)의 이간(離間)불신이 오늘에 이르지는 않았을 것이기 때문이다. 민생치안 또한 전쟁을 선포할 만큼 나락에 빠지지는 않았을 것이다.

뜻이 있는 곳에 길은 있게 마련이다. 권력의 도덕성을 회복하고 분배정의(分配正義)를 과감히 실현하는 것도 시급한 일이다. 이에 덧붙여 집권(執權)으로 쌓인 갖가지 폐해를 가능하면 분권(分權)으로 풀어보는 것 또한 슬기일 수가 있는 것이다. 마음 놓고 살 수 있는 사회가 바로 민주사회가 아니겠는가.

(2016. 6. 20 / 목요저널)

미묘현통(微妙玄通)

누군가가 정치의 묘미는 미묘현통(微妙玄通)이라 했다. 마치 호두알 두 개를 손아귀에 넣고 천천히 굴리는 일과 비슷하다고 했다. 두 개의 호두알이 서로 부딪혀 조금씩 으깨지면서도 오랜 세월을 두고 그렇게 굴리다 보면 두 개가 반들반들 윤기가 도는, 그래서 서로 아프면서도 서로 빛나는 조화의 묘, 그것과 같아야 된다는 것이다.

박근혜 정부 출범 이후 정치안정은 고사하고 세월호 사건에다 경제불황 등 각종 사회혼란이 그칠 날이 없는 것을 보면 나라의 앞날을 걱정하는 한 국민으로 안타까운 심정을 금할 수 없다. 이 어려운 난국에 여.야가 대승적 차원에서 국민의 난제에 대한 정국의 해결책을 내 놓지 못하고 있음은 매우 안타깝고 암담하기만 하다.

치대국약팽선(治大國若烹鮮), 〈큰 나라를 다스리는 것은 작은 생선을 솥에 삶은 것과 같다.〉라고 한 글과 같이 훌륭한 치세의 비결도 있다. 솥에 작은 고기를 삶는 데는 불이 너무 과해도 안 되고 그렇다고 아주 작아도 안 된다. 그야말로 묘한 지혜와 조화, 그리고 기술로 삶아야 하는 것이니 이것이 곧 정치에 있어 중용의 비결을 지적한 비유라고 하겠다.

필자는 예술인으로서 솔직히 정치나 경제를 잘 모른다. 다만 정치도 예술창작에 필요한 조화와 다양성이 요구되는 것이 아닌가 싶어 고언을 하고자 하는 것뿐이다.

예술다운 예술의 영역에 있어서는 그것이 어느 장르의 예술이든지 조화와 다양성이 크게 요구되기 때문이다. 마찬가지로 정치도 그런 조화와 다양성을 통해 참다운 멋을 추구해야 할 것이 아닌가 하는 바람이다.

한국은 이제 높은 교육수준과 많은 고급인력의 배출로 국민 전반의 정치의식이나 비판능력이 과거 자유당 때나 공화당 때에 비교가 안 될 만큼 크게 격상된 것이 사실이다.

이러한 국민을 놓고 왕년의 정치형태만을 답습하려고만 한다면 뭔가 큰 착각이 아니겠는가. 정치인은 이제 예술인 이상의 조화와 다양성으로 이 난국을 타개하고 예의와 겸양으로 나라를 다스리면, 백성들은 마음의 예를 다하게 된다고 한 공자 말씀을 다시 한 번 마음속 깊이 새겨주기를 간망한다.

(2015. 2. 11 / 목요저널)

백년 앞을 내다보자!

인무백세인 왕작천년계(人無百歲人 枉作千年計), 명심보감에 나오는 글귀가 새삼스럽게 생각나는 때다. 〈사람들은 일백 살을 사는 사람조차 없건만 헛되어 천년 계획을 세운다.〉는 말이다. 원래 이 말은 사람들이 눈앞의 이익에만 집착하여 쓸데없이 바른 것을 경계한다는 뜻이다.

이는 18대 내통령신거를 앞두고 대통령을 하겠다는 분들이 나라살림도 살펴보지 않고 실현가능성도 없는 공약을 남발하는 것을 보면서 시사하는 바가 커 우리의 마음속에 깊이 새겨 두어야 할 명구가 아닌가 싶다. 그런 뜻에서 이 경구는 응당 그대로 받아들여 조심할 일이다.

하지만 국가적인 관점에서 생각한다면 이번 대선을 앞둔 시점에서 우리는 한 사람 한 사람이 모두 1000년 앞의 한국과 1000년 뒤의 세계를 미리 생각하며 살아가지 않으면 안 될 것이라는 생각이다. 국민들은 늘 새 정권이 바뀔 때마다 지난 정부보다는…. 하면서 무엇인가를 크게 기대해 왔었다. 우리 개개인의 바람은 접어 두고라도 온 국민이 함께 바랄 일로는 무엇을 먼저 꼽을 수가 있을까? 100년, 1000년 뒤의 우리 후손들에게 훌륭한 조상이 되기 위해서….

그렇다면 연말 대선을 앞두고 먼저 한 결 같이 국가경제의 회복과 정치안정 그리고 북핵문제와 평화적인 남북 통일문제, 농업문제, 복지문제, 노사문제, 실업대책 등을 꼽을 수가 있을 것 같다. 또 많은 국민들은 노무현·이명박 정부 출범 이후 국제적인 경제 불황에서 우리가 어떻게 벗어나느냐가 관건이 될 것이라고 경제적 측면을 거듭 강조해 오기도 했다. 이런 모든 일들이 우리 한 사람 한 사람은 100년을 살지 못하지만, 바로 오늘 우리가 우(愚)를 범했다가는 1000년 뒤의 우리 후손들에게 해를 끼칠 수 있는 일이기 때문이다.

그런 면에서 보면 국내정치는 온 나라가 성한 곳이라곤 하나도 없이 정치 불안에다 사회불안만 가중되고 국민들은 벼랑 끝에서 허우적대고 있는데도 정부는 물론 여야 할 것 없이 국민들로부터 지탄과 외면을 당한 채 제정신을 차리지 못하고 있다. 19대 국회는 개원 이후에도 당리당략에 극한적인 투쟁을 일삼고 산적한 민생 문제와 관련된 각종 법안들을 외면한 채 연말 대선에만 혈안이 되어 아직도 파열음인 것을 보면 과연 이 나라의 장래가 어떻게 되어 갈 것인지 걱정이 말이 아니다. 한 마디로 정치권은 지금 민심의 소재조차 파악하지 못한 채 새로운 변화에 대한 방향감각마저 상실해 우왕좌왕하고 있는 것이다.

우리경제는 세계경제의 불확실한 상황 속에서 복지문제, 농업문제, 노사문제, 실업대책 등 허다한 문제를 안고 있다. 정치가 이를 제때 풀지 못한다면 경제개발에 무한한 잠재력이 있는 나라로 세계의 주시를 받아왔던 우리가 하루아침에 그 신뢰를 잃고 말 것이다. 또 우선하여 남 · 북 문제로 북 핵문제일 것이다. 통일이 우리의 최대 과제인 것은 사실이지만, 북핵 문제의 평화적인 해결이 선행되지 못한다면 통일은커녕 지금 당장 통일이 된다고 해도 남과 북이 평화와 행복을 고루 누릴 수가 없는 것은 불을 보듯 분명한 일이다.

우리가 직접 북측에 준비를 강요하듯 서둘러 나설 것이 아니라 6자회담을 통해 그 동안 남측은 남쪽대로 무작정 퍼주기 식의 경제적인 지원을 상호주의에 바탕을 두고 지원하는 등 할 수 있는 일을 하면서 북측의 변화를 기다리는 것이 백 번 옳은 일이다.

그리고 온통 사회를 시끄럽게 하고 있는 대통령 친인척을 비롯한 권력층 비리 사건과 빈부의 격차가 심화된 때 일고 있는 과소비풍조 등의 원인도 살펴보면 사회의 가치질서 황폐와 자제기능이 부족하여 생겨난 것들이다. 그저 남이야 굶든 자신만은 수백 년을 살 것 같은 환상 속에서 자꾸 축재만 하고 싶은 욕심과 소비 심리를 제어하지 못한데다 우리 사회에 만연돼 온 정경유착현상에서 그 뿌리를 찾을 수 있다. 땀 흘려 번 돈은 과소비로 나타나는 법이 없다.

이처럼 돈을 쉽게 벌 수 있는 풍토를 고치지 못하는 우리의 정치는 과연 누가 만들어 놓았던가. 비록 우리 일생은 100년을 살지 못하지만 응당 우리는 100년 뒤 그리고 1000년 뒤의 우리 역사를 생각하고 살아갈 일이다. 정치인은 당장 정치적 성과만을 위해 급급해서는 절대 안 된다. 역사의 준엄한 심판이 우리 모두를 기다리고 있음을 한번쯤 생각하며 하루하루를 살아가자. 이번 18대 대통령선거에 발맞춰 우리 모두 열심히 다시 뛰어보자. 우리는 무엇을 위해 지금 다시 뛰어야 하는가를 깊이 생각해 보면서….

(2012. 10. 29 / 중도일보)

우리 모두 통감(痛鑑)합시다

통감(痛鑑)이란 우리말이 있다. 역사란 뜻이지만 역사보다 뜻이 심오하다. 역사란 지나온 사실에 그치지만, 통감은 과거의 사실에 그치지 않고 그 사실을 거울로 반사시켜 오늘의 지혜로 삼는다는 생산적이고 발전적인 뜻이 더해 있다. 큰일을 할 때나 또 난국을 타개해 나갈 때, 비록 시대의 배경은 다를망정 옛사람의 시행착오를 참작한다는 것은 실패를 줄이고 실마리를 푸는 좋은 귀감이 되기 때문이다.

그래서 나라를 다스리는 사람은 위로는 정승부터 아래로는 수령에 이르기까지 궤상(机床)에는 각종 통감이 반드시 놓여있게 마련이었다. 또한 정사를 논할 때 "통감하시오." "통감해 보았습니까 ?"하고 통감 행위를 동사화(動詞化)하여 자주 거론했던 것이다. 오늘날에 되살려 정치하는 사람들의 상용어가 됐으면 하는 마음 간절하다.

19대 국회 개원 이후 지난 4년간 심화되어 온 정국은 국회선진화 법에 걸려 국회가 산적한 민생법안 하나도 처리하지 못하고 허송세월만 보내고 임기를 눈앞에 두고 있어 국민의 한사람으로 마음이 조이고 아프다. 그저 차열 형(搾裂刑)이라도 당하는 듯, 한 아픔이다. 사분오열의 정치판이 민심에 쫓기어 우지직소리가 나고 있다. 정국과 직결된 이 나라의 앞날이 비명처럼 들리는 것 같은데도 정략이나 당리에 눈이 어두워 이런 소리 소리가 들리지 않는 것 같다.

이런저런 망국병에 초래를 야기시키는 정국에 있어 정치가 어떤 양상으로 작동해야 하는가, 정치하는 사람이나 우리 모두가 통감해보는 것도 무위하지 않을 것이다. 어제 박근혜 대통령이 취임 이후 두 번째로 그것도 직접 제안해 3당 대표들과 청와대에서 민생 협치를 위한 만남의 자리가 이루어졌다. 80여분동안 국정전반에 걸쳐 협력방안을 협의하고 총선에서 나타난 민의를 겸허히 받아들여 국민의 뜻을 하나로 모아 여소야대의 정국을 슬기롭게 풀어가려는 자리였다

이번 20대 국회의원 선거에서 나타난 여소야대의 정국에 있어 정치가 어떤 양상으로 작동해야 하는가? 정치하는 사람이나 우리 모두가 통감해보는 것도 무위하지 않을 것이다. 우리는 우리 전통 정치사회에서 정치를 다음 세 개의 유형으로 나누어 살펴볼 일이다.

정암 조광조 형(形)과 퇴계 이황 형(形), 그리고 방촌 황희 형(形)이 그것이다. 정암은 옳다고 생각하는 일에는 굽히지 않고 관철해 내는 직선적인 정치스타일인데 비해 퇴계의 정치스타일은 자신의 정론을 절대시하질 않았다. 그는 열한 번 조정에 나아갔다가 열한 번 은퇴를 한 분

이다. 그리고 반대의견이나 이론을 아낌없이 수렴하여 조화시키는 것이 방촌 형(形) 정치스타일이다.

이 세 정치유형은 각기 시대와 상황에 따라 꼭 들어맞을 수도 있고 또 어긋날 수도 있다. 다만 극한으로 치닫는 현 정국에서 어떤 유형을 본받거나 통감해야 하는가는 자명하다. 곧잘 경직화되게 마련인 당 내외 민주주의의 연육제로는 퇴계 형(形) 정치를 통감하는 것도 좋을 성싶다. 〈내가 주장하는 정론정략이어야만 한다.〉는 생각에서 〈내가 주장하는 정론정략대로 한다면 당리당략에 해가 될 수 있다.〉는 겸허한 생각으로 임하면 찢어질 듯 긴장된 정국도 느슨해지기 시작할 것이다.

거기에 방촌 형(形) 정치를 통감하면 정국의 차열 형은 유예될 것이다. 나라와 백성을 위한다는 대전제라면 반대당의 일리에 인색할 수가 없는 것이다. 서로가 정치적 교류뿐만이 아닌 인간적 교류까지 끊고 구태의연한 작태로 정국을 풀지 못하고 다극 또는 양극화한다는 것은 지난 19대 국회처럼 정당간의 평면적 단절만이 아니다. 이는 멀어진 만큼 비례해서 국민들로부터도 멀어져가는 입체적 단절임을 알아야 한다.

한(韓)나라의 유명한 사상가이자 법학가인 한비자(韓非子)는 나라가 망하는 10가지 징조를 남겼다. 그는 기원전(약 280~233년)전국시대 한왕(韓王)의 서자로 출생해 신분이 낮은 어머니 때문에 비록 왕족이었지만 왕실에서 대우받지 못하는 불운한 처지에 놓여 일찍부터 학문연구에 눈을 돌려 순자에게서 학문을 배우고 유가, 도가, 명가, 법가, 묵가 등 여러 학파의 학문을 두루 흡수, 비판하면서 부국강병의 설을 체계화시키고 나라가 망하는 유명한 10가지 징조를 남겨 현실정치와 비유(比喩)해 볼 일이다.

1. 법(法)을 소홀히 하고 음모와 계략에만 힘쓰며 국내정치는 어지럽게 두면서 나라 밖 외세(外勢)만을 의지하다면 그 나라는 망할 것이다.
2. 선비들이 논쟁만 즐기며 상인들은 나라 밖에 재물을 쌓아두고 대신들은 개인적인 이권만을 취택하면 그 나라는 망할 것이다.
3. 군주가 누각이나 연못을 좋아하여 대형 토목공사를 일으켜 국고를 탕진(蕩盡)하면 그 나라는 망할 것이다.
4. 간연(間然)하는 자의 벼슬이 높고 낮은 것에 근거하여 의견(意見)을 듣고 여러 사람 말을 견주어 판단하지 않으며 듣기 좋은 말만하는 사람 의견만을 받아들여 참고(參考)를 삼으면 그 나라는 망할 것이다.
5. 군주가 고집이 센 성격으로 간언은 듣지 않고 승부에 집착하여 제멋대로 자신이 좋아하는 일만 하면 그 나라는 망할 것이다.
6. 다른 나라와의 동맹(同盟)만 믿고 이웃 적을 가볍게 생각하여 행동하면 그 나라는 망할 것이다.
7. 나라 안의 인재(人才)는 쓰지 않고 나라 밖에서 온 사람을 등용(登用)하여 오랫동안 낮은 벼슬을 참고 봉사한 사람 위에 세우면 그 나라는 망할 것이다.

8. 군주가 대범하여 뉘우침이 없고 나라가 혼란해도 자신은 재능(才能)이 많다고 여기며 나라 안 상황에는 어두우면서 이웃 적국을 경계하지 않아 반역세력(反逆勢力)이 강성하여 밖으로 적국(敵國)의 힘을 빌려 백성들은 착취하는데도 처벌하지 못하면 그 나라는 망할 것이다.

9. 세력가의 천거(薦居) 받은 사람은 등용되고, 나라에 공을 세운 지사(志士)는 내 쫓아 국가에 대한 공헌(公憲)은 무시되어 아는 사람만 등용되면 그 나라는 반드시 망할 것이다.

10. 나라의 창고는 텅 비어 빚 더미에 있는데 권세자의 창고는 가득차고, 백성들은 가난한데 상공업에 종사하는 사람들은 서로 이득을 얻어 반역(反逆)도가 득세하여 권력을 잡으면 그 나라는 반드시 망할 것이다.

이같이 제20대 국회 개원을 전후해서 어떻게든지 일어날 것 같은 한치 앞도 내다볼 수 없는 정국의 재편을 예고하는 지금 정치인과 국민 모두에게 한비자(韓非子)의 나라가 망하는 징조를 현실정치에 비유(比喩)해 보면서 그 저 "통감하시오, 통감하시오."하고 외쳐댈 수밖에 없는 필자의 심정은 안타깝기만 하다.

(2016. 5. 15 / 목요저널)

새 천년을 열어가자!

다사다난했던 2012년 한해가 저물고 희망찬 계사년(癸巳年) 새해가 밝았다. 2007년 12월 26일 온 국민의 기대 속에 이명박 대통령 당선인이 이끄는 인수위가 출범했다. 〈인무백세인 왕작천년계(人無百歲人枉作千年計)〉 명심보감에 나오는 글귀가 저절로 생각나는 때다. 〈사람들은 백 살을 사는 사람조차 없건만 헛되어 천년계획을 세운다.〉는 말이다. 원래 이 말은 사람들이 눈앞의 이익에 집착하여 쓸데없이 바른 것을 경계하자는 뜻이다.

이는 5년 전 이명박 대통령 당선인의 인수위는 새 정부에서 추진할 과제 190여개를 선정하는 등 과욕으로 너무 많은 정책을 다루려 했고 그 과정에서 사회적 논란도 많이 일으켰다. 특히 대통령 취임 이후에는 4대강 사업에다 친 · 인척과 측근들의 각종 비리 등 허다한 사건들을 보면서 시사(示唆)하는바 커 우리의 마음속에 깊이 새겨 두어야 할 경구가 아닌가 싶다.

그런 뜻에서 이 명심보감의 경구는 응당 그대로 받아들여 조심할 일이다. 하지만 국가적인 관점에서 생각한다면 우리는 한 사람 한 사람이 모두 천년 앞의 한국과 천년 뒤의 세계를 미리 생각하며 살아가지 않으면 안 될 것이라는 생각이다.

지난해 대선에서 국민들은 제18대 대통령에 새누리당 박근혜 후보를 선출했다. 이번 대선은 여 · 야후보가 한 결 같이 국민대통합과 경제민주화, 국민복지, 일자리 창출 등을 크게 외쳐왔다. 또 많은 국민들도 경제 불황을 극복하는 일과 빈부격차해소 등 우리가 어떻게 벗어나느냐가 관건이 될 것이라고 경제적 측면을 거듭 강조해 오기도 했다. 이런 모든 일들이 우리 한 사람 한 사람은 백년을 살지 못하지만, 바로 오늘 우리가 우(愚)를 범했다가는 천년 뒤의 우리 후손들에게 해를 끼칠 수 있는 일이기 때문이다.

그런 면에서 보면 오늘의 국내정치는 이명박 정부가 출범한 이래 오늘에 이르기까지 온 나라가 성한 곳이라곤 하나도 없이 경제 불황에 따른 불안만 가중되고 벼랑 끝에서 허우적대고 있었다 해도 과언이 아니다. 또 정부는 물론 여 · 야 할 것 없이 한마디로 국민들로부터 지탄과 외면을 당한 채 제정신을 차리지 못하고 있었다.

이제 국민대통합의 시대가 열렸다. 박근혜 대통령 당선인과 여 · 야 정치권은 새로운 변화에 방향감각을 상실하고 우왕좌왕 했던 국민들의 민심소재를 정확히 파악하여 국민대통합을 이루고 선거기간 중에 외쳐왔던 경제민주화와 국민복지, 일자리 창출 등 공약 하나하나를 성실히 이행해야 할 것이다.

그리고 우리 경제는 FTA 타결로 인해 앞으로 닥쳐 올 불확실한 경제 상황과 농업문제, 노사문제, 실업대책 등 허다한 문제를 박근혜 대통령 당선인과 여 · 야 정치권이 이를 제때 풀지 못한다면 경제개발에 무한한 잠재력이 있는 나라로 세계의 주시를 받아왔던 우리가 하루아침에 그 신뢰를 잃고 말 것이다. 또 우선하여 북핵문제다. 통일이 우리의 최대 과제인 것은 사실이지만, 이 북핵문제의 평화적인 해결이 선행되지 못한다면 통일은커녕 지금 당장 통일이 된다고 해도 남과 북이 평화와 행복을 고루 누릴 수가 없는 것은 불을 보듯 분명한 일이다.

이명박 정부 출범이후 단절돼 온 남, 북 관계를 다시 복원하기 위해서는 6자회담 재개 등 다각적인 대화와 타협으로 슬기롭게 풀어나가야 할 것이다. 그리고 온통 사회를 시끄럽게 하고 있는 친, 인척과 측근, 권력층의 비리 사건과 빈부의 격차가 심화된 때 일고 있는 과소비풍조 등의 원인도 살펴보면 사회의 가치질서 황폐와 자제기능이 부족해 생겨난 것들이다. 그저 남이야 굶든 자신만은 수백 년을 살 것 같은 환상 속에서 자꾸 축재만 하고 싶은 욕심과 소비심리를 제어하지 못한데다 우리 사회에 만연돼온 정경유착현상에서 그 뿌리를 찾을 수 있다. 땀 흘려 번 돈은 과소비로 나타나는 법이 없다.

이처럼 돈을 쉽게 벌 수 있는 풍토를 고치지 못하는 오늘 우리의 정치는 과연 누가 만들어 놓았던가. 비록 우리 일생은 백년을 살지 못하지만 응당 우리는 백년 뒤 그리고 천년 뒤의 우리 역사를 생각하고 살아갈 일이다. 정치인은 당장 정치적 성과만을 위해 급급해서는 절대 안 될 일이다. 역사의 준엄한 심판이 우리 모두를 기다리고 있음을 한번쯤 생각하며 하루하루를 살아가자. 그리고 열심히 다시 뛰어보자.

우리는 무엇을 위해 지금 다시 뛰어야 하는가를 깊이 생각하고 다짐하면서 새 천년을 열어가야 할 것이다.

(2013. 1. 3 / 중도일보)

선량의 조건

선량이란 말은 백성이 사람을 뽑아 정사에 참여시킨다는 의미에서 기왕 양질의 인물을 뽑아야하기 때문에 그리 표현된 것으로 안다.

고대 중국에서도 백성이 뽑아 정치에 참여시켜 나라 일을 크게 부축한다는 뜻에서 대부(大夫)란 말이 생겨났고 그 예로 통정대부니 인론(因論)대부니 하는 게 그것이다.

오늘날의 국회의원이나 지방의회의원도 이 대부를 써서 가령 장대부(국회의원), 중대부(시. 도의원), 소대부(군 의원) 등의 호칭이 가능한 것으로 본다.

그런데 옛날 중국에서는 선량이 갖추어야 할 조건으로 육덕과 육행이 있어 도합 12가지나 요구하고 있다. 이렇게 본다면 선량이란 결코 아무나 되는 것이 아님을 새삼 알 수 있다.

그중 먼저 육덕(六德)을 보면,

지(知), 인(仁), 성(誠), 의(義), 화(和), 충(忠)이다.

지(知)는 물론 지식과 사리 분별력을 가르친다. 자기 전공분야의 전문적인 지식과 판단력이 중요하기 때문이다.

인(仁)은 어진 사람을 말한다. 인자무적(仁者無敵)이란 말이 있거니와 남의 선량된 자 이웃의 아픔을 내 아픔처럼 생각하는 어진 성품이 없어서야 어찌 대표라고 할 것인가.

성(誠)은 성실(誠實), 정성을 뜻한다. 중용에서도 〈성실한 것은 하늘의 도요, 성실하여지려는 행동은 사람의 도〉라고 했다.

의(義) 정의, 곧 옳음이다. 불의를 보고, 부정을 보고 분연히 일어나 이를 척결할 만한 용기와 기백이 없다면 어찌 선량의 자리에 앉을 수 있겠는가.

화(和)는 인화다. 이웃과 더불어 화합하고 조화롭게 살아가려는 정신이다. 병법에 나오는 〈천시불여지리(天時不如地利)요 지리불여여인화(地利不如人和)〉란 말도 인화의 중요성을 지적한 것이다.

충(忠)은 말할 것도 없이 충실한 삶이다. 충은 단순히 나라에 충성하는 자세만이 아니라 먼저 스스로에게 충실하고 나아가 남에게도 충실해야함을 뜻한다. 논어에 〈위인모이불충호(爲人謨而不忠乎)〉라는 대목이 있다. 남과 더불어 무슨 일을 꾀함에 있어 성의를 다해 충실해야할 터인데 과연 그렇지 못한 점은 없었는가, 반성해야 한다는 것이다.

나머지 육행(六行)은 효(孝), 우(友),목(睦), 겸(謙), 임(任), 휼(恤)인데 여기서 그 하나하나에 대한 설명은 생략하거니와 지금까지 살펴본 육덕과 육행이 비록 옛날의 선량을 뽑는데 적용한 조건이라고 하지만, 이 모든 것이 현대의 선량을 뽑는데 적용한 조건이라고 하지만, 이 모든 것이 현대의 선량을 뽑는데도 거의 무시할 수 없는 중요한 덕목이요, 기준이라고 본다면 우리는 이에 합당한 인물을 의회로 보내는 것 또한 유권자 된 지혜가 아니겠는가.

오는 4월, 국회의원 선거에 예비후보들은 등록을 마치고 어깨띠를 두르고 벌써부터 길거리 운동에 나서고 있다. 민생법안 등 현안문제 하나 처리하지 못한 19대 국회를 보면서 진정한 선량의 모습이 무엇인가를 다시 한 번 알아야 할 때라고 생각한다.

(2015. 12. 18 / 목요저널)

억울한 옥살이

맹자 고자장(告子章)에는 〈천장강대임어사인야 필선노기심지(天將降大任於斯人也必先勞其心志) 고기근골아기체부(苦其筋骨餓其體膚) 궁핍기신행불란기소위(窮乏其身行拂亂其所爲) 시고동심인성증익기소불능(是故動心忍性 增益其所不能)〉〈하늘이 장차 그 사람에게 큰 인물이 되게 하려면 반드시 그 마음과 뜻을 괴롭게 하고, 근육과 뼈를 깎는 고통을 주며, 몸을 굶주리게 하고, 그 생활을 빈곤으로 빠트리고, 하는 일마다 어렵게 한다. 그 까닭은 마음을 흔들어 참을성을 기르게 하고 할 수 없는 일들을 할 수 있게 하기 위함이었다.〉 따라서 큰 인물은 밑바닥의 쓰라린 환경에서 피나는 고생을 하는 경우가 많다.

나는 1971년 12월 국가비상사태 때 언론인 구속사건에 연루되어 형을 받고 7개월 동안 억울하게 옥살이를 해야 했다. 1971년 12월, 박정희 정권은 유신에 앞서 국가비상사태를 선포하고 1차로 언론인을 숙청했다.

당시 서울신문기자로 활동하던 나를 사회불안요인을 제공한다는 구실로 구속했다. 당시 내 사건을 담당했던 S공안검사는 "잘못을 인정하면 곧바로 내보내겠다."며 나를 계속 회유하고 설득했다. 패기와 정의감으로 이를 받아들이지 않은 나는 역시 2심에서도 기각되었다. 이 순간 나는 담당 공안검사의 말을 깊이 되새기게 되었다.

7남매의 장남으로 편모슬하에 중시하로 할아버지와 할머니를 모시고 가정을 이끌어가는 막중한 짐을 지고 있는 절박한 형편에 가족들의 간곡한 권유에 못 이겨 법적 투쟁을 접고 상고를 포기했다.

이틀 뒤 검찰은 나를 '형집행정지'로 석방, 영오의 생활을 마감할 수 있었다. 7개월 만에 교도소 문밖을 나올 때 억울함과 감격스러움이 동시에 밀려오던 당시의 상황이 지금도 주마등처럼 스쳐간다. 7개월 동안 근육과 뼈를 깎는 고통을 주며 억울하게 옥살이까지 했으니 나의 인생 황금기에 그 마음을 달리 표현할 길이 없다.

옥살이를 마친 이듬해인 72년 12월, 고향 부여에서 대전으로 삶의 터전을 옮겼다. 자타가 억울한 옥살이였다고 하지만 고향에서 생활하는 것이 내키지를 않았다. 대전으로 터전을 옮긴 뒤에는 몸을 굶주리게 하고 그 생활을 빈곤으로 빠트리며 하는 일마다 어렵게 지내야 했다.

그런 생활 속에 평소 지니고 있던 기량을 정진해 붓을 잡기 시작했다. 이전에도 붓을 잡고 계속해서 서예활동을 해 왔지만 대전으로 이사한 후부터 본격적으로 서예에 몰입했다. 교도소에서 깊이 사무친 억울함을 고연명(古鉛銘)을 읊어가며 운명에 대한 서운함과 나 자신에 대한 좌절감을 녹여내는 데 문방사우(文房四友)와 함께하는 것 밖에 없었다.

그로부터 나는 피나는 아픔과 많은 노력 끝에 비로소 그 내공이 쌓이는 법과 이치를 확인했다.

역사의 급변을 예감하자

우리가 역사에서 배우는 것은 눈에 안 띄게 다가오는 변화와 발전에 대한 통찰력을 가지기 위한 것이다. 이러한 변화의 기미를 통찰하는 것이 예리한 역사 감각이며 이 변화를 남보다 앞서 예감한 사람이 새 시대의 선도자가 되는 것이다.

그러나 물욕이나 권력욕에 눈이 먼 탐욕스러운 사람들은 기득권(旣得權)의 보수(保守)에 연연한 나머지 역사의 변화를 보는 눈을 가지지 못한다. '헤겔'은 세계사적 개인을 새 시대의 통찰자라고 했다. 새로운 가치질서는 구체제(舊體制)가 정체(停滯)되기 시작할 때 그 좌절과 황폐 속에서 싹트기 마련이다. 그러므로 새 질서는 흔히 구시대의 대립된 양극을 모두 부정하면서 탄생하는 것이다.

오늘 우리나라의 국내정치와 경제도 많이 변하고 있다. 지난번 20대 국회의원선거와 앞으로 있을 대통령선거를 앞두고 오랜 여야 관계의 낡은 통념이 서서히 바뀌고, 반독재 민주화 투쟁의 상징으로 높은 국민적 지지 기반을 누렸던 양당 지도자의 신화(神話)도 깨졌다. 각 정당들은 지금 민심의 소재조차 모르고 이 변화에 대한 방향감각마저 상실돼 고민하고 있는 것이다.

그리고 우리 경제도 지난날 외국 원조로 연명하던 60년대의 한국이 아니라 국민소득 3만 불 소득의 선진공업국가로 비상한 게 사실이다. 아직도 외채와 부조리한 경영풍토, 노사분규 젊은 세대의 취업난 등 허다한 문제를 안고 있으나, 경제개발에 성공한 나라로 한때 세계의 각광을 받고 있었다는 사실을 인정하는데 인색해서는 안 될 것이다.

그러나 물량주의적 고도성장을 서두르며 인간과 윤리의 문제를 등한히 하는 사회에서는 반드시 국민들의 상대적 빈곤감이 깊어지고 소득격차로 사회계층간의 갈등대립이 생기게 되기 마련이다. 20대 국회와 정치권은 소수에만 부(富)가 편중된 소득구조를 서서히 시정하면서 자유경제의 잇 점을 살린 활력 있는 복지국가의 비전을 마련하여 근면과 능력에 의해 치부할 수 있는 활력 있는 사회를 만들고, 정당한 경쟁으로 각자의 능력이 충분히 발휘될 수 있고 그에 대한 응분의 보상을 받을 수 있는 공정하게 분배되는 정의의 사회를 이루는 일이다.

그리고 이와 같이 활력 있는 자유 경제에 기초한 민주적 복지국가의 건설을 위해 정치권은 권력형 치부풍토의 쇄신을 위한 상징적인 결단을 보여주고 그 제도적 장치를 마련하는 일을 늦추지 말아야 할 것이다.

민주주의의 기본원리는 권력분산이며 집권당이 야당에 의해 견제되는 권력균형의 체제이다. 너무나 자명한 일로 야당의 존재이유는 여당의 권력남용은 물론 권력형부패를 감시할 수 있고 사회가 썩지 않게 해주는 소금의 역할을 하는 것이다. 따라서 집권당은 야당의 존재가치를 인정하는데 있어서 자기당(自己黨)이 실정(失政)으로 물러날 때 믿음직한 후계정당으로 키우는 아량이 필요한 것이다.

이러한 변화와 함께 정치권과 국민 모두는 새 나라를 건설하는 거룩한 마음의 자세로 변해가게 되기를 기대하는 마음 간절하다.

왜 행정 효율만 따지나

몇 년 전 한나라당 정 몽준 대표가 중국고사 미생지신(尾生之信)을 빌어 세종시 정부부처 이전의 백지화를 주장한 적이 있다. 미생은 폭우가 내리는데 다리 밑에서 애인과 만나기로 한 약속을 지키려다 불어난 강물을 피하지 않아 익사한 고지식한 총각이다.

거대 여당의 당대표께서 국법으로 정한 국가정책의 공적인 정책을 사랑에 눈먼 젊은이의 사사로운 단심쯤으로 여기시는 것은 크게 우려되는 일이다. 더구나 그 분은 한국경제의 중추를 이루는 글로벌기업의 경영자로서, 사회적 신뢰가 국가경쟁력의 디딤돌이라는 사실을 누구보다도 잘 아실 터인데 정치적 계략에 빠진 주장을 하시니 더욱 걱정스럽다.

요즘 들어 사회적 신뢰의 중요성이 많이 강조되고 있다. 사회적 신뢰는 사회의 중요자산이요 자본이다. 삼성경제연구소(2009년)가 한국의 사회적 자본은 OECD 국가 중에서 하위권으로, 이러한 낮은 신뢰가 경제발전을 저해하고 각종 사회문제와 분열을 야기한다는 보고서를 제출한 바 있다. 만약 정부가 법으로 정한 국민과의 약속을 무너뜨린다면 땅에 떨어진 신뢰를 회복하기 위해 얼마나 천문학적인 비용을 지불해야 할지 상상하기도 어렵다.

지난 정부에서 당장은 비효율적으로 보이더라도 장기적인 국가발전의 관점에서 국토의 균형발전을 최우선의 정책기준으로 정한 바가 있다. 그리고 국민과 국회가 그 정책에 동의하여 정부 부처를 이전하는 세종시법을 통과시켰던 것이다. 당시 한나라당이 반대를 했더라면 그나마 정상을 참작할 수도 있겠으나 새 정부가 들어설 때까지만 해도 세종시 건설을 예정대로 추진하겠다고 했었다.

이제 와서 대다수 국민의 반대를 무릅쓰고 4대강 사업은 강행하면서 도리어 국가발전의 백년대계인 세종시 건설을 무산시키려는 모순된 태도는 무엇인가. 이러다가 다음 정부가 들어서서 4대강 사업을 백지화하자고 하면 그땐 뭐라고 할 것인가? 앞으로 정부는 계획만 세우다가 예산과 시간만 소모하겠다는 것인가?

세종시에 정부부처 이전은 단순히 신뢰와 명분의 문제가 아니다. 현재 서울은 막강한 자본과 재화와 인재를 독점하고 있다. 과거 6~70년대에는 서울과 수도권에 집중된 이러한 독점적 경제력이 국제경쟁력을 지녔었다. 그러나 인터넷과 스마트폰이 보편화된 21세기 네트워크 정보화 시대인 지금, 수도권 과밀화는 오히려 국가발전을 발목잡고 있다.

수도권내의 물류비용은 창고료, 인건비, 교통정체로 인해 지방 간 물류비용보다 적지 않다. 한국교통연구원은 2007년 서울의 과밀화와 환경오염에 따른 사회적 비용은 한해 10조원을 넘는다고 발표했다. 수도권은 2005년에 이미 노동생산성과 토지생산성이 전국평균에 미달하였고 인구 1인당 지역총생산액 역시 전국 평균이하로 떨어졌다. 또한 수도권 과밀화에 따른 부동산 불안정과 교육 불균형은 심각한 출산율 저하의 한 원인이라고 한다.

오죽하면 외국의 한 여행정보지가 세계 최악의 도시 3위로 서울을 선정했겠는가. 서울은 무질서한 도로, 수용소 같은 아파트, 끔찍한 대기오염, 영혼도 마음도 없이 지겹게 단조로운 곳이기 때문이라고 한다. 그럼에도 서울에 살아야 하고, 서울에 살고 싶어 하는 이유는 서울에 모든 것이 집중되어 있기 때문이다.

이러한 수도권 과밀화를 해결하기 위해 헌법정신에 부합하는 가장 이상적인 원칙이 국토의 균형발전정책이었고, 가장 효과적인 방법이 바로 행정중심 복합도시인 세종시의 건설이었다. 즉 정부부처의 이전으로 민간의 초기부담을 최소화하면서 기업도시, 과학도시, 교육도시와 자연스럽게 결합시켜 전 국토의 고른 발전, 중부권의 허브를 만들고자 하였다. 이런 원대한 계획에 국민이 희망을 걸었고 국가경쟁력의 주춧돌을 세우고자 한 것이다.

그런데 효율성의 잣대만을 내세워 느닷없이 세종시 건설 원안을 백지화하는 것은 국민들로 하여금 정부가 지극히 사사롭고 불순한 저의를 숨기고 있다는 의심을 들게 한다. 정부 부처를 옮기는 것은 당연히 돈이 드는 일이다. 그것을 알고 지난 정부에서도 국민적 합의를 통해 세종시 건설을 결정했던 것은 그러한 초기 비용을 넘어서는 국가적 이익이 기대되기 때문이다.

더구나 원안 백지화는 전국 혁신도시의 궤멸과 몇몇 대기업에 대한 불법 특혜시비를 낳는 치명적인 결함을 안고 있다. 따라서 정부가 극단적으로 치닫는 정책신뢰의 실종사태를 방지하고 장기적인 전망 위에서 국가발전을 추진하기 위해서는 세종시 원안 추진만이 유일한 해결책이라고 할 수 있다.

(2010. 1. 19 / 디트뉴스)

우리고장 문화유산 발굴과 보존대책

지금까지 많은 사람들은 대전은 문화의 뿌리가 깊지 않은 도시로 인식되어 왔다. 그와 같은 이유는 이 고장에는 오래전부터 도시가 형성되지 못했고 근대화 이후 경부선 철도가 부설되면서부터 급속히 성장한 도시로 널리 알려졌기 때문이다.

우리는 이 같은 세인들의 지적을 결코 부인하지 않는다. 그것은 우리나라의 많은 대도시, 이를테면 부산, 대구, 광주, 울산 등은 말할 것도 없고 진주, 전주, 그리고 이웃 청주처럼 과거 지방행정의 중심지로서의 역할을 하지 않는 한낱 시골에 지나지 않았으므로 우리 대전에는 빛바랜 관이나 유서 깊은 행정유물이 하나도 없기 때문이다.

더구나 대전은 경부 선이 부설되면서 그에 따라 일본인들이 대거 이곳에 몰려와 살면서 비로소 근대적 도시로 면모를 갖추게 되었고 1930년대에 도청이 공주로부터 이전되어 오면서 급속히 성장한 신흥 도시이기 때문에 도심의 곳곳에는 아직도 일제 식민지 치하의 유물이 많이 발견될지언정 우 리가 자랑할 만한 번듯한 전통문화 유산은 쉽사리 보이지 않고 있는 실정이다.

이 같은 사실로 말미암아 지금 많은 사람들은 우리 고장 대전을 일컬어 뿌리가 없는 고장이요, 일제가 건설한 왜색(倭色)이 짙은 도시이고 생산적 기반이 약한 소비도시라고 하였던 것이다.

얼핏 생각하면 이러한 지적들은 우리 고장의 특징을 극명하게 드러내주는 것처럼 보이지만 그러나 우리가 시야를 좀 더 확대하여 이 고장을 면밀히 살펴보면 그것은 편협한 관점에서 출발한 것임을 이내 알 수 있다.

즉 이 같은 언급은 행정도시차원에서 바라본 지적일 뿐 문화적 차원에서 볼 때는 결코 이에 해당되지 않기 때문이다. 물론 앞서 언급한 바처럼 대전은 일찍부터 지방행정의 중심도시로 형성되지 않은 한적한 시골에 지나지 않았다.

오히려 삼국시대에는 이곳이 백제와 신라의 국경지대로서 그때의 격전지이었음을 말해주는 빛바래고 허물어진 성곽들이 주변에 30여 개나 산재해 있다. 이처럼 우리고장에 산성이 많다는 사실은 옛 부터 결코 소외된 지역이거나 버림받은 지역이 아닌 군사요충지로서 중요한 위치에 있었다는 사실을 알 수 있다.

따라서 현존하는 성곽들은 그대로 방치될 것이 아니라 개축 보수가 됨으로써 유서 깊은 문화유산의 역사적 교육현장으로 보존되어야 마땅하다. 이러한 역사적 현장이기 때문에 우리고장에 산재한 각 마을마다에는 그 옛날부터 전해 내려오는 전설과 민속놀이 등은 타 지역 에서 유래를 찾아볼 수 없을 만큼 다양하고 그 수 또한 많이 남아 있다.

현재도 명절 때마다 행하여지는 거리제, 장승제, 우물제 등을 포함한 민속놀이는 무려 80여종에 이르고 있으며 거기에 사용되는 민속도구도 다양한 것이다. 이처럼 곳곳마다 장승을 세우고 우물 제를 지내고 마을마다 많은 구전(口傳)들이 전해져 오는 이 고장을 결코 뿌리 없는 고장이라 고 말할 수는 없는 것이다.

더구나 조선왕조에 이르러서는 이 고장의 토착 사람에 의해서 형성된 기호사림학파(畿湖士林學派)의 맥, 한국 근세사의 주체로서 그 자리를 굳건히 하였고 그 들이 남긴 문화유산 또한 실로 방대하다. 그럼에도 아직까지 우리 대전지역에서는 이러한 문화유산을 발굴하고 보전하고 보존하려는 뚜렷한 의지가 나타나지 않고 있다.

더욱이 많은 역대 행정책임자들마저도 우리 고장을 행정상의 신흥도시라는 인식차원을 크게 벗어나지 못하고 있어 그 대책이 아쉬운 실정인 것이다.

엑스포와 월드컵의 국제행사를 성공적으로 치러 낸 우리 고장 대전은 이제 세계 속의 대전이라는 명예와 이미지가 크게 부각되어 있다. 외형상으로는 이처럼 국제도시의 면모를 갖춘 우리 대전은 비록 타지방의 도시처럼 전통도시로서의 행정적 유물은 없지만 민간 문화유산을 타 지역 어느 도시보다도 많음을 자랑할 수 있으니 비록 때늦은 감은 있으나 그 흩어져 있는 문화유산을 시급히 발굴하고 또 그것을 보존할 공간의 마련에 다 같이 힘써야 할 것이 다.

가장 지방적인 것이 가장 세계적인 것이라는 소박한 진리를 우리는 다시 한번 음미해 보아야 할 것이다.

자리 유감(遺感)

박근혜 대통령은 임기를 15개월을 남겨놓고 최순실 국정농단게이트로 마비된 국정공백을 수습하기 위해 청와대 문 꼬리 3인방과 일부 수석비서관을 교체하고 신임 국무총리에 김병준 전교육부총리(국민대교수), 경제부총리에 임종룡 금융위원장을 비롯하여, 몇몇 장차관을 임명 발표하는 개각을 단행했다.

하지만 야 3당의 극렬한 반대로 박근혜대통령은 급기야 국회로 정세균 의장을 방문, 국회가 추천하는 인사를 국무총리에 임명하고 내각을 통할토록 하겠다고 밝혔다. 사실상 김병준 총리 카드를 접고 말았다.

거창하게 우주의 원리를 원용할 생각은 없지만 사물의 이치를 알려고 운운할 때 '격물치지'(格物致知)란 말을 쓰는데, 이것도 결국 자리의 의미를 옳게 알고 사물을 제자리에 옳게 활용하라는 뜻이 내재돼 있는 것으로 안다.

물이 높은 곳에서 낮은 곳으로 흐르는 것도 사물의 이치이지만, 헐벗고 굶주린 백성을 한없이 억제하면 한꺼번에 민란을 일이키는 것도 사물의 이치다. 따라서 물의 자리(水位)도 알아야 하고 백성의 자리(位相)도 옳게 알아야 치수(治水)와 치세(治世)가 가능한 법이다.

따라서 순리라든가 안정이라는 말을 쓰게 될 경우 그 실상은 다름 아닌 모든 자리가 제대로 잡힌 상태를 지적하는 의미로 볼 수 있으니, 한 가정이나 한 직장, 더 나아가 한 나라에서 모든 자리에 앉을 만한 사람이 앉도록 해야만 될 것이다.

가까운 예로 어느 가정에 들어섰을 때, 그 집의 가구나 집기들이 제대로 놓일 자리에 잘 정돈되어 있을 경우, 우리는 조화와 안정의 분위기를 느낄 수 있지만, 그렇지 않고 무질서하게 뒤죽박죽 배치한 가정에서 알게 모르게 불안과 불편까지도 느끼게 마련이다.

하물며 한 직장, 한 나라의 요직이나 자리를 정함에 있어 적재적소나 인선의 타당성을 무시하고 무분별하게 기용하는 경우, 그 부작용과 역기능은 언젠가 그 직장인, 그 국민에게 피해로 돌아갈 것은 자명한 노릇이다.

심한 경우 위인설관(爲人設官)의 흠도 나오기 마련인데, 과거 인사는 만사라고 부르짖어온 바 있는 문민정부가 출범했을 때 가신(家臣) 위주의 인사야 말로 그리 좋은 예는 아닌 듯싶다.

무릇 옛사람이 말하되, 위정자 된 이는 써야할 사람을 찾지 않는 것도 잘못이요, 써야할 사람을 너무 일찍 버리는 것도 잘못이라고 했다하니, 자리처럼 정하기 어려운 것이 어디 있겠는가.

늘 지필묵연(紙筆墨硯)을 가까이 놓고 지내는 서가(書家)의 한 사람으로서 만일 저들이 자리를 잘못 바꾼다면 그건 혁명이 아니라, 혼돈과 파괴라는 것을 생각할 때, 툭하면 혁명 운운하는 것도 제 자리를 옳게 알지 못하고 하는 억지소리 같아 소름이 끼친다.

자성 없이 또 저무는 한 해

세월은 여시(如矢)라 하지만 또 한 해가 저물어 간다. 지난 열한 달을 되돌아보아도 아무 것도 이룬 것 없이 또 세모(歲暮)를 맞게 된 것이다. 한 마디로 추수 끝에 빚만 잔뜩 지고 월동을 해야 하는 시골 농부와 같은 심정이다.

정치는 국태민안(國泰民安)의 봉사를 외면한 채 당리당략(黨利黨略)에 어두워 국회가 계속 파행(跛行)으로 치닫고 있고, 경제는 각 분야에 구조조정(構造調整)과 대우 현대 등 일련의 사태로 IMF 이전 상황으로 되돌아간 듯 해 국민 모두가 불안해하는가 하면, 물가 불안과 환율급등, 각종 범죄들로 시민의 불안을 더욱 가중시키고 있으며, 문화는 온통 저질 문화의 범람으로 나라 안팎이 볼썽사납게 되어 버렸다.

취업문제, 환경공해문제, 교통문제, 입시문제, 청소년문제, 사회복지문제들도 어느 한 가지 문제의 핵심을 찾아 개선책을 활력 있게 추진하지 못한 채 상처만을 더욱 곪게 하여 그저 내년으로 이월시키고 있는 것이다.

국내외적으로 당면한 오늘의 이 현실은 어쩌면 구한말(舊韓末)의 정세와 비교됨이 나의 기우(杞憂)만은 아닐 것이다. 올해도 무역수지적자가 누적되고, 경제는 정부가 SOC사업 등 각종사업 조기집행 등 구상만 하고 있을 뿐 경기부양책을 내 놓지 못하는 어두운 전망인데도, 일부 몰지각한 대기업의 각종 비리와 극심한 빈부의 격차, 부유층의 과소비 현상으로 벌써부터 인플레를 자극하고 있다.

이러한 총체적인 불안 속에 당면한 민생문제 등 정치적 현안문제가 산적해 있는데도 오늘의 정치현실은 그 해결의 실마리를 찾지 못하고 극과 극으로만 치닫고 있어 국민들로부터 지탄받아 마땅할 일이다. 이처럼 내일을 내다보지 못하는 백안(白眼)의 정치인들이 지니고 있는 고질화된 문제들은 과연 한국에 상생(相生)의 정치가 있는가를 새삼 회의하게 만드는 현실이다.

정부와 국민들은 이러한 총체적 위기에 정신을 바짝 차리고, 이 난국을 타개해야 되는데도 뭐 하나 제대로 되는 것이 없다. 나라 안팎이 정신을 잃은 듯 뒤숭숭하다.

자탄(自歎) 속에 또 한 해가 저문다. 좁은 국토에 자원조차 없는 인구가 과밀한 우리나라의 당면과제는 분단의 벽을 허무는 통일에 있다고 온 국민이 희망 속에 보냈었다. 언젠가 금강산 관광과 남북 정상 간의 만남으로 통일의 물꼬를 트는가 하고 가슴 설레던 기대도 김정은의 핵 개발과 긴장고조로 인해 무산되었다. 이제 많은 국민들이 남북관계는 서둘러서 될 일이 아니라고 입방아를 찧고 있다. 이 모든 것들이 국내 정치의 부재와 경제 불안에 그 요인이 있다고 보아야 마땅할 것이다.

각설하고 이제 우리는 지난날의 냉철한 자성과 아울러 정치· 경제· 사회· 문화· 교육 등 그 동안 이루지 못한 모든 현안 문제들에 시선을 돌려야 한다. 21세기 새로운 조국건설을 위하여 국민정신의 새로운 정립과 함께, 점진적인 개혁을 통해 모든 것을 정돈하고, 새로운 비전과 희망을 제시하고 설계해야할 중요한 시기가 아닌가 싶다.

화무십일홍(花無十日紅)의 뜻 항상 마음에 새겼으면

화무십일홍(花無十日紅)이란 말이 있다. 이는 사람이 무소불위의 권력을 쥐고 나면 오만과 독선에 빠지기 쉬우므로 이를 경계하라는 뜻이 담긴 말이다. 〈열흘 붉은 꽃이 없고 달이 차면 기운다.〉는 만고불변(萬古不變)의 진리를 이번 지방선거 당선자들이 항상 염두에 뒀으면 한다.

이 말은 또 권력 앞에서 겸허한 자세로 임한다면 훗날 권력을 놓은 이후에도 상대방으로부터 존중과 이해를 얻을 수 있다는 교훈을 전해 주기도 한다.

304여 명의 사망자가 발생한 세월 호 사건 이후 국민애도기간 중에 치러진 6. 4 지방 선거 결과가 바로 이러한 화무십일홍(花無十日紅)의 냉엄한 가르침을 다시 한 번 뼈저리게 확인시켜주고 있다. 청와대가 금명 간 국무총리를 비롯한 정부 각 부처의 개각을 암시하고, 또 6.4 지방선거에 당선된 광역, 기초단체장들의 취임에 따른 각급 인사도 예견되는 시점이다.

이제 박근혜 정부와 여야 정치권은 보수와 진보, 서로 헐뜯지 말고 미래를 위한 경쟁을 벌이고, 서로가 아우르는 국민 대통합의 정치, 화합과 소통으로 국민들의 눈높이에 맞는 새로운 정치를 펼쳐야 할 것이다. 이에 따른 탕평(蕩平)인사도 단행되어야 할 것이다. 정치도 사람이 하는 것이다. 국민들 의식도 많은 변화를 가져왔다. 한마디로 시대에 걸맞은 정치가 펼쳐지고 능력 있는 숨은 일꾼들이 발굴돼 탕평인사까지 이루어진다면, 이게 곧 국민대통합을 이루는 정치가 아닌가 싶다.

사람 쓸 때 지사공(志事功), 세 가지 기준 살펴

중국 진 나라 때 사계절(四季節)의 순환과 만물의 이치와 변화, 인사(人事)로 인한 치란(治亂)과 흥망성쇠, 길흉의 관계를 기록하고 있는 여씨춘추(呂氏春秋)에도 태상이 사람을 쓸 때는 지, 사, 공(志, 事, 功) 세 가지 기준을 들었다. 첫째는 뜻(志)에 두었으며, 둘째는 일(事)로 삼았으며, 셋째는 공(功)으로 썼다고 한다. 뜻은 덕을 존중하여 탕평의 인사로 백성들을 다스리게 하였음이요, 일(事)은 능력 있는 인재를 찾아내어 백성을 다스리게 하였음이며, 공은 공을 이룬 사람에게 내리는 상(賞)과 같이 보은의 인사와 같다고 하였다.

따라서 순리(順理)라든가 안정이라는 말을 쓰게 될 경우 그 실상은 다름 아닌 모든 자리가 제대로 잡힌 상태를 지적하는 의미로 볼 수 있으니, 한 가정이나 한 직장, 더 나아가 한 나라에서 모든 자리를 앉을 만한 사람이 그 자리에 앉도록 해야만 될 것이다.

가까운 예로 어느 가정에 들어섰을 때 그 집의 가구나 집기들이 제대로 놓일 자리에 잘 정돈되어 있을 경우, 우리는 조화와 안정의 분위기를 느낄 수 있는 것처럼, 그렇지 않고 무질서하게 뒤죽박죽 배치한 가정에서 알게 모르게 불안과 불편까지도 느끼게 마련이다.

하물며 한 직장, 한 나라의 요직이나 자리를 정함에 있어 적재적소나 인선의 타당성을 무시하고 무분별하게 기용하는 경우, 그 부작용과 역기능은 언젠가 그 직장인, 그 국민에게 피해로 돌아갈 것은 자명한 노릇이다. 심한 경우 위인설관(爲人設官)의 흠도 나오기 마련이다. 과거 인사는 만사라고 했던 김영삼 대통령의 문민정부가 출범 이후 가신 (家臣)들 위주의 인사야 말로 그리 보기 좋은 예(例)가 아니었다.

오만과 불통은 국론분열과 신뢰 떨어트려

무릇 옛 사람들은 〈위정자가 써야 할 사람을 찾지 않는 것도 잘못이요, 써야 할 사람을 너무 일찍 버리는 것도 잘못〉이라고 했다. 지난 대선에서 승리한 박근혜 대통령과 새누리당도 마치 영원한 권력을 거머쥐기라도 한 듯 국민의 참뜻을 외면한 채, 불통의 정치로 시대착오적 국정운영을 고집하여 심각한 국론분열과 사회적 신뢰를 크게 잃지 않았던가.

당선자들은 선거공약으로 제시한 현안문제 등 시정 전반에 걸쳐 해야 할 일이 산적해 있다. 그러나 앞에서 기술한 바와 같이 지금 가장 화급한 것은 선거로 인해 양분된 지역 주민들의 정치적 성향을 벗어나 유권자 대통합을 이루는 일과 이를 위한 탕평의 인사로 그동안 유례 없는 공직사회 분위기를 일신하는 일일 것이다.

그리고 비록 작은 사안이라 할지라도 광역단체장과 각 기초단체장, 지방의회 의원, 또 다른 정당 간에도 견제와 협력을 통해 합리적인 접점을 찾아가는 과정이 곧 지방자치의 성공이요 민주주의의 실현이라고 생각한다. 또한 경제, 교육, 문화, 복지 등 당면한 자치 단체의 현안들을 균형 있고 공정 투명하게 풀어가도록 최선을 다하겠다는 다짐을 했으면 한다. 당선자들이 화무십일홍(花無十日紅)의 가르침을 통해 항상 스스로 삼가는 마음을 잃지 않기를 간절히 소망한다.

(2014. 6월호 / 대전시의정회보)

내 마음의 꽃신

남계 조종국 칼럼집

발 행 일 | 2016년 12월 5일
지 은 이 | 조종국
발 행 인 | 李憲錫
발 행 처 | 오늘의문학사
출판등록 | 제55호(1993년 6월 23일)
주　　소 | 대전광역시 동구 대전로 867번길 52(한밭오피스텔 401호)
전화번호 | (042)624-2980
팩시밀리 | (042)628-2983
전자우편 | hs2980@hanmail.net
다음카페 | cafe.daum.net/gljang 문학사랑 글짱들
다음카페 | cafe.daum.net/art-i-ma 아트매거진(아띠마)

공 급 처 | 한국출판협동조합
주문전화 | (070)7119-1752
팩시밀리 | (031)944-8234~6

ISBN 978-89-5669-787-1
값 15,000원